해 양 인 문 학 총 서

XXII

기록학 개론

이 저서는 2018년 정부(교육부)의 재원으로 한국연구재단 대학인문역량 강화사업(CORE)의 지원을 받아 수행된 저서임

해 양 인 문 학 총 서

XXII

기록학 개론

해양수산기록
방법론 탐색

신명호·오창호
이근우·채영희 지음

머리말

　사회 전반적으로 기록물의 중요성에 대한 인식이 확산되면서 공공기관의 기록물 관리뿐만 아니라 개인의 사적인 기록들도 주요한 사료가 될 수 있다는 사실이 공감을 얻고 있다. 이 책은 저자들이 몸담고 있는 대학의 특성상 해양 수산분야의 기록물들을 많이 접하게 되는데 국내에 이러한 자료들을 전문적으로 분류하고 분석할 방법론이 부재하다는 인식에서 준비되었다. 해양수산 분야의 어촌 관련 자료를 대학박물관이 기증받으면서 이러한 자료들을 어떠한 방법으로 정리하고 보존하는 것이 좋을 지에 대한 고민과 해양 수산 기록물 자료의 중요성과 이를 분석하고 보존할 전문적 능력을 갖춘 인재가 필요하다는 연구자들의 생각이 모아지면서 시작된 일이다. 단순히 기록학 기초 지식을 알기 위해 서로 다른 분야를 연구하던 연구자들이 모여서 궁리하고 자료를 정리하다가 용기를 내여 내친 김에 기록학 관련 개론서를 엮어 보기로 하였다. 선진국들이 보유하고 있는 기록 관련 기술과 평가 선별에 대해 공부하면서 우리도 그에 못지않은 오래된 기록관리학의 전통이 근간이 된 나라라는 자부심과 함께 한국전쟁으로 인해 많은 자료가 소실된 사실들이 안타까웠다.

앞으로 국가기관뿐만 아니라 개인의 자료들도 기록물로서의 중요한 가치를 가지고 있다는 사회적 인식이 이루어져 생성된 모든 기록물의 가치를 다시 보는 일들이 생기기를 바란다. 아울러 이 책은 부경대학교 대학인문역량강화사업단의 지원이 있었기에 가능했음을 밝혀 둔다.

신명호, 오창호, 이근우, 채영희

목 차

머리말 _ 4

제1장 기록학의 개념과 목적

1. 기록물의 정의 _ 11
2. 기록관리의 목적 _ 28
3. 해양 기록학의 모색 _ 49
4. 해양 기록학의 전문성 _ 83

제2장 한국의 기록관리 전통

1. 기록관리의 역사 _ 89
2. 한국 해양수산기록의 현황 _ 97

제3장 기록관리 관련 법령

1. 기록물 관련 법령 _ 125

제4장 기록관리와 기록평가 선별론

1. 기록관리 _ 135
2. 기록평가 _ 137
3. 수집과 평가정책 _ 141
4. 기록 선별론 _ 156

제5장 기록조직론

1. 기록 조직화와 기본 원칙 _ 166
2. 기록 분류 _ 174
3. 전자기록의 계층구조 _ 181
4. 우리나라 공공기록의 분류체계 _ 185
5. 메타데이터 _ 212
6. 기록 보존 기술 _ 223

제6장 기록물의 보존과 활용

1. 기록물의 보존 _ 236
2. 기록물의 공개 및 활용 _ 242

제7장 전자기록관리 방법론

1. 전자기록의 개념 _ 257
2. 전자기록관리의 특성 _ 261
3. 전자기록물과 메타데이터 _ 264
4. 전자기록물의 생산과 획득 _ 276
5. 전자기록관리 업무 시스템 _ 281

〈부록〉
공공기록물 관리에 관한 법률 _ 300

제 1 장

기록학의 개념과
목적

기록은 개인 또는 조직이 활동하면서 생산하거나 입수한 데이터나 정보를 특정매체에 고정시킨 것이다.[1] 기록 관리는 고유한 내용·구조·맥락을 가진 기록을 진본성·신뢰성·무결성·이용가능성이 유지되도록 하는 행위이다. 기록 관리학은 기록 관리를 위한 이론·원칙을 정립하고 효율적인 관리 기법을 연구하는 학문이다. 기록 관리학은 역사학, 문헌정보학, 행정학, 경영학, 정보 처리학 등 여러 학문을 학제적으로 연결해야 효과를 창출하는 성격을 가지고 있다.

1. 기록물의 정의

기록물(records)은 다양하게 정의된다. ISO 15489와 ISO 30300은 "조직이나 개인이 법적 의무를 수행하거나 업무를 처리하는 과정에서 증거나 자산으로 생산, 접수, 유지하는 정보"라고 하였다.[2] 일반

---

[1] 서혜란, 「기록과 기록관리」, 『기록관리론-증거와 기억의 과학』, 아세아문화사, 2013, p.18. 이하의 기록학의 개념과 목적의 내용 및 기록조직론은 앞의 책과 한미경의 『기록 및 기록관리의 이해』(한국학술정보, 2011), 윌리엄스 캐롤라인의 『기록관리학의 이해』(태일사, 2008), 김상호의 『기록보존론』(아세아문화사, 2007)에 의거한 것이다.

적으로 기록은 기록물(records)과 아카이브(archives)로 나눌 수 있다. 예를 들어 국가기록원은 National Archives of Korea이고 외교 사료관은 Diplomatic Archives이다. Archive는 우리말로 '기록' 혹은 '사료'로 번역되고 있다. 기록물 중에서 오래되고 또는 보관할 필요가 있는 것은 아카이브로서의 가치를 가진다. 기록물은 일상 업무에서 기관들과 개인들, 그리고 개인 간 거래에 의해 생성되는 정보를 의미한다. 아카이브는 이들의 일부분으로 지속적인 가치를 위해 보관되는 기록물을 말한다. 이처럼 아카이브와 기록물을 다루는 과정이 다르다 할지라도 이 양자는 분리될 수 없이 상호 연결되어 있다. 하지만 경우에 따라서 '아카이브'와 '기록물'은 서로 다른 것을 의미할 수도 있다.

따라서 아키비스트(archivist)와 기록관(record manager)은 명확한 정의에 의거해 업무를 처리해야 한다. 아키비스트나 기록관은 아카이브즈(Archives)를 아카이브가 저장되고 보관된 건물이나 그것들을 운영하는 서비스 혹은 기관 명칭으로도 사용한다. 영어권에서 일반적으로 사용되는 레코드와 아카이브의 차이점은 다음과 같다.

- '기록물(records)'은 현재 그리고 계속 진행되는 활동의 산물에 적용된다. 즉 현용 기록물을 지칭한다.
- '아카이브(archives)'는 장기적으로 지속되는 가치를 지니고 있어서 보관되고 있는 레코드로 한정하여 지칭한다. 부가적인 연구 가치가 있거나 계속되는 조직적 목적들을 위해 필수적이기 때문에 보관되는 것으로, 비현용 기록물을 지칭한다.

---

2) ISO(International Organization for Standardization)의 문헌정보기술위원회 기록관리 분과위원회

그러나 '아카이브'이라는 단어는 현재적 사용을 목적으로 하는 레코드와 지속적이며 장기적 가치를 위해 보존되는 레코드 모두를 의미하기도 한다. 미국에선 20세기 중반에 워싱턴 국립 아카이브와 문서 서비스의 테오도르 쉘렌버그(Theodore Schellenberg)가 기록물과 아카이브의 차이점과 구분을 명확히 한 첫 번째 학자이다.

현재 조직의 필요에 의해 생성되고 보관되는 것을 '기록물'로, 역사적 연구처럼 자신들이 만들어진 목적과 다르게 이용되는 것을 '아카이브'로 이해했다. 미국인들은 '아카이브'를 조직이나 기관에 의해 만들어진 것으로, '저작(manuscripts)'을 개인이나 가족(가문)에 의해 만들어진 것으로 구분했다.

오스트레일리아 아키비스트들은 처음으로 기록물과 아카이브 사이를 엄격하게 구분하는 아이디어를 비판하였다. 기록물이 갑자기 아카이브로 변하는 어떤 지점은 존재하지 않으며 어떤 경우에는 기록물과 아카이브를 동시에 아카이브로 보거나 혹은 기록물로 사용될 수 있다고 보고, 전체적이고 '연속성을 바탕으로 한' 접근 방식을 발전시켰다.

예를 들어, 지역 역사가가 토지 경계선들을 추적하기 위해 사용한 19세기의 지도가 현재 진행 중인 재판에서 대중 통행권에 대한 증거로 제시되었다면, 과거의 '아카이브'는 현재의 '기록물'이 된다. 이런 다양한 접근들은 국가적·세계적으로 서로 다른 아카이브의 정의에 반영된다.

1) 기록물과 아카이브의 정의

영국

아카이브(기록물 포함함) : '아카이브로 분류되는 문서는 행정 혹은 경영상의 업무처리 중에 사용되거나 작성된 것으로, 그 업무 처리의 책임자나 책임이 있는 사람들 혹은 후임자들의 관리 하에 보존된다.'(Sir Hilary Jenkinson, Manual of Archive Administration, lstedn, 1992)

미국

기록물: 법률적 의무 이행 중, 혹은 정규 비즈니스 거래 중에 기관에 의해 만들어졌거나 받아들여진 모든 책, 서류, 지도 등으로 그 기관이나 법률적 후임자에 의해 기능, 정책, 결정, 과정, 작업 혹은 다른 활동들의 증거로 보존 되거나 그 안에 있는 정보 가치 때문에 보존되는 것을 가리킨다.

아카이브: 참고자료와 조사 목적으로 보존 가치가 있다고 결정되어 보관해 왔거나 기록보관소에 보관하도록 선택된 레코드들을 가리킨다(T. R Schellenberg, Modern Archives, 1956, p.56).

오스트레일리아

기록물: 컴퓨터 시스템에 있는 정보를 포함해 어떤 형식으로든 기록된 정보로 사업상의 거래나 업무 처리 중에 만들거나 받은 것으로 기관이나 개인이 관리해 관련 업무의 증거로 보존된다.

아카이브: 기관이나 개인에게 지속적인 가치를 지닌 레코드 전체로 때로 '조직의 기억'이라 불리기도 한다(Australian Standard AS 4390:1996).

국제적 정의

기록물(그리고 아카이브) : 증거로 만들어지고 받아들여지고 보존된 정보와 법률적인 의무 추구 과정 혹은 사업상의 거래 중에 기관 혹은 개인이 만든 정보를 말한다(ISO 15489:2001. 국제기준은 아카이브를 명백하게 정의하지 않았다.).

2) 기록물과 아카이브의 품질

(1) 거래 증거자료

기록물이 여타 정보와 다른 점은, 기록물은 고유한 활동 혹은 거래의 결과물이며, 그러므로 활동 혹은 거래의 증거 자료가 된다는 점이다. 시간정보는 회의가 언제 열렸으며 어떠한 주제가 논의 되었는지에 관한 정보이며, 이메일은 그 안에 포함된 정보가 두 사람 혹은 다수의 사람 간에 전달되었다는 사실을 증명한다.

슈퍼마켓에서 라면을 샀을 때, 기록 되는 것은 라면일까, 물건을 담을 수 있도록 판매하는 분리수거용 봉투일까 아니면 영수증일까? 우선 라면에서는 추출할 수 있는 정보가 없으므로 기록물이 되지 못하며, 분리수거용 봉투는 그 슈퍼마켓에 동일한 쇼핑백이 수 백 개나 있을 것이므로 라면을 구매했다는 판매에 관한 기록물이 되지 못한다.

그러나 영수증에는 상점 이름, 판매 상품, 그리고 지급액과 일시가 명시되어 있으므로, 영수증은 거래의 증거자료가 된다. 따라서 라면을 다시 가지고 가서 영수증과 함께 제시하면 국수로 교환할 수 있는 것이다. 구매자가 소지하고 있는 영수증이 바로 레코드라 할 수 있다. 영수증은 거래와 주변 상황에 관한 기록을 제공하고 어떠한 일이 일어났는지를 말해준다.

이는 지극히 낮은 수준의 거래에 관한 기록물의 예시이다. 더욱 광범위하게 말하자면, 조직체는 자체적인 기능과 활동(원한다면 '업무'라고 봐도 된다)의 토대가 되는 거래의 기록들을 생산한다. 그래서 사업 기능이 어떤 조직체가 자신의 역할과 책임을 완벽하게 수행할 책임이 있음을 의미하는 것이라면, 사업 활동은 그 조직체가 자신의 기능을 수행하고 개별적 활동 완수와 관련된 거래를 하는 것이라고 할 수 있다. 기능은 수행하는 일을 의미하고, 활동은 어떻게 수행하는가 하는 것을 말한다.

어떤 조직체든 핵심 사업에 관련된 특별 기능과 핵심 사업을 보조하는 부차적인 기능 및 조직체의 운영을 위한 경영과 재정 및 인적 자원 관리의 조정적기능이라는 두 가지 형식의 기능을 가지고 있다. 이는 다음의 예를 살펴보면 더욱 쉽게 이해될 것이다.

대학의 세 가지 부차적인 기능은 연구, 교육 및 배움, 학생 관리 및 지원으로 규명될 것이다. 교육 및 학습기능 활동의 하나는 바로 시험 실시 및 평가다. 이러한 특별 활동과 관련된 거래의 하나는 학생에게 피드백을 제공하는 것이라 할 수 있다. 학생에게 제공하는 문서 피드백은 이러한 거래의 결과 기록이 되며, 요구되는 활동을 실시했다는 사실을 증명하는 자료가 된다.

(2) 내용, 맥락 및 구조

확실하고 근거 있는 기록은 다음의 세 가지 구성요소를 가지고 있다.

- 내용: 기록에 포함되어 있는 정보 및 주제 사항
- 맥락: 기록의 일부로서 관련된 사항. 문서가 작성되고 사용되는 상황에 관계되는 네트워크와 환경
- 구조: 기록의 형식 및 매체

'보수와 진보의 정의와 현실'이라는 주제로 작성한 어떤 학생의 레포트에 대하여, 기록에 포함되어야 할 내용을 담아 평가서를 작성하도록 해보자. 이 기록의 내용에는 독창적인 내용 혹은 표절한 내용, 질문 주제를 적절하게 소화한 내용 혹은 거기서 벗어나는 내용, 문장에 나타난 문법 실력, 기타 일반적인 평가를 담은 평가 내용이 담기게 될 것이다.

일반적으로는 담당교수가 해당 평가서를 작성할 것이고, 평가서에는 학생에게 전달되어야 할 사항이 기록되어야 한다. 학생은 평가서의 복사본을 보관할 것이다. 대학도 복사본 한 부를 해당 레코드가 더 이상 필요 없어지거나 폐기될 때까지 유사한 과정 혹은 거래의 결과물인 평가서들과 함께 보관할 것이다.

여기에 역시 관계 네트워크가 존재한다. 대학과 학생 그리고 교수의 관계이다. 그리고 레코드 작성자인 교수와 레코드 자체의 관계가 존재한다. 그리고 평가서와 학생이 제출한 리포트 간의 관계가 존재한다. 평가서와 리포트의 관계는 개별적으로는 완전하게 이해될 수 없다. 그리고 전체적인 과정을 보면, 교육 및 학습 기능 내에서 시험 실시 및 평가의 일부로서 평가서를 제공하고 있다.

평가서의 구조는 평가서의 모양 및 형식과 관련된다. 예를 들어 대학 시험지 표지는 특별한 목적을 염두에 두고 제작된 것이다. 학생의 이름과 학번, 날짜, 지정된 평가 기준 대비 학생 평가에 대한 세부사

항 언급, 최종 점수를 기록할 공간이 마련되어 있다. 예를 들어서 점수가 기록된 평가서가 쇼핑 리스트 뒷면에 작성된다면, 학생은 당연히 평가의 엄중성이나 신뢰성에 대해 의문을 가지게 될 것이다.

비록 이러한 평가서에는 평가서를 하나의 기록물로 취급할 수 있도록 하는 중요한 요소들이 담겨 있지만, 기록 관리소는 이 기록물이 아카이브에 저장될 만큼 장기간 보관해야 할 가치가 있는지를 확인하게 될 것이다. 기록 관리소에서는 학생이 리포트를 제출한 연도의 모든 학생들에 대한 평가서에 보관기간(폐기 일자)을 명시하고, 2~3년 정도 이를 보관할 것이다. 평가서보다 상위 레벨의 문서인 학생의 전반적인 학업 성취도에 관한 자료는 이보다 더 오랜 기간 보관될 것이고 필요한 경우 기록보관소 관리자와 기록 보관인이 이를 아카이브(기록보존소)로 옮겨 보관할 것인지를 결정하게 될 것이다.

3) 기록의 요건 −진본성・무결성・가용성・신뢰성

앞에서 언급한 속성과 함께 국제 기준에서 보면, 권위 있는 기록은 진본성(authenticity), 무결성(integrity), 가용성(usability), 신뢰성(reliability)을 가져야한다고 정하고 있다.

기록이 갖추어야 할 가장 기본적인 요건은 조직이나 개인이 활동하는 과정에서 발생한 의사결정과 행동을 정확하게 반영하여야 한다는 점이다. 활동을 정확하게 반영하지 못하는 기록은 업무상 필요를 충족할 수도 없고, 설명 책임의 목적으로 이용할 수도 없기 때문이다. 이러한 기본요건을 구체적으로 설명하는 것이 KS X ISO 15489 이다.

업무활동을 지속적로 지원하고, 규제환경을 준수하고, 필요한 설명책임을 완수하고자 하는 조직은 진본성, 신뢰성, 이용 가능성을 갖춘 기록을 생산하고 유지해야 하며, 기록의 보유기간 동안 그 무결성의 보호를 보장할 수 있는 시스템을 구축하고 실행해야 한다. 이와 같은 기록의 4 대 요건은 기록이 기본적으로 담고 있는 속성이라기보다는 생산하고, 관리하고, 이용할 만한 가치가 있는 기록이 갖추어야 할 품질요건이라고 할 수 있다.

〈기록 및 아카이브의 형식과 매체〉

개인과 조직은 언제나 레코드 작성에 필요한 기술을 사용한다. 매체(물질적인 운반체 혹은 지원)와 형식(어떻게 표현되어 있는가)은 매우 다양하다. 점토판, 파피루스, 양피지, 비단, 나무조각, 종이에서부터 축쇄판, 필름, 영상, 음성, 테이프 및 디지털 미디어에 이르기까지 모든 매체는 정보를 수용 및 저장하고, 저장된 정보를 전달할 수 있는 기능이 있다.

레코드에 표현되는 형식은 주로 그 매체에 의해 결정된다. 양피지는 둘둘 말려 있을 수 있으나 사진은 그렇게 할 수 없는 것과 같다. 말려 있는 몽치, 두께, 파일 혹은 서류, 한 장짜리 서류, 지도, 마이크로피시(microfiche), 사진, 오디오 및 비디오테이프, CD, DVD, 데이터베이스, 스프레드시트, 그리고 이메일까지 모두 그 안에 담긴 정보형식에 부합하는 형식을 가지고 있다,

기록이 갖추어야 할 가장 기본적인 요건은 조직이나 개인이 활동하는 과정에서 발생한 의사결정과 행동을 정확하게 반영하여야 한다는 점이다. 활동을 정확하게 반영하지 못하는 기록은 업무상 필요를 충족할 수도 없고, 설명 책임의 목적으로 이용할 수도 없기 때문

이다. 이러한 기본요건을 구체적으로 설명하는 것이 KS X ISO 15489에서 규정하고 있는 기록의 4대 요건인 진본성, 신뢰성, 무결성, 이용 가능성이다.

(1) 진본성(authenticity)

기록이 그 취지와 맞는지, 기록을 생산하거나 보내기로 되어 있는 사람에 의해 생산되거나 보내졌는지, 명시된 시점에서 생산되거나 보내졌는지를 증명할 수 있는 것을 말한다.

진본성을 보장하기 위하여 기록의 생산, 수령, 전달, 유지 또는 처분을 통제하는 정책 및 절차 등이 문서로 만들어 져야 한다. 이를 통해 기록의 생산자가 확인될 수 있고 인가를 받았는지 증명할 수 있게 하며 기록이 인가받지 않은 접근에 의해 부가, 삭제, 변경, 이용 및 은폐되는 것을 막아줄 수 있다.

(2) 신뢰성 (reliability)

기록의 내용이 업무처리, 활동 혹은 사실을 충분히 명확하게 표현하고 있고 이후의 업무처리나 활동을 수행하는 과정에서 근거로 할 만한 것이라고 믿을 수 있는 것인지를 의미한다.

기록의 신뢰성을 판정하는 구체적인 기준은 세 가지이다. 첫째, 그 업무활동에 대한 직접적인 지식을 가진 개인, 즉 그 기록과 관련된 업무활동의 담당자가 생산하였는가를 확인하여야 한다. 둘째, 업무처리를 위하여 일상적으로 사용하는 도구에 의해서 생산되었는가를 확인하여야 한다. 예를 들어, 어떤 정책의 실행을 지시하는 공문서가 그 조직이 공문서를 기안하고 결재하는 데 일상적으로 사용하

는 전자문서 시스템으로 생산되었다면 신뢰성 있는 기록이라고 볼
수 있다. 셋째, 그 기록과 관련된 업무활동이 수행된 바로 그 시점이
나 직후에 생산된 기록이었는가를 확인하여야 한다. 이 세 가지 기
준을 충족해야 신뢰성을 확보한 기록이라고 판단할 수 있다.

(3) 무결성 (integrity)

기록의 형식과 내용이 변경되지 않고 온전하게 유지되었다는 것
을 의미한다. 즉 무결성은 기록이 인가받지 않은 변경으로부터 보호
되었을 때 충족된다. 인가를 받은 어떠한 주석, 추가 혹은 삭제도 명
백하게 드러나야 하고 추적할 수 있어야 한다.

이를 위해서는 기록을 수정할 때에 취해야 하는 정책과 업무절차
가 규정되어 있어야한다. 규정에는 기록이 생산된 이후의 변경에 대
한 정보도 포함하게 함으로써, 기록물의 무단변경에 대한 추적이 가
능하게 해야 한다.

(4) 이용가능성(usability)

기록의 위치를 찾을 수 있고, 기록이 검색될 수 있으며, 육안으로
볼 수 있고, 해석될 수 있음을 의미한다. 기록과 그 기록을 생산한
업무처리, 행위 등이 연결되어 보일 수 있어야 하며, 일련의 활동의
과정에서 생산된 기록들 사이의 연계성도 유지되어야 한다.

기록을 이용하려면 볼 수 있고, 이해할 수 있어야 한다. 특히, 전
자기록의 이용 가능성을 유지하기 위해서는 기술환경의 변화에도
보거나 이해할 수 있는 방식으로 기록을 유지해야 한다.

4) 기록물의 원칙 및 개념

(1) 생애주기 이론

최근 아키비스트 및 기록관이 어떻게 기록물과 아카이브를 관리할 것인지를 결정할 때 사용하는 두 가지 개념은 바로 생애주기(life cycle)와 연속체(continuum)이론이다. 이 두 요소는 기록물 및 아카이브 관리와 연관된 목표 및 업무 개념 수립의 틀을 제공한다.

생애주기의 개념은 기록물 역시 살아있는 생물체와 마찬가지고 태어나서 성숙되고 활동이 줄어들고 결국에는 폐기되어(죽음, 지옥), 기록보존소에서 보관되는 단계(천국)를 거친다는 생각에 입각한 것이다. 때로는 앞으로의 보관 여부를 결정하는 단계가 연옥으로 묘사되기도 한다.

우리는 기록물이 생성되거나 기록물을 전달받는 시점부터 최종 사용 목적이 종료되는 시점까지 일정한 기간 혹은 생애를 가진다고 생각할 수 있다. 대부분의 기록물은 현재에서 시작하여, 중간적인 단계를 거쳐 최종적으로 사용되지 않는 단계로 진전된다.

이러한 모델은 순차적인 과정 내에서 기록물의 상태 변환 과정을 보여주기 때문에 각기 기록물의 '생애'에서 개별 단계가 정확하게 진행되고 있는지를 알아보는 데에 유용하다.

<그림 1> 기록물의 생애주기

그러나 모든 기록물이 이와 같은 경로를 가지는 것은 아니다. 어떤 기록물은 처음부터 기록보존소에 저장되기도 하고 어떤 기록물들은 생성될 때부터 그 생애가 짧은 것도 있다.

<표 1> 기록의 생애

단계	고려사항	프로세스
생성 이전	본 활동이 기록될 필요가 있는 것인가?	기록을 생성하기 이전에 기록의 형식, 내용, 수명을 결정
생성 및 획득	기록 저장 시스템 내에 생성 접수 및 획득된 기록	적합한 메타데이터의 적용(기록 정황에 관한 정보 기술) : 체계적인 획득
활동적인 기간	기록이 자주 사용된다	정확한 접근, 저장, 검색, 보안, 보관, 평가, 일부 폐기
중간적인 활동기간	기록이 자주 사용되지 않는다	접근, 검색, 외부 저장, 평가, 일부 폐기
아카이브	비현용적 목적 획득	아카이브 표준 저장 및 접근

생애주기는 선형적인 과정에 기반하기 때문에 생애주기가 끝나지 않는다는 것과 관련된 문제는 바로 전자기록물(electronic records)이다. 종이에 작성된 레코드는 물질적이기 때문에 이를 획득하고, 파일에 보관하고 이를 파일에서 꺼내고, 다시 보고, 산성 물질을 제거한 후 상자에 보관하고, 또 그것을 세심하게 관리하는 등의 필요성이 있다. 종이에 기록된 정보는, 그 메시지(글)가 매체(종이) 밖으로 나갈 수 없지만 전자기록의 경우는 가상적인 것이고, 그것은 컴퓨터에 이진법 디지털 신호로 보관되어 사용자가 검색할 때까지 저장된다. 이 경우 매체는 메시지와 분리된다.

사용자가 기록물의 저장 및 획득 시점에서 모든 프로세스를 유지할 필요성이 없다면, 기록물은 아카이브로 갈 때까지 남아 있을 수 없다. 기술적 퇴보와 같은 문제나 새로운 플랫폼으로의 데이터 이전 필요성, 기록물을 업데이트함으로써 정확성을 지켜야 할 필요성, 기록물의 수명이 얼마나 오래갈 지 판단해야 할 필요성 등이 기록물 생성 초기에 다뤄지게 될 것이다.

(2) 연속체 이론

기록 연속체(records continuum)라는 개념은 오스트레일리아에서 고안된 것인데, 이는 앞에서 논의한 기록물에 '전체론적'인 접근이 증가하고 있다는 사실을 보여주는 증거다. 이는 '기록 작성 시점으로부터 (그리고 기록물 관리 시스템에 설계된 기록 작성 이전 시점) 기록의 보관과 아카이브에 보관된 자료의 사용에 이르기까지의 프로세스 관리에 대한 일관되고 조리 있는 체계다.

이는 전통적인 자료관리 분야와 아카이브 관리 분야가 근본적으로는 비슷하지만 개별적인 프로세스 아래 수행되고 있다는 것을 인정한다. 우리는 기록물을 생성 및 획득하고, 이를 분류하고 평가하고, 제어·관리하고, 이에 접근이 가능하도록 한다. 연속체라는 개념은 이러한 과정이 상호 연관성이 높을 뿐 아니라 공통사항이 많고, 또한 통합적이라는 사실을 지적하고 있다. 전자 환경은 예외이지만, 이러한 단계를 유지하는 것은 매우 비생산적이다.

연속성 모델은 기록 보관을 근간으로 한 활동이 4개의 축을 중심으로 진행되는 지속적인 활동이라는 사실을 강조한다. 이러한 축은 책임성 표시에 관한 일반적인 요소들을 명시한다. 즉 누가[주체] 무엇을 했으며[거래성], 그 행동에 관해 어떤 증거가 존재하며[증거성], 어떻게 기록과 아카이브에서 관련 사항들을 찾아볼 수 있을 것인가 [기록보관 장소]하는 점이다.

이러한 요소는 4개 분야 혹은 일어난 행동과 작성된 기록물을 보여주는 단계에서 발생한다. 그것은 바로 생성, 획득, 조직화(예를 들어 기록 및 아카이브 관리), 복제(pluralize, 예를 들어 집단 기억의 증거로서 활용 가능하도록 만드는 것)이다.

그러나 생애주기 접근이 개별 단계를 선형적이고 독립적으로 인지하는 것과 달리 연속성적 접근은 다차원적으로 기록물의 보관을 인지한다. 이는 기록 보관이 시간에 근간을 두거나 순차적인 것이 아니고, 지속적이고 동시성을 지닌 것이라고 본다. 또한 기록물은 단 한 순간 혹은 동일한 시점에, 특히 전자형식의 기록물인 경우에, 현존하는 조직적이고 아카이브적인 목적을 위해 접근 가능해야 한다고 주장한다.

이 모든 사항을 충족시키기는 어려우며 특히 이론을 현실에 완벽하게 적용할 수는 없을 것이다. 그러나 이론을 인지하는 것이 기록물 및 아카이브에 관한 이해를 제고하고 관련된 활동 수행에 도움이 될 것으로 본다.

(3) 출처주의 이론

출처(provenance)라는 용어는 아카이브적 용어로서 출처는 기록물이나 아카이브 수집 자료의 행정적 기원을 의미하며, 이는 어떻게 개별적으로 혹은 조직적으로 자체 자료를 축적 및 조직화하고 사용하는가를 결정하는 것과 연관된 개념이다.

출처의 원칙에 따르자면, 아카이브와 아카이브 생성자 간의 관계는 아카이브에 내재적으로 그리고 외재적으로 포함된 증거자료의 품질과 정황을 보존하기 위해 관리되어야 한다. 다양한 생성자들로 인해 아카이브가 섞여서는 안 된다. 슈 맥켐미쉬(Sue McKemmish)는 출처에 대해 다음과 같이 한정하고 있다.

> 출처는 기록물의 정황을 보존하기 위한 목적을 가지고 있으며, 이는 기록의 목적이나 기능, 활동과 관계되어 있고, 기록을 생성한 조직의 부분이나 개인과도 관계되어 있을 뿐 아니라 조직 혹은 개인에 의해 생성된 또 다른 기록과도 연관되어 있다.

아카이브 자체, 기록물 생성자 그리고 그 기록물을 보관하는 자의 수집 출처는 기록물의 정황을 이해하는 데에 중요하며, 기록물의 구성 부분(기록에 포함된 문서의 상호 관계)과의 관계 역시 이를 이해하는 데에 중요하다.

1980년 죠 솝(Joe Soap)이 파크필드 초등학교에서 받은 입학 허가서는 허가 명부에 기록되어 있으며, 죠 솝이 1985년 자전거 보관소 뒤에서 담배를 피우다가 걸린 사실은 일지에 기록되어 있고, 죠 솝이 받은 벌에 대한 내용은 처벌 관련 서류에 기록되어 있다.

3년 동안 그가 학교 미식축구팀 주장으로 있었던 사진에는 그가 그토록 자랑스러워하는 수많은 트로피가 찍혀 있다. 이러한 기록들을 개별화하거나, 따로 별개로 해서 보는 것은 조의 학교생활의 일부만을 보게 할 수 있다. 레코드의 전체적인 증거 가치를 유지하기 위해서는 이러한 레코드들이 모두 한 개의 단위로 관리되어야 한다.

(4) 원 질서 이론

출처의 원칙과 마찬가지로, 원 질서(Original order)의 원칙은 아카이브 오랜 역사와 함께 하는 또 다른 부분이다. 기록물은 기록을 작성한 조직 혹은 개인이 정한 순서에 따라 관리되어야 한다는 원칙이다. 이 원칙은 아카이브관리자는 '원 질서'대로 사용자에게 기록물을 전달하고, 이를 현재 목적에 부합하게 사용하기 위해서 기록물을 어떠한 방식으로 다루어야 할 지에 대한 의견을 제시하는 것을 말한다.

이는 기록물의 객체성 개념과 함께 시도되는 것이며, 아키비스트의 역할은 기록물을 해석할 때 이를 '돌려놓지'않는 것이라고 말한다. 그러나 때로는 이용 과정에서 기록물들이 어떻게 관리되었는지를 말하는 것은 어려운 일이며, 그래서 일반적으로 기록물 생성자의 기능 혹은 행정적 조직에 기반 한 배열 원칙이나 분류 원칙이 수립되어야 하는 것이다. 이 사항에 관해서는 4장에서 자세히 논할 것이다.

5) 도큐먼트, 지식, 그리고 정보 관리 원칙

기록물과 아카이브는 광의의 의미의 '정보'로 인식되어야 할 필요가 있다. 종종 실제 상황에서 기록물과 아카이브 간의 구분이 모호해지는 것처럼, 정보와 문서, 그리고 지식간의 구분과 정보관리, 문서관리, 그리고 지식관리 간의구분도 모호해지는 경향이 있다. 이는 일부 제품이 아카이브에서 사용하는 원칙에 의해 관리되는 것과 매우 유사한 상황이다.

다음과 같이 실질적인 정의를 제시한다. 물론 다른 여러 가지가 존재하는 것은 확실하지만(예를 들어서 컴퓨터 프로그래머에게는 '문서'와 '아카이브'라는 용어는 매우 다른 의미가 있는 것처럼), 그 차이점을 파악해두면 도움이 될 것이다. 그러나 확실한 경계가 있는 경우는 극히 적고, 실제 상황에 적용하기 위해서는 나름대로의 유연성과 융통성을 두는 것이 중요하다.

2. 기록관리의 목적

1) 기록의 가치

기록물은 생산할 때의 목적이 반영된 본원적 가치와 업무활용이나 보존 과정에서 파생되는 가치를 갖는다. 본원적 가치는 특정의 목적을 위해 기록물을 생산 활용할 때 부여되는 가치다. 파생가치는 기록물을 생산할 때 의도했던 목적이 아니라 기록물이 이용되는 과정에서 추가적으로 발생하는 가치다. 쉘렌버그의 가치평가론에 따르면 기록물은 생산한 당사자들에게 중요하거나 유용한 가치인 '일차적 가치'와 기록물 생산자 이외의 사람들에게 유용한 가치인 '이차적 가치'로 구분된다.

(1) 일차적 가치

일차적 가치란 기록을 생산한 목적에 의하여 주로 생산한 당사자나 혹은 당사자와 동등한 이해관계를 갖는 사람에게 해당하는 가치이다.

일차적 가치는 단명하다. 드물기는 하지만, 기록물 중에서 장기간 혹은 영구적으로 일차적 가치를 갖는 경우도 물론 있다. 그러나 대부분은 기록생산을 가져온 활동 혹은 행위가 종결되었을 때 일차적 가치를 상실하게 된다. 일차적 가치는 행정적(업무적) 가치, 재정적 가치, 법률적 가치로 구분된다.

첫째, 행정적(업무적) 가치는 기록이 갖는 가장 기본적 가치의 하나이다. 공공기관이나 조직체가 그 기능을 수행하면서 생산한 가치를 말한다. 공공기관 또는 조직체의 운영에 필수적인 기록물로서 1~2년의 기간 동안 같은 업무를 수행하는 경우에 참고 목적으로 활용되어 질 수 있다.

둘째, 재정적 가치는 재정적 거래를 증빙할 수 있는 감사 추적의 수단으로써 필요한 가치를 말한다. 대체로 재정적 가치는 회계감사가 종료되면 소멸된다.

셋째, 법률적 가치는 개인이나 조직의 법적 권리, 가족관계, 재산권 증빙, 상업적 이익권, 세무관계 등을 증빙하는 데 필요한 가치를 말한다. 또한 법령의 준수를 위해 요구되는 만큼 기록을 보유해야 하는 법령준수를 위한 가치를 말한다. 법률적 가치는 시간의 흐름에 따라 변하는 가치가 아니므로 기록물의 가치에 지속적으로 영향을 준다. 법률적 가치는 기록물의 보유기간을 결정하는데 중요한 영향을 미친다.

(2) 이차적 가치

이차적 가치는 기록을 작성한 목적 이외의 가치로서, 기록 작성자와 수신자 사이에 나타났던 일차적 가치는 이미 소멸하였으나, 제삼자를 위한 폭넓은 이용에 제공될 때 만들어 진다. 이차적 가치는 증거적 가치, 정보적 가치, 역사적 가치로 구분된다.

첫째, 증거적 가치는 '법적' 의미보다는 '역사적' 의미에서의 증거와 관련하여 파생되는 가치다. 증거적 가치는 기록을 생산한 개인이나 기관(단체의 조직, 기능, 정책, 결정, 절차, 운영을 비롯한 여러 활동의 증거를 통해서 만들어지는 정보가 갖는 가치이다. 즉, 정부의 조직과 기능의 증거로서 기구가 변천해 온 발자취 등을 밝히는데 유용한 가치이다.

둘째, 정보적 가치는 증거적 가치보다 범위가 넓은 특징이 있다. 즉, 기록물에 포함된 정보가 생산 당시의 사용 목적을 넘어서서 다양한 이용가치를 갖게 됨으로써 생기는 가치를 의미한다. 쉘렌버그는 정보적 가치를 역사적 연구를 위한 가치로 보고 이것이 기록물관리기관에서 영구기록을 보존하는 가장 중요한 이유라고 강조했다.

셋째, 역사적 가치는 영구기록물관리기관에서 영구보존하여 후대에 전승하여야 할 필요가 있는지에 따른 가치를 말한다. 어떤 기록물에 역사적 가치가 있는지는 현재와 미래의 이용 가능성 여부에 따라 결정된다.

(3) 기록물 가치의 개념적 전이

기록의 일차적 가치, 이차적 가치에 대한 구분은 전자기록물 시대로 접어들면서 그 개념이 변화되고 있다. 종이 기록물이 기록물 생산 및 관리의 주된 대상일 때에는 기록생산자와 이용자가 분리되어 있었다. 기록의 생산시점에 갖게 되는 일차적 가치의 실현과 이용자가 활용하게 되면서 발생하는 이차적 가치의 실현이 분리되는 것으로 이해되었다. 전자기록은 종이 기록물과 같이 생산과 활용이 구분되는 경계를 설정하기가 어렵다. 이런 특징으로 인해 전자기록은 생산자와 이용자가 직접적으로 연결된다. 그래서 기록정보의 활용에 대한 단계적 차이를 구분하는 것이 불필요하고, 실시간으로 기록정보의 활용이 가능하다고 본다. 따라서 전자기록은 종이기록물과는 달리 실제 이용의 측면에서는 기록의 일차적 가치와 이차적 가치가 단계적으로 구분되지 않는다고 본다.

기록의 가치에 대한 이해와 판단이 기록물관리자의 판단에 의존하던 것에서 이용자들의 판단도 주요한 고려사항이 된다. 기록물관리자는 기록 활용의 빈도나 주요 활용정보를 판단하여 기록물의 활용을 통해서 구현되는 기록물의 가치를 포착해야 한다. 이렇게 파악된 가치판단의 자료들을 기록을 생산할 때 적용될 수 있도록 하여, 기록이 생산될 때부터 적절한 가치가 반영될 수 있도록 해야 한다.

종전의 단계적 가치평가이론이 미시적 가치평가라면 현재의 연속체론적 평가이론은 거시평가이론이라고 할 수 있다. 미시적 가치평가가 기록의 생애주기에 따른 다양한 평가요소를 주장했다면, 거시평가이론은 기록의 미래 이용가능성을 크게 고려하지 않고, 기록이 생산되는 시점의 기능에 보다 관심을 갖는다. 기록보존의 주요 목적인 영구보존기록을 선별하고 이를 효율적으로 보존하는 것이 필요하다는 점에서 미시적 가치평가의 관점을 유지하도록 노력하는 것도 필요하다.

2) 기록관리로부터 발생하는 편익

기록은 조직의 가치 있는 자원이자 중요한 업무 자산인 정보를 담고 있다. 조직과 사회가 수행한 행위의 증거로서 기록을 보호하고 보존하기 위해서는 체계적인 기록관리가 필수적이다. 기록관리시스템은 현재 및 미래의 이해관계자에 대한 설명책임을 분명히해 줄 뿐 아니라, 후일의 활동과 업무 결정을 도울 수 있도록 업무활동에 대한 정보원을 제공한다.

KSXISO 15489에서는 기록관리를 함으로써 얻을 수 있는 중요한 편익으로 첫째, 정보로서의 기록을 관리하여 업무활동을 지원하는 것, 둘째 증거로서의 기록을 관리하여 조직의 설명책임을 다하는 것을 들고 있다.

기록관리가 주는 편익을 살펴보면 다음과 같다.

첫째, 조직의 '후속 활동과 의사결정을 도울 수 있도록 업무 활동에 대한 정보원'을 제공하는 것이다. 이 정보를 통해서 조직의 업무 효율이 향상될 수 있다. 업무를 하는데 적용할 수 있는 좋은 정보원은 조직구성원 한 명 한 명이 기록을 생산하고 관리할 때 '질서 있고 효율적이며 신뢰하는 방법으로 업무를 수행'할 수 있도록 돕는다. 이는 다시 '일관되고 공평한 서비스를 제공'하는 기반을 마련한다. 한편, 고위 경영진이나 중간관리자는 '정책 수립과 관리상의 의사결정을 지원하고 이를 기록화'하여 이를 다시 이후의 의사결정의 근거로 삼아' '관리와 운영의 일관성, 지속성, 생산성'을 높일 수 있다. 결과적으로 기록관리는 '조직 전반에 걸쳐서 효과적 인 업무 수행을 촉진'하는 수단을 확보하도록 한다.

둘째, 법규요건을 준수하기 위하여 기록을 제대로 관리할 수 있도록 한다. 조직과 조직이 수행하는 업무의 성격에 따라 공공기관의 기록관리에 관한 법이나 기업회계에 관한 법, 전자상거래로부터 발생한 기록 관리에 관한 법, 또는 마약류 관리에 관한 법 등 특정한 업무로부터 발생하는 기록의 생산과 유지에 관한 법 등과 같이 기록을 생산하고 관리하기 위한 요건이 달라질 것이다. 이러한 법규요건을 정확하게 이해하고, 준수하기 위해서는 안정된 기록관리 체제와 시스템을 구축하여야 한다.

셋째, 조직의 설명 책임성 확보가 가능하도록 한다. '업무·개인·문화적 활동의 증거'를 마련하는 일은 구체적으로 '조직 활동에 대한 증거의 유무와 관련하여 발생할 수 있는 위험관리 등 소송 시 보호와 지원을 제공'하기 위한 책임을 다할 수 있게 한다. 이는 '직원, 고객, 현재 및 미래 이해당사자의 권리와 조직의 이익을 보호'하는 책임과 연계된다. 더 긴 시간 속에서 보면 '역사 연구뿐 아니라 현재와 미래의 연구개발 활동, 발전 및 성과를 지원하고 이를 기록화'하는 일과 다르지 않다. 한편, 안정적인 기록관리 시스템을 구축하여야만 '재난이 발생했을 때 업무의 지속성을 유지'할 수 있게 된다. 기록관리가 제대로 운영되면 재난이 발생했을 때에도 조직이 그 책무를 지속적으로 수행해 나갈 기록정보를 활용하는 것이 가능해진다. 이를 통해서 조직의 기능을 유지할 수 있게 될 것이다.

넷째, 조직의 정체성 확립의 근거를 제공한다. '조직, 개인 혹은 집단의 기억을 유지'함으로써 조직의 '업무·개인·문화적 정체성을 확립'할 수 있을 것이다. KS X ISO 15489는 현용기록의 관리를 위한 표준이므로 역사적 보존가치를 가진 영구기록의 관리에 대해서는 다루고 있지 않다. 그러나 국가의 집단적 기억으로서 영구기록의 보존은 국가의 정체성을 확립하기 위해 국가기록관리기관이 최우선적으로 수행해야 하는 중요한 업무이다.

3) 왜 기록을 관리해야 하는가?

지식정보화 시대인 현대사회는 지식정보가 곧 자원이 된다. 또한, 정보의 홍수 속에서 정보의 선별과 정련의 필요성이 높아지고 있다. 이 속에서 공공기록은 상대적으로 선별되고 정련된 정보로서의 역할을 하고 있다. 이는 전통적으로 중요하게 여겨왔던 기록의 가치, 즉 '증거적 가치'에서 기록이 정보로서의 가치 혹은 지식으로서의 가치에 주목한 것이다. 기록의 정보로서의 가치에 대한 이해는 기업 쪽에서 활발하게 제기되고 있다. 그러나 기업과 같은 민간영역에서 생산되는 기록은 그 내용이 포함하는 범위가 제한된다. 반면에 공공 영역에서 생산되는 기록은 개별적으로 분산 관리하는 것이 아니라 취합하고, 정보를 분석하여 평가라는 과정을 거시민서 관리가 이루어진다. 국가 차원이라는 포괄적 범위에서 관리가 이루어진다. 국가 차원에서 관리하기 위해서 장기보존이 필요한 기록들은 영구 기록으로 분류되어 영구기록물관리기관에서 보존된다. 이렇게 관리되는 기록은 국가의 운영, 정부 정책의 계획과 추진 내용, 국민의 신분, 생명, 재산, 권리 등의 증명으로 다양하게 활용된다. 궁극적으로 이러한 기록은 국가와 국민의 정체성과 문화를 형성하는 기록유산이 된다.

기록관리의 패러다임이 변화하면서 기록의 가치가 재발견되고 있다. 전자기록의 관리개념이 생겨나면서, 현용기록관리에서는 기록정보관리 패러다임이 정적인 모형에서 동적으로 변화되었다. 아울러 결과 중심의 관리에서 과정 중심의 관리로 변화되었다. 이렇게 됨으로써 기록관리 패러다임 또한 생애 주기 모델(life Cycle)로부터 기록 연속성(Records Continuum) 모델로 변화되고 있다.

생애 주기 모델에 따르면 기록은 일정한 매체에 담겨 생산되고 포착되고 고정된다. 논리적 개념적 구성체로서의 기록은 생산되기 이전 시점부터 기록의 폐기나 이관 시점까지 시공간이 통합된 복합적인 현실 속에 존재한다. 복합적 현실이란 하나의 활동이 발생하고, 그 활동의 증거가 기록으로 만들어지고, 그 기록이 하나의 집합적인 기억으로 조직되는 과정에 나타나는 다양한 차원의 현실을 말한다.

프랭크 업워드(F. Upward)는 기록 연속성 개념을 기록의 생산, 획득, 조직, 다원화라는 4개의 차원과 증거, 활동, 주체, 기록관리라는

4개 축이 상호교차하는 모델로 설명하고 있다.

4) 인간과 조직의 레코드 아카이브 이용방법

개인과 조직은 자체적인 작업 및 삶의 과정에서 기록물을 생성, 이용 및 보관한다. 또한 기록들은 삶과 사업에 관한 기본 토대를 제공한다. 기록물이 없다면, 시민으로서의 권리를 주장하는 것(여권, 출생 증명서)이나, 증거를 제시하는 것 시험통과 서류, 활동에 관련된 사항을 계산하는 것(통화료, 그리고 삶의 이벤트를 상기하는 것, 해운대 해변에서 휴가를 보내며 썼던 우편엽서나 할머니가 돌아가시기 전에 마지막으로 주신 편지) 등이 얼마나 힘들 것인가.

이러한 기록들이 축적되며, 개인 아카이브에 저장하게 될 것이다. 조직체 역시 유사한 목적으로 기록물을 생성 및 보관한다. 이는 현재 사업기능 및 활동을 수행할 수 있도록 하며, 정당한 요구 사항과 이에 대한 승낙을 주장하고, 활동과 관련된 사항을 계산하며, 완료된 거래에 증거자료가 된다. 또한 조직체의 활동에 관한 정보를 제공하기도 한다. 모든 조직체는 정부에서부터 초등학교에 이르기까지, 그리고 다국적 기구에서 지역의 편의점에 이르기까지 다음의 목적 하에서 자체적인 활동 기록들을 보관한다.

자신의 활동을 교정하거나 발전시키고 지속하기 위해 필요한 정보를 제공함. 법적인 경우나 경쟁자로부터의 보호. 예를 들어 레코드를 통해 정당하게 활동했고, 의무 사항을 준수했다는 증거를 제공할 수 있다. 조직체의 활동 영역에 부과되는 규제 환경에 의한 요구

사항들에 대해 책임을 짐.

예를 들어서 제약 회사는 A라는 자사 제품에 대한 연구 결과 및 개발과 관련된 정보를 관리하게 될 것이고 그럼으로써 그 정보는 A 제품의 업그레이드제품 제작을 새로이 기획하는 데에 참조 자료로서 활용될 수 있을 것이다.

또한 제품 신뢰도 문제 때문에 보관될 수도 있다. 고객이 이 제품 때문에 자신의 눈이 손상되었다고 주장하며 소송을 제기할 경우에는 해당 기록들을 참조로 하여 회사는 제약업계의 규정을 모두 확실하게 준수하였으며, 제품 시판 이전에 포괄적인 실험을 마쳤다는 사실을 주장할 수 있어야 한다. 또한 회사는 경쟁사가 나타나거나 더 넓은 경우에 규제 당국이나 주주들로부터 책임성을 추궁 받을 경우를 대비해서 증빙 자료로서 기록물을 보관할 수도 있다. 바로 여기에 정확한 기록 관리의 이점이 있는 것이다. 확실한 기록 관리가 이루어지지 않을 경우에 어떤 일이 일어날 수 있는가에 관한 더 자세한 경우를 생각해 볼 수 있다. 남아프리카 공화국에서는 인종분리정책을 시행할 때, 정부 경찰의 기록물 폐기는 정부가 대부분의 시민에 대한 민주주의적 책임성의 원칙을 부인했다는 증거가 되었다.

영국에서 일부 은행이 자체 아카이브와 기록시스템 관리에 실패함으로써 죽음의 수용소에서 희생된 수많은 홀로코스트의 희생자들의 후손이 자신이 물려받을 권리를 주장할 수 없게 되었다.

기록물은 개인 및 조직체가 효과적으로 운영될 수 있도록 하고, 활동에 관한 증거자료를 제공하기 때문에 생성하고 보관하는 것이다. 아카이브 역시 이러한 이유 때문에 존재하는 것이나, 영구보존을 위해서 선택된 기록의 일부만을 보관한다. 그리고 아카이브는 문화적이고 사회적인 중요성이 포함되어 있다. 유럽 의회에서는 다음과 같이 의결하였다.

> 아카이브는 근본적이고 교체가 불가능한 문화적 유산의 일부를 구성한다.
> 아카이브는 국가의 기억을 저장하고, 자국과 관련된 대규모 생존 인간의 기억을 보관한다.

레코드와 마찬가지로 아카이브도 다음과 같은 특성을 지닌다.

· 행정상의 연속성과 일관성을 보장하고,
· 민주주의 체제 하에서 국민에 대한 정부의 의무와 책임에 대해 기록하며,
· 우리에게 국가적, 지역적 정체성과 시민으로서의 정체성을 제공한다.
· 또한 유용한 정보와 함께 우리의 역사에 대한 호소력 있고 실체적인 정보를 제공함으로써 국민을 교육하프 즐길 수 있게 하며, 삶을 풍요롭게 한다.

상기의 일부 사례에서는 '중요한' 기록물과 아카이브를 투명하게 관리해야 하는 주된 이유가 바로 인간의 권리 보호와 인간에 대한 책임성에 있다는 것을 보여준다.

이는 아카이브에 접근하는 것은 문화적이고 '정체성'적인 측면에서 민주적인 필요조건이며, 기록물을 원본 그대로 보관하는 것은 훌륭한 국가 경영과 인프라 관리를 위해 근본적인 요소라는 사실을 보

여준다. 일상적인 기반에 근거한 기록 관련 작업은 그것이 얼마나 민감하고 중요한 기록물인지 여부에 관계없이 그 기록 자체로서 관리할 것인가 하는 문제를 해결해야 한다.

이러한 아카이브 관리는 아카이브의 문화, 사회, 그리고 역사적 가치와 연관되어 있으며, 법적이고 사업적인 가치와도 관련이 된다. 아카이브는 광범위한주제와 전문분야에 대해 검색자가 평등하게 접근할 수 있도록 해야 한다. 검색자가 경제학자나 환경과학자, 그리고 지리학자나 계보학자이든 상관없이, 그리고 초등학생이든 교사이든 상관없이 아카이브 자체적인 능력에 따라 평등한 자료검색이 가능해야 한다.

기록물은 개인이나 조직체, 그리고 사회에게 자체적인 가치에 따라 다양한 목적을 가지게 된다. 기록물은 통신과 상호작용의 수단이며, 무언가를 결정하는 요인이 되고 또한 인간 활동과 기억 저장, 경험 저장, 권리 및 의무 증명 등의 분야에 지속성과 일관성, 그리고 효율성을 제공한다. 그러나 암울한 시대에는 기록물이 억압과 권력 남용의 도구가 될 수도 있다.

5) 아카이브 관리의 핵심 기능

앞서 소개한 생애주기는 아카이브와 '프로세스의 상위 사이클'에도 적용된다. 전체적이고 '연속성에 입각한' 환경에서는 이러한 프로세스가 아카이브를 대신하여 기록물의 생성 및 획득 시점에 작용하게 될 것이다. 그 목적이 단독적으로 모체의 자료보관소(아카이브로서 사용되는 데에 있는 일부인 하우스(내부) 아카이브(In-house archives)는 시스템을 작동하여 현용·레코드와 아카이브 프로세스를 모두 가지고 있게 된다.

그러나 많은 아카이브 수집 자료는 초기 아카이브 프로세스를 조직하는 데 관심을 두었던 모체와 오랜 기간 개별적으로 존재하게 될 것이고, 그 수집 리포지터리에 의해 아카이브로서 기능을 가지게 된다.

그뿐 아니라 본 책의 전제 사항 중의 하나는 지금은 관심을 받지 못하는 이러한 아카이브를 위한 자세한 가이드라인이 여전히 필요하다는 데 있다. 일부프로세스는 기록관에 의해 취해진 프로세스를 반영하지만, 최소한 '수집'자료의 내용을 결정하는 접근방식뿐 아니라 이용자가 이에 접근할 수 있도록 하는 방법론적인 측면에서 중요한 차이가 존재한다.

아카이브 조직의 기본 목적은 바로 아카이브가 관리하는 수집 자료를 선택기능들이 수행되어야 한다. 일부 아카이브는 물리적 프로세스를 통해 자료의 행정적인 제어를 받게 되며, 또 다른 아카이브는 아카이브와 다른 자원에 포함되어 있는 정보의 이용에 지적인 차원의 제어를 받게 된다.

- 획득 및 선택, 평가
- 배열 및 기술
- 접근 및 참조 서비스 제공
- 저장 및 아카이브 관리
- 유지 및 보존
- 지원 및 외부 도달성

6) 아키비스트와 레코드 매니저의 역할

기록관이나 아키비스트 모두 조직 및 개인 활동 기록 들을 관리한다. 이는 정보에 대한 자체적인 평가, 배열, 접근 및 검색과 관련된 작업이며, 적절한 기구 및 환경적으로 보존에 용이한 지역에 자료를 보관하여 이를 보호하는 것이다. 기록관과 아키비스트 모두 보안 문제, 위기 상황에서의 사업 연속성 계획 수립, 그리고 아카이브의 기능을 지원하기 위한 기술의 시용문제와 관련되어 있다. 그러나 기록관과 아키비스트의 취급 대상에 차이가 있기 때문에 차별적인 결과가 도출된다.

우선 기록관은 국제 표준에서 명시한 조건과 관련이 있다. 예를 들자면 국제 표준에서는 공공 행정 혹은 기업체 사업 환경에서 필요로 하는 바에 따라 정확하고 신뢰할 만하며 사용가능한 기록물을 작성 및 관리하고, 해당 기록물의 무결성을 보호하도록 하고 있다. 기록관의 우선적 의무는 기록물 생성 조직에 있다. 그러나 해당 조직이 장기간에 걸친 자체 아카이브 관리에 중점을 두고 있다면, 기록관은 잠재적으로 아카이브 저장가치가 있는 기록을 규명하는 데 도움을 줄 수 있다.

아키비스트의 주된 업무는 취급 아카이브를 선별, 보존 및 사용 가능하도록 하는 것이다. 아키비스트는 기록 사업 및 적법성의 관점에서 문화 및 사회적 가치를 고려한다. 아키비스트는 바로 정황과 관련된 영역에서 작업을 하게 되는 것이다. 한 모델에서 보면 아키비스트는 정부나 일반 기업 혹은 연구소에 관계없이 아카이브의 행정적 효용성이 아카이브 작성자 혹은 아카이브를 이어받는 사람에게 있는 모체 조직을 위한 아카이브(인하우스 모델)을 관리하게 된다.

기록관에 의해 규명된 기록물은(아키비스트의 논의를 통해서) 아카이브로 분류될 가치를 가지게 되며, 아키비스트 책임 및 아키비스트의 고객인 조직체의 일부가 된다. 이미 언급한 바와 같이 '아카이브'는 여전히 '현재적인' 목적을 가지고 사용할 수 있는 것을 말한다. 소규모 조직에서는 아키비스트와 기록관의 역할은 한 명이 전담할 수도 있다.

아키비스트는 고용주가 내부 기록 관리보다는 외부 출처의 수집 기록물 관리에 중점을 두는 환경에서 주로 자료 획득 및 수집 업무를 담당하기도 한다. 이 경우 아키비스트는 정보를 선별, 보관, 배열 및 기술하고 다양한 아카이브 검색자들이 광범위한 연구 주제에 대한 정보를 획득할 수 있도록 작업을 하게 된다.

아키비스트이든 기록관이든, 혹은 양자이든 간에 중요한 것은 스스로를 기록관과 아키비스트가 개별적 시스템의 설계 및 관리자이자 레코드 보관 업무 전반에 걸쳐서, 연속적 가치를 지닌 기록들을 확실하게 획득하는 시스템의 조작자로 보는 것이다. 물론 기록관과 아키비스트에게 필요한 기술은 다르지만, 양자는 서로 상당한 연관성을 가지고 있으며, 자신이 속한 조직과 관련된 기록물 및 아카이브의 규명과 보존이라는 공통 관심사를 가지고 있다.

7) 상황에 따른 아카이브와 조직체

(1) 아카이브의 역사

본질적으로 아카이브 조직은 구전 지식을 통해 문화가 발전하는 것처럼 발전되고, 수용할 수 있는 정보들 가운데 문자로 쓰인 기록정보를 실질적으로 받아들이게 된다. 아카이브는 다음의 이유에서 만들어졌다.

- 통치자와 정부가 적절한 행정 인프라를 통해 효율적으로 지배할 필요성
- 판례 및 기록된 권리를 요약함으로써 아카이브의 가치 실현
- 문화적 창조물 및 '국민으로서의 지위' 반영 및 표현으로서의 아카이브 평가

아카이브의 시작과 관련된 일부 논의에서는 아카이브의 기원을 현재 이라크 지역의 수메르 사람들이 점토판(clay tablet)에 금융 거래 내역을 기록한 시기인 기원전 9세기 경으로 보고 있다. 또 기원전 5세기 고대 그리스의 아테네인이 후에 아테네의 법정으로 사용되는 메트룬(Metroon) 신전에서 레코드를 보관한 것이 아카이브의 기원이라거나, 로마인이 그 시발이 되었다는 주장, 그리고 16세기 유스티니아누스(Justinain) 황제가 공적인 신뢰 보존과 기억의 영원한 보존을 위해 아카이브 혹은 레코드를 안전하게 보관할 수 있는 건축물을 만들 때 시작되었다는 주장 등이 있다. 근대의 유럽에서는 사제나 수도승이 초보적인 수준의 걸어 다니는 아카이브가 되었다. 1543년 스페인의 찰스(Charles) 1세가 세운 시만카(Simancas)가 유럽 최초의 아카이브이다. 1794년 파리에 국립아카이브가 건립됨으로써 국민과 관련된 레코드의 보존 및 관리 책임을 국가가 인정했다고 말할 만하다.

(2) 국가 차원의 모델

국가적 아카이브 전통은 국가의 개별 법률 및 행정, 문화 및 사회적 관행에서 발견된다. 정부 통치방식은 다양한 행정 인프라 개발로 이어지고, 자체적인 아카이브 관리 방식은 다양한 국가적 기본 위에서 아카이브 원칙 및 관행의적용으로 이어진다.

예를 들어서 중국같이 고도의 중앙집권적인 정부 시스템을 가진 국가나 이전사회주의 국가에서는 국가 차원의 제어가 센터의 관행 규제로 이어진다. 그와는 반대로 미국이나 오스트레일리아 같이 개별 주가 하나의 연합 국가를 구성하지만 내부적인 업무는 독립적으로 실행하는 연방주의적 구조를 가진 나라에서는 국립 아카이브가 개별 주에 연방의 기능(방위, 외교정책) 레코드를 담당하는 아카이브 조직을 보유하고 있지만, 개별 주는 아래의 예에서 보게 되듯이 주립 아카이브 및 주립 도서관, 그리고 역사가 오래된 회사에서 자체 아카이브 관리에 관해 매우 자유로운 상황에 있다.

스위스 모델은 그것보다는 덜 집중화되어 있다. 이는 개별 주에서 자체적인 아카이브 조직을 독립적으로 관리하며, 중앙 정부에서는 관련 규칙제정 및 아카이브 관리 프로세스 그리고 관행에 대해서 어떠한 요구도 하지 않는다. 영국에서도 잉글랜드, 웨일스, 스코틀랜드, 북 아일랜드가 각기 상당히 독립적인아카이브를 보유하고 있다.

다양한 국가의 법적 행정적 전통' 그리고 문화 사회적인 전통이 차이가 있으며, 이는 또한 국립 아카이브의 (자료) '수집' 업무에 반영된다. 영국 국립 아카이브와 오스트레일리아 국립 아카이브 그리고 독일의 번자르치프(Bundsarchiv)의 업무는 진행 중인 행정 프로세스의 일환으로 법원과 정부에서 생산되는 공식 레코드를 수집하는 것이며, 공식적이지 않은 레코드는 수집하지 않도록 되어 있다.

스코틀랜드 국립 아카이브와 북 아일랜드 공립 레코드 사무소 역시 동일한 업무를 수행하지만, 이 경우는 동일 환경에서 비공식적이고 사적이며, 개인적인 자료도 수집한다. 이와는 반대로 캐나다에서 '토탈 아카이브(총괄 아카이브)'의 개념은 국립 아카이브가 국가와 관련된 정보를 담고 있는 모든 제공 레코드들을 수집하도록 한다.

(3) 도서관 및 개인 저작 자료

아카이브와는 달리, 도서관은 사업 혹은 개인적 활동에서 생성되는 미가공 데이터보다는 주로 정보관련 자료, 도서, 잡지 등과 더욱 밀접한 관계가 있다. 그뿐 아니라 대부분의 레코드 교환의 산물과는 달리 대부분의 도서관 저장 정보는 독특한 특성이 없다. 일반적으로 도서관에서 저장하는 정보는 널리 배포할 목적으로 출판된 것이고, 더욱 중요한 것은 이 정보가 개별적이고 분리되어 있다는 사실이다. 필사본 자료가 의미하는 바는 말 그대로 손으로 직접 쓴 문서를 의미한다. 이 말은 종종 개인의 독특한 필사본 자료를 가리킬 때 사용하는 단어이며, 이는 거래 혹은 사업 과정에서 생성된 것이 아니고 그 의미상으로는 연관 문서에 따라 좌우되는 것이 아니다.

뿐만 아니라 19세기의 요리책이나 워즈워드(Wordsworth)의 시, 오손 웰즈Orson Welles)의 자필원고, 버지니아 울프(Virginia Woolf)의 소설 초고는 이러한 기준을 모두 충족시킨다. 도서와 고립된 아이템, 그리고 자필 원고는 도서관의 기준과 영미 목록규칙(AACR)이나 아카이브, 사적인 문서 그리고 자필원고에 대한 가이드라인과 같은 시스템에 따라 분류된다.

이와는 반대로 레코드와 아카이브는 출처에 따라 연관성이 높은 문서들이 원작성자와 연결되는 것이나 동일한 수집 과정에서 다른 기록 사례를 들어 앞에서 예를 든 조 숍의 학교 기록과 학생의 리포트에 관한 평가서와의 관계를 통해 의미와 중요성을 찾아내는 것 등과 같이 상호 연관된 아이템의 결합이다.

또한 이러한 기록들은 차별적으로 처리되어야 한다. 전통적으로 아카이브는 자체적인 출처와 구조, 그리고 기능을 보존하는 동시에 하나의 집합체로 역사적 그리고 관행적 이유에서, 도서관은 아카이브와 자필 원고를 보관하게 될 것이다. 아카이브에는 문헌자료와 자필 원고가 포함될 것이다. 아카이브와 도서관, 그리고 자필원고 간의 관계에서의 다양한 모델은 국립 및 주립 단계에서는 명확하다.

유럽에서는 아카이브가 도서관과는 별개로 수립되었고, 행정 과정의 일부로서 처음에는 아카이브의 기원이 아카이브의 문화적인 특징보다 더욱 명확하게 규명되게 된다. 이와 비슷하게 최초의 아카이브 관리자는 행정 직원이었으며, 이들은 역사학자도 아니고 사서도 아니었다. 이와 달리 국립 도서관은 그 발단에서 매우 뚜렷한 차이를 보인다.

오스트레일리아와 북아메리카에서는 아카이브 기관의 수립을 향한 최우선 유발요인을 가지는 아카이브의 문화 역사적인 특징과 관련된 상황과 도서관의 개인 저작 원고 담당부서의 수립과 관련된 상황은 개별적으로 나타난다. 21세기 초 오스트레일리아에서는 1961년 아카이브 부서가 독립될 때까지, 공화국 국립도서관이 정부의 아카이브 역할을 수행했다.

특정 아카이브 기준은 어떻게 아카이브를 관리해야 할 것인지에 관한 가이드라인을 제시한다. 그 후 이차적으로 주어지는 목표는 특정주제에 접근 가능하도록 편집하는 것이다.

이러한 구분 사항을 관리하는 것은 힘들 뿐 아니라 항상 유용한 것도 아니다. 윈스턴 처칠의 아카이브에는 처칠(Winston Churchhill)의 연설본, 일기장, 사진, 초상화 등의 그의 생애와 관련된 레코드의 초고 및 출판본이 포함되어 있다 윈스턴 처칠과 루즈벨트(Roosevelt) 대통령이 주고 받은 서신이나 차트웰(Chartwell)이나 다우닝가(Downing Street)에서 그들이 잠시 회견을 가진 사항 등의 기록들이 엄밀하게 아카이브적 자료가 아니라는 이유로 윈스턴 처칠의 아카이브에서 제외해야 하는 것일까? 원 초고와 다이어리는 도서관에, 사진과 초상화는 박물관에, 그리고 나머지는 아카이브에 보관해야 하는 것 일까? 관련 전문가가 찾아낼 수 있는 위치에 저장되어야 할 다양한 형태의 자료를 물질적으로 보존하는 것과 관련하여 다양한 시사점이 있으나, 이러한 자료의 출처는 언제나 신중하게 기록해야 한다.

(4) 박물관 아카이브

박물관 역시 아카이브를 수집한다. 초기에 적절한 아카이브 저장소가 설립되기 이전에 박물관의 (자료) 수집정책은 확실히 체계적이지 못했다. 오늘날 박물관이 수집하는 자료에는 현재 진행과정에 있는 조직 차원의 레코드가 포함되며, 아카이브가 자료수집 작업을 지원한다. 런던 과학박물관은 자체적인 아카이브 수집과 관련된 역할에 대해 오늘날의 박물관이 어떤 시각으로 보고 있는지를 보여주는 전형적인 사례다.

박물관과 도서관은 자체적인 역사, 특히 저작을 통해, 그리고 다양한 수집 형식을 통해 아카이브 자료를 획득한다. 이러한 자료는 연관된 대상과 과거에 동시적으로 연관되어 수집되며, 많은 물체에 근거한 자료 수집을 효과적으로 완수할 수 있게 한다. 오늘날 이러한 자료는 과학 및 기술, 의학, 그리고 산업계의 역사와 특정 아카이브 저장소가 마련되지 않은 물리학 및 물리적 기술에 관한 역사와 관련된 영역에서 획득된다.

(5) 공립 아카이브와 역사적 저술

미국의 경우는 바로 도서관 문화가 아카이브의 인프라적 측면에 오랜 기간 영향을 주는 환경이었다. 여기에서 '공립 아카이브 전통(public archives tradition)'과 '역사적인 저술 전통(historical manuscripts tradition)'이라는 말이 매우 특별한 의미를 가지게 된다.

여기에서 자료취급에 대한 명확하고 근본적인 인식의 차이가 발생한다. 어디에서 그리고 어떻게 문서로 쓰인 자료를 다루어야 할지에 따라 자료에 대한 정의와 다루는 방식이 달라져야 한다는 것이다. 만일 사용 주체(예, 주 정부)에 의해 생성된 아카이브를 제공하는 것을 주된 기능으로 하는 기관이 자료를 관리하게 된다면, 자료는 공립 아카이브의 전통과 주립 아카이브에 속하게 된다.

만일 관련 기관이 전 세계의 자료를 대상으로 레코드를 수집하고 연구 육성에 그 목적을 두고 있다면, 그 연구 자료는 역사적 필사본의 전통에 따라 주립 도서관에서 관리되게 된다. 도서관은 근본적으로 후자에 속하는 자료를 수집하는 기관이고, 자료가 아카이브적 가치가 있는지, 혹은 '저술 자료'적 가치가 있는지에 차이를 두지 않는다.

최근 들어서 인하우스 모델의 주립 아카이브 시설이 생겨났고 주립 도서관에서 저술 서가를 만들기 시작했다. 그 일례로 주에서 생성된 레코드를 관리하는, 미네소타 주립 아카이브의 경우는 단지 '역사적 문서'를 수집하는 미네소타 역사학회의 일부분일 뿐이다. 그렇지만 실제적으로 이 역사적 자료에는 순수하게 아카이브적인 조직에 관한 기록들, 그러니까 예를 들어 '북태평양철도'에 관한 것들이 포함된다. 그뿐 아니라 공립 아카이브 서비스는 아카이브 영역 밖에서 획득한 자료를 잘 보관하고, 도서관으로부터 받은 자료를 아카이브의 특성을 살려서 잘 전시하게 된다.

최근 미국 교과서에서는 '아카이브는 조직체 혹은 기관에서 생성되는 반면, 필사본(자필원고)은 개인적으로 혹은 가족 차원에서 만들어지는 것이다'라고 정의하고 있다. 또한 '아카이브 리포지터리에 보관된 것은 레코드라고 부르고, 자필원고 리포지터리에 보관된 것은 문서(papers)라고 부른다. 조직의 레코드를 보관하는 자는 아카이브 관리자이며, 문서를 보관하는 자는 자필원고 관리인(manuscript curator)라고 한다.'라고 설명하고 있다.

이러한 인위적 차별화는 불필요한 긴장 상태를 야기하는 것으로 생각된다. 피츠버그 대학의 리차드 콕스(Richard Cox)는 다음과 같이 이야기한다.

> 아키비스트는 아키비스트이고, 아카이브는 아카이브다
> (Archivists are archivists. Archives are archive.).

아카이브는 기록물로 구성된 것이다. 역사적인 문서는 기록물로 구성된 것이며, 역사적 문서도 아카이브의 일부이다. '자필원고 관리인' 역시 기록물과 아카이브에 대한 책임을 가지고 있다.

3. 해양 기록학의 모색

1) 해양기록학의 특성

기록학은 일반적으로 구체적인 자료의 형태를 띤 것을 대상으로 한다. 따라서 무형적이고 유동적인 것을 파악하고 처리하는 데 한계가 있다. 또한 국가기관이나 공공기관의 기록물을 주요 대상으로 하고 있기 때문에, 민간의 자료 특히 일상적인 자료는 제외하는 경우가 많다.

바다는 개방적이고 유동적이고 때로는 불안정하다. 바다는 하나의 바다이며 경계가 없다. 반복적으로 영위되는 일이 있는가 하면, 아주 드물게 일어나는 일도 있다. 또한 기록되는 일도 있고 기록되지 않는 일도 있으며, 특히 어촌 마을에서 기록을 남기는 일은 극히 드물었다. 따라서 수산해양과 관련된 기록학은 일반적인 기록학과 달라야 한다. 기록된 것만 기록학의 대상이 될 수 없기 때문이다.

우선 해양과 관련된 문화를 정의해 보자. 해양문화란 크게 해양을 이용한 활동과 해양에 대한 지식, 해양에 대한 인식이라고 볼 수 있다. 먼저 해양을 이용한 활동으로는 어로, 운송, 교류, 전쟁, 무속활동, 유희 등을 들 수 있다. 둘째, 해양에 대한 지식으로는 조류, 해류, 바람, 수산물, 조선, 항해와 항로, 재해 등과 관련된 지식을 생각할 수 있다. 셋째, 해양에 대한 인식은 해양 활동과 지식이 축적된 이후 2차적으로 사람들이 생각하게 된 해양의 이미지라고 할 수 있다. 노래, 신화, 전설, 문학, 철학, 종교 등을 들 수 있다.

따라서 해양기록학이 단순히 기록의 정리에 그치지 않고, 수집하고 이를 활용하는 데 이르고자 한다면, 일반 기록학과는 일정 부분 다른 개념 정의와 방법론이 필요할 수밖에 없다. 인간이 해양을 어떻게 활용하고 인지하고 인식하였는지를 밝혀내고자 하는 해양인문학에 대한 모색이 이루어지고 있는 시점에서, 해양기록학은 해양인문학 연구를 지탱하는 한편, 새로운 자료의 발굴과 수집을 통해서, 해양인문학의 연구방향을 지시하는 역할도 할 수 있다. 따라서 해양기록학은 해양인문학과 일체가 되어 작동될 수 있는 것이어야 한다. 특히 현재 생성되고 있는 자료만이 아니라, 과거의 자료를 능동적으로 발굴한다는 관점에서 접근할 필요가 있다.

과거의 자료는 주로 한문으로 되어 있고, 다음으로 국가나 지방관청이 생성한 것도 있지만, 민간 차원에서 생성된 자료도 있다. 예를 들면『변례집요』는 국가에서 생성한 자료이지만, 거제도의『구조라리문서』는 민간에서 작성한 자료이다. 그런데 오히려 후자가 당시 표류라고 하는 사건의 실상을 더 잘 보여준다.

또한 기록되지 않은 자료도 있다. 특히 해양에 대한 지식은 문자로 기록되지 않는 것이 많을 뿐만 아니라, 문자로 기록할 수 없는 경우도 있다. 즉 오랜 경험과 구두전승을 통해서 내려오는 지식이 있을 수 있다. 어떤 경우에는 의도적으로 기록하지 않고, 비밀을 유지하는 경우도 생각할 수 있다. 기록할 가치가 없다고 생각하는 경우도 있고, 기록하고 싶어도 문자를 몰라서 기록하지 못한 경우도 있다. 해양과 관련된 노래·전설·신화도 마찬가지다. 구전될 뿐, 기록되지 않을 가능성이 높다.

따라서 해양기록학은 기록되어 있지 않은 자료 혹은 기록되지 않는 성격의 자료를 미리 예측하고, 이를 수집·정리하는 새로운 개념을 필요로 한다고 할 수 있다.

2) 해양기록학의 자료

전통시대의 해양과 관련된 기록은 극히 제한되어 있었지만, 근대에 들어서 해양과 관련된 기록이 증가하기 시작한다. 특히 일본이 조선을 침탈하고 또한 식민지로 지배하면서, 수산·해양과 관련된 기록들이 급증하게 된다.[3] 처음에는 주로 해로·항로·연안 정보를 위한 측량을 위주로 하였으나, 점차 일본인 어부들이 조선 바다에서 수산물을 용이하게 획득하는 데 필요한 자료들을 수집하였고, 그 결과는『한국수산지』4권으로 간행되었다. 비록 일본인의 손에 의해서 이루어진 조사 결과이지만, 1910년대 이전의 조선 어업의 실상을 그대로 전하고 있다는 점에서 중요한 자료이다. 그러나 이러한 자료에서는 조선인 어부들이 어떤 장비를 가지고 어떤 수산물을 획득하는지만 파악할 수 있고, 조선인 어부의 구체적인 실상을 알 수 없다.

그런데 어업조합이 설립되면서, 이와 관련된 기록이 축적되기에 이른다. 어업조합은 1912년 4월 어업령과 어업조합규칙이 시행되면서 설립되기 시작했다. 1912년 11월 30일에 거제어업조합이 최초로 설립되었으며, 1919년에는 72개에 이르렀고, 1929년 말에는 162개가 되었다. 조선어업령과 조선어업조합규칙이 시행된 이후. 1931년에는 211개에 달하였다. 이처럼 많은 어업조합이 있었지만 어업조합 당시의 자료가 남아있는 경우는 많지 않으나, 의창수협은 웅동어업조합의 1929년부터 10여 년 간에 걸친 귀중한 자료를 보관하고 있다.

---

3) 이근우, 「명치시대 일본의 조선 바다 조사」, 『수산경영론집』43-3, 2012.

이 자료를 통하여 수산해양기록물의 한 단면을 살펴보고자 한다.

(1) 웅동어업조합 『규약 및 제규정관계철(規約及諸規程關係綴)』 개관

『규약 및 제규정관계철(規約及諸規程關係綴)』은 웅동어업조합이 작
성한 규약 및 규정과 관련된 내용으로 모아둔 서류철이다. 표지에는
우측에 "소화(昭和) 4년부터 소화 18년까지"라고 기간이 명시되어
있고 가운데 제목이 있고 좌측에 웅동어업조합이라고 기록하였다.
표지에 이어 8매의 색인용지가 삽입되어 있는데, 이는 전혀 사용하
지 않았다. 이어서 각종 규정 규약 회의록 공문서들이 집철되어 있
다. 문서철 본문 부분은 548쪽이며, 색인 16쪽, 앞뒤의 표지를 더하
면 전체 쪽수는 566쪽이다.

문서의 크기는 일정하지 않고, 종이의 지질이나 형태 역시 다양하
다. 가장 큰 '조선어업령 부속법규'가 21cm×30cm이고, 대부분의 문
서는 그보다 작은 크기이다. 자료는 소화 4년(1929)부터 시작되지만,
소화 16년(1941)까지의 내용만 보이고 뒷부분은 결락되어 확인할
수 없다. 내용을 순서대로 정리해 보면 다음과 같다.

〈내용목록〉

1. 웅동면 어업조합 급여규정(6쪽).
2. 조선어업령. 소화(昭和) 4년(1929) 1월 26일(10쪽). 인쇄물
3. 조선어업령부속법규. 소화(昭和) 4년(1929) 12월 10일(100쪽). 인쇄물
4. 창서(昌庶)4) 제2320호. 소화 5년(1930) 9월 25일, 총대회 소집 신청

---

4) 창원군이 웅동면 어업조합에 보낸 문서로 昌庶·昌內라고 쓰고 문서 번호를 붙였다. 昌은 창원군,
庶·內는 각각 庶務·內務 등의 부서의 명칭으로 보인다.

건(2쪽)

5. 웅동어업조합 규약(56쪽).

6. 임시총대회 결의록 사본. 소화 5년 5월 18일. 규약 변경 건(4쪽 중 마지막 쪽은 공백).

7. 창서 제1996호. 소화 5년 8월 22일. 조합규약 변경허가 신청건(2쪽).

8. 웅동어(熊東漁) 제129호. 소화 5년 8월 27일. 조합규약 변경허가 신청건(4쪽).

9. 창서 제1996호. 소화 5년 11월 10일. 조합규약 변경허가 신청건 통보(4쪽 중 마지막 쪽은 공백).

10. 규약변경 허가건.5) 소화5년 11월 5일(2쪽).

11. 총대회 결의록 사본. 소화 5년 9월 28일(4쪽 중 마지막 쪽 공백).

12. 창서 제2696호. 소화 6년(1931) 2월 12일. 위탁판매규정 설정인가 신청건(2쪽 중 마지막 쪽 공백).

13. 수(水)6) 1749호. 소화 6년 2월 2일. 위탁판매규정인가건(2쪽).

14. 경상남도보(慶尙南道報). 소화 6년 2월 10일(6쪽 중 마지막 쪽 공백). 인쇄물

15. 창서 제1394호. 소화 6년 5월 5일. 조선어업 보호취체 규칙건(2쪽).

16. 창서 제1755호. 소화 6년 6월 9일. 지정어업조합이사 신원 보증에 관한 건(2쪽).

17. 조선총독부 경상남도 훈령 제15호. 소화 6년 7월 16일. 이사 신원 보증금건(2쪽).

18. 창서 제1933호. 소화 6년 6월 24일. 수산제품검사규칙개정에 관한 건(2쪽)

19. 창서 제2088호. 소화 6년 7월 14일. 수산제품검사규정 중 개정에 관한 건(2쪽 중 마지막 쪽 공백)

20. 수 제1408호 사본. 소화 6년 7월 11일. 수산제품검사규칙 중 개정

---

5) 조선총독부가 웅동면 어업조합에 보낸 문서이다.

6) 경상남도청이 창원군에 보낸 문서로 水라고 쓰고 문서 번호를 붙였다. 水는 도청의 수산 분야 부서를 의미하는 것으로 보인다. 그 사본을 창원군에서 다시 연해면 및 어업조합 등에 통지한 것이다.

에 관한 건(4쪽)

- 제1호 양식(2쪽 중 마지막 쪽은 공백).

21. 총대회 의사 규정(6쪽).

22. 조난구휼규정(4쪽 중 마지막 쪽은 공백)

23. 임시총대회결의록 사본. 소화 6년 9월 10일(6쪽 중 마지막 쪽은 공백).

24. 수 제1690호. 소화 6년 10월 30일. 총대회 의사 규정 및 구휼규정 갱정 인가(2쪽 중 마지막 쪽 공백).

25. 조선총독부 경상남도 고시 제5호. 소화 7년(1932) 1월 15일. 지역 및 구역 지정(2쪽).

26. 조선총독부 관보 1831호. 소화 8년(1933) 2월 17일(24쪽).

27. 어업조합 역원 직원 신원보증 규정.

- 별기 양식신원보증서(2쪽).

28. 창서 제535호. 소화 9년(1934) 3월 5일. 어업조합이사복무 및 징계 규정 배포건(2쪽)

29. 조선총독부 경상남도 훈령 제2호. 소화 9년 2월 17일. 어업조합 이사복무 및 징계규정(4쪽).

30. 창서 제580호. 소화 9년 3월 6일. 어업조합직원복무 및 징계규정에 관한 건(2쪽 중 마지막 쪽 공백).

31. 어업조합직원 복무 및 징계규정 준칙(4쪽 중 마지막 쪽 공백).

32. 창내(昌內) 제1460호. 소화 9년 10월 5일. 어업조합규정 설정에 관한 건(2쪽).

33. 수 제2194호. 소화 9년 10월 3일. 직원신원보증규정 및 직원복무 및 징계 규정설정 인가건.(2쪽 중 마지막 쪽 공백).

34. 웅동어 제225호. 소화 9년 9월 13일. 제규정 설정 인가신청(2쪽 중 마지막 쪽은 공백).

35. 웅동어업조합 직원 신원보증 규정(4쪽 중 마지막 쪽은 공백).

- 별기 양식신원보증서(2쪽).

36. 웅동어업조합 직원복무규정 및 징계규정(4쪽 중 마지막 쪽은 공백).

37. 사본. 어업조합 역원 선임에 관한 의의(疑義) 건.7) 소화 9년 11월 2

일(2쪽 중 마지막 쪽은 공백).

38. 창내 제3002호. 소화 11년(1936) 2월 21일. 어업조합 제규정 설정 인가건(2쪽 중 마지막 쪽은 공백).

39. 창서 제65호. 소화 6년 1월 14일. 조선어업보호취체규칙 개정건 (4쪽).

40. 수 제7호. 소화 11년 2월 19일. 제규정 설정 중 급여규정 설정 갱정 인가건(2쪽 중 마지막 쪽은 공백).

41. 웅동어 제314호. 소화 10년 12월 17일. 제규정 설정 인가신청(2쪽).

42. 웅동어업조합 급여규정(12쪽).

43. 통상총대회 결의록. 소화 10년 12월 10일(14쪽 중 마지막 쪽은 공백).

44. 수 제7호. 소화 11년 8월 10일. 재산관리규정 설정건 인가(2쪽 중 마지막 쪽은 공백).

45. 웅동어업조합 재산관리규정(2쪽).

46. 수 제7호. 소화 11년 8월 19일. 어업권 입찰 및 대부규정 설정인가 (2쪽 중 마지막 쪽은, 공백).

47. 웅동어업조합 어업권 입찰 및 대부 규정(4쪽).

48. 규약 변경 갱정 인가. 소화 11년 9월 8일(2쪽).

49. 웅동어 제132호. 소화 11년 5월 1일. 규약변경 인가 신청건(8쪽 중 마지막 쪽은 공백).

50. 임시총대회 결의록. 소화11년 4월 28일(12쪽 중 마지막 쪽은 공백).

51. 수 제7호. 소화 12년(1937)2월 8일. 통상의원 선거사무취급규정 설정 인가(2쪽 중 마지막 쪽은 공백).

52. 웅동어업조합 통상의원 선거사무 취급규정(6쪽).
   ① 제1호 양식. 통상의원 총선거 고시문례(2쪽)
   ② 제2호 양식. 선거인명부(2쪽 중 마지막 쪽은 공백)
   ③ 제3호 양식. 선거인명부 열람 공지(2쪽 중 마지막 쪽은 공백)
   ④ 제4호 양식. 선거인명부 수정 고시(2쪽)

---

7) 조선총독부 식산국장이 경상남도 지사에게 보낸 문서이다.

⑤ 제5호 양식. 선임장(2쪽 중 마지막 쪽은 공백)

　　⑥ 제6호 양식. 투표용지(2쪽 중 마지막 쪽은 공백)

　　⑦ 제7호 양식. 통상의원선거 투표부(2쪽 중 마지막 쪽은 공백)

　　⑧ 제8호 양식. 투표대서록(2쪽 중 마지막 쪽은 공백)

　　⑨ 제9호 양식. 득표부(2쪽 중 마지막 쪽은 공백)

　　⑩ 제10호 양식. 통상의원 당선 고지(2쪽 중 마지막 쪽은 공백)

53. 웅동어 제253호. 소화 13년(1938) 6월 12일. 급여규정 일부 변경 인가신청건(2쪽. 마지막 쪽 공백).

54. 웅동어업조합 급여규정 변경(4쪽).

55. 웅동어업조합 급여규정 변경 조항 설명서(2쪽).

56. 웅동 제253호. 소화 13년 6월 11일. 급여규정 변경 서면결의에 관한 건(4쪽 중 마지막 쪽 공백).

57. 웅동어업조합 급여규정 변경(4쪽).

58. 웅동어업조합 급여규정 변경 조항에 대한 설명서(2쪽).

59. 웅동어업조합 급여규정 변경(4쪽).

60. 웅동어업조합 급여규정 변경 조항에 대한 설명서(2쪽).

61. 웅동어업조합 급여규정(12쪽).

62. 수 제311호 소화 15년(1940) 1월 4일. 규정 설정건 인가(4쪽).

63. 웅동어 제5호. 소화 15년1월 4일. 어업조합 제규정 설정 인가신청(2쪽).

64. 웅동어업조합 처무(處務) 및 회계규정(12쪽).

65. 웅동어업조합 어업자금대부 및 위탁판매 대금 전도(前渡) 규정(6쪽 중 마지막 쪽 공백).

66. 웅동어업조합 공동구입 규정(4쪽 중 마지막 쪽 공백).

67. 웅동어 제230호. 소화 15년4월 23일. 급여규정 일부 변경인가 신청건(2쪽).

68. 웅동어 제229호. 소화 15년4월 22일. 특별상여금 및 사택료 지급서 면결의에 관한 건(4쪽 중 마지막 쪽 공백).

69. 웅동어업조합 급여규정변경(2쪽).

70. 특별상여금 지급 표준(4쪽 중 마지막 쪽 공백).

71. 수 제962호. 소화 15년 5월 21일. 급여규정 변경 신청 인가.(2쪽 중 마지막 쪽 공백).

72. 웅동어업조합 급여규정. 소화 15년 4월 1일 통용(18쪽).

73. 웅동어업조합 급여규정. 소화 16년(1941) 10월 24일 인가(22쪽 중 마지막 쪽 공백).

74. 웅동어 제1호. 소화 15년 1월 4일. 어업조약 규약 변경인가 신청 건(2쪽 중 마지막 쪽 공백).

75. 웅동어업조합 규약 추가 설정(2쪽 중 마지막 쪽 공백).

76. 이유, 웅동어업조합규약 추가 이유(2쪽).

77. 임시총대회 의결록, 소화 14년 12월(10쪽 중 마지막 쪽 공백).

78. 창내 호외(號外). 소화15년 1월 26일. 웅동어업조합 규약변경 인가 신청 건(2쪽).

79. 웅동어 제 215호. 소화 16년4월 3일. 어업조합규약 변경 인가신청 건(2쪽 중 마지막 쪽 공백).

80. 웅동어업조합 규약 7장5절(예금) 조문 추가(2쪽 중 마지막 쪽 공백).

81. 3년간(소화 12~14년) 매년도 어업자금 대부액 및 회수액. 예금종류, 어획물 위탁판매 등(2쪽 중 마지막 쪽 공백).

82. 소화 12~14년도 어획물 위탁판매금액 표(4쪽. 소화 14년도분 부분 결락).

이상의 문서를 내용별로 정리해 보면, 가장 큰 비중을 차지하는 것이 자료의 제목과 같이 웅동어업조합의 규약과 규정이다. 특히 급여규정이 여러 차례 등장하는 것이 눈길을 끈다. 또한 규약 및 급여규정의 변경 신청과 인가와 관련하여 창원군, 경상남도, 총독부와 주고받은 공문서가 중심을 이룬다.

웅동어업조합이 작성한 문서는 웅동어(熊東漁) 몇 호로 보이고, 창원군이 웅동 어업조합으로 보낸 문서는 창서(昌庶) 혹은 창내(昌內)

몇 호로 보이며. 경상남도가 창원군에 보낸 것은 수(水) 몇 호로 보인다. 한편 조선총독부가 경상남도 및 부군(府郡)에 대하여 훈령(訓令) 혹은 관보(官報)의 형태로 어업조합관련 법규 등을 시달하며 이들 경상남도나 군은 고시(告示) 등의 형태로 통보하였다.

이처럼 '규정관계철'은 다른 기관과 주고받은 문서뿐만 아니라 문서의 내용과 관련이 있는 규약 및 규정, 규약 규정 개정의 필요성, 회의록 등을 모두 첨부함으로써 문서를 작성한 전후 상황을 파악하기 용이하도록 정리되어 있다. 이를 어업조합 관련, 군·도·총독부 관련, 법령 관련으로 다음과 같이 분류해 보았다.

〈웅동어업조합 규약 및 규정 관련〉
웅동어업조합 규약.
웅동어업조합 규약 7장5절(예금) 조문 추가.
규약 변경 허가건. 소화 5년 11월 5일.
규약 변경 갱정 인가. 소화 11년 9월 8일.
웅동어업조합 규약 추가 설정.
이유, 웅동어업조합규약 추가 이유.

어업조합 역원 직원 신원보증 규정.
어업조합직원 복무 및 징계규정 준칙.
웅동면 어업조합 급여규정.
총대회 의사 규정.
웅동어업조합 공동구입 규정.
웅동어업조합 급여규정 변경 조항 설명서.
웅동어업조합 급여규정 변경 조항에 대한 설명서.
웅동어업조합 급여규정 변경.
웅동어업조합 급여규정.

웅동어업조합 급여규정. 소화 15년 4월 1일 통용.

웅동어업조합 급여규정. 소화 16년(1941) 10월 24일 인가.

웅동어업조합 급여규정변경.

특별상여금 지급 표준.

웅동어업조합 어업권 입찰 및 대부 규정.

웅동어업조합 어업자금대부 및 위탁판매 대금 전도(前渡) 규정.

웅동어업조합 재산관리규정.

웅동어업조합 직원 신원보증 규정.

웅동어업조합 직원복무규정 및 징계규정.

웅동어업조합 처무(處務) 및 회계규정.

웅동어업조합 통상의원 선거사무 취급규정.

조난구휼규정.

⟨웅동어업조합 총대회 관련⟩

임시총대회 결의록 사본. 소화 5년 5월 18일. 규약 변경 건.

총대회 결의록 사본. 소화 5년 9월 28일.

임시총대회 결의록 사본. 소화 6년 9월 10일.

통상총대회 결의록. 소화 10년 12월 10일.

임시총대회 결의록. 소화 11년 4월 28일.

임시총대회 의결록, 소화 14년 12월.

⟨웅동어업조합 작성 문서⟩

웅동어 제1호. 소화 15년1월 4일. 어업조약 규약 변경인가 신청 건.

웅동어 제5호. 소화 15년1월 4일. 어업조합 제규정 설정 인가신청.

웅동어(熊東漁) 제129호. 소화 5년 8월 27일. 조합규약 변경허가 신청건.

웅동어 제132호. 소화 11년 5월 1일. 규약변경 인가 신청건.

웅동어 제 215호. 소화 16년4월 3일. 어업조합규약 변경 인가신청 건.

웅동어 제225호. 소화 9년 9월 13일. 제규정 설정 인가신청.

웅동어 제229호. 소화 15년4월 22일. 특별상여금 및 사택료 지급서면

결의에 관한 건.

웅동어 제230호. 소화 15년4월 23일. 급여규정 일부 변경인가 신청건.

웅동 제253호. 소화 13년 6월 11일. 급여규정 변경 서면결의에 관한 건.

웅동어 제253호. 소화 13년(1938) 6월 12일. 급여규정 일부 변경 인가 신청건.

웅동어 제314호. 소화 10년 12월 17일. 제규정 설정 인가신청.

〈어획물 위탁판매 관련〉

소화 12~14년도 어획물 위탁판매금액 표.

〈창원군 관련 문서〉

창서(昌庶)[8] 제1394호. 소화 6년 5월 5일. 조선어업 보호취체 규칙건.

창서 제1755호. 소화 6년 6월 9일. 지정어업조합이사 신원 보증에 관한 건.

창서 제1933호. 소화 6년 6월 24일. 수산제품검사 규칙개정에 관한 건.

창서 제1996호. 소화 5년 11월 10일. 조합규약 변경허가 신청건 통보.

창서 제1996호. 소화 5년 8월 22일. 조합규약 변경허가 신청건.

창서 제2088호. 소화 6년 7월 14일. 수산제품검사규정 중 개정에 관한 건.

창서 제2696호. 소화 6년(1931) 2월 12일. 위탁판매규정 설정인가 신청건.

창서 제535호. 소화 9년(1934) 3월 5일. 어업조합이사복무 및 징계규정 배포건.

창서 제580호. 소화 9년 3월 6일. 어업조합직원복무 및 징계규정에 관한 건.

창서 제65호. 소화 6년 1월 14일. 조선어업보호취체규칙 개정건.

창서 제2320호. 소화 5년(1930) 9월 25일, 총대회 소집 신청건.

창내(昌內) 제3002호. 소화 11년(1936) 2월 21일. 어업조합 제규정 설정 인가건.

창내 호외(號外). 소화15년 1월 26일. 웅동어업조합 규약변경 인가 신청 건.

---

8) 창원군이 웅동면 어업조합에 보낸 문서로 昌庶·昌內라고 쓰고 문서 번호를 붙였다. 昌은 창원군, 庶·內는 각각 庶務·內務 등의 부서의 명칭으로 보인다.

창내 제1460호. 소화 9년 10월 5일. 어업조합규정 설정에 관한 건.

〈경상남도 도청 관련 문서〉
수(水)9) 제311호 소화 15년(1940) 1월 4일. 규정 설정건 인가.
수 제1408호 사본. 소화 6년 7월 11일. 수산제품검사규칙 중 개정에 관한 건.
- 제1호 양식.
수 제1690호. 소화 6년 10월 30일. 총대회 의사 규정 및 구휼규정 갱정 인가.
수 제2194호. 소화 9년 10월 3일. 직원신원보증규정 및 직원복무 및 징계 규정설정 인가건.
수 제7호. 소화 11년 8월 19일. 어업권 입찰 및 대부규정 설정인가( )
수 제7호. 소화 12년(1937)2월 8일. 통상의원 선거사무취급규정 설정 인가.
수 제7호. 소화 11년 2월 19일. 제규정 설정 중 급여규정 설정 갱정 인가건.
수 제7호. 소화 11년 8월 10일. 재산관리규정 설정건 인가.
수 제962호. 소화 15년 5월 21일. 급여규정 변경 신청 인가.
수 1749호. 소화 6년 2월 2일. 위탁판매규정인가건.

〈훈령·고시 관련〉
조선총독부 경상남도 고시 제5호. 소화 7년(1932) 1월 15일. 지역 및 구역 지정(2쪽).
조선총독부 경상남도 훈령 제15호. 소화 6년 7월 16일. 이사 신원보증금건(2쪽).
조선총독부 경상남도 훈령 제2호. 소화 9년 2월 17일. 어업조합 이사복

---

9) 경상남도청이 창원군에 보낸 문서로 水라고 쓰고 문서 번호를 붙였다. 水는 도청의 수산 분야 부서를 의미하는 것으로 보인다. 그 사본을 창원군에서 다시 연해면 및 어업조합 등에 통지한 것이다.

무 및 징계규정(4쪽).

조선총독부 관보 1831호. 소화 8년(1933) 2월 17일(24쪽).

〈어업 법령 관련〉

조선어업령. 소화(昭和) 4년(1929) 1월 26일(10쪽). 인쇄물

조선어업령 부속법규. 소화(昭和) 4년(1929) 12월 10일(100쪽). 인쇄물

3) 해양수산학 자료의 실제

어업조합이라는 특정 기관을 중심으로 축적된 자료이기는 하지만, 이 자료를 통해서 수산업의 현장으로부터 총독부의 역할까지를 살펴볼 수 있다. 실제 어업조합의 운영과 관계된 규약 및 총대회와 관련된 내용을 구체적으로 살펴보고자 한다.

(1) 어업조합 규약

조합의 규약에는 목적, 명칭, 지구 및 조합원의 자격, 역원에 관한 사항, 회의에 관한 사항, 회계 및 재산에 관한 사항, 조합이 취득 또는 대부 받은 어업권의 행사에 관한 사항, 공동시설사업의 집행에 관한 사항, 위약자의 처분에 관한 사항을 기재하도록 되어 있다.

그 다음으로 보이는 기록은 웅동어업조합 규약으로 당시 어업조합의 운용 실태를 보여주는 중요한 자료라고 할 수 있다. 어업조합은 1911년 6월 3일에 제령 제6호로 공포된 '어업령'과 조선총독부령 제67호와 68호로 공포된 '어업령시행규칙'을 근거로 설립할 수 있게 되었다. 이 후 1929년1월 26일에 '조선어업령'이, 12월10일에는 '조

선어업령시행규칙' 등이 제정되었다. 이들 법규 중에 어업조합에 대한 직접 관련된 것으로 '조선어업 조합규칙'이 있다(자료번호 3에 포함). 조합의 규약에는 목적, 명칭, 지구 및 조합원의 자격. 임원에 관한 사항. 회의에 관한 사항, 회계 및 재산에 관한사항, 조합이 취득 또는 대부받은 어업권의 행사에 관한 사항. 공동시설사업의 집행에 관한 사항. 위약자의 처분에 관한 사항을 기재하도록 되어 있다.

어업조합 규약(자료번호 5)은 바로 '조선어업조합규칙'에 근거하여 제정된 것이다. 웅동어업조합 설립 및 운용의 근거가 되는 내용이므로 아래에 그 전문을 번역하였다.

〈웅동어업조합 규약〉

제1장 총칙

제1조 본 조합은 조합원으로 하여금 어업을 영위하도록 하기 위하여 어업권(漁業權)을 취득하고 또한 어업권의 대부를 받아 또한 조합원의 어업 또는 이에 관한 경제 혹은 구제에 필요한 공동시설을 영위하는 것을 목적으로 한다.

제2조 본 조합은 웅동어업조합이라고 칭한다.

제3조 본 조합의 지구는 경상남도 창원군 웅동면 내의 용원리(龍院里), 안골리(安骨里), 청안리(晴安里), 남양리(南陽里 원 山陽里)의 구역에 의거한다.

제4조 본 조합의 주된 사무소는 경상남도 창원군 웅동면 용원리에 둔다.

제2장 조합원

제5조 조합원의 자격을 취득한 자는 그 연월일, 본적, 거주지, 직업(전업 겸업의 구별을 기재할 것), 어업의 종류, 씨명 및 생년월일을 갖추어 지체없이 조합에 계출(屆出)해야 한다.

제6조 조합원으로서 조합원의 자격을 상실하거나 또는 전 조항의 사항
을 변경한 대는 지체없이 이를 조합에 계출해야 한다.

제3장 역원 및 직원

제7조 본 조합에 아래에 든 역원을 둔다.

조합장　1인

이사　　1인

감사　　3인

역원은 총대회에서 조합원 중에서 이를 선임한다. 다만 특별한
사유가 있을 때는 조합원이 아닌 자를 선임할 수 있다.

역원은 본 조합의 다른 역원 또는 직원을 겸임할 수 없다.

제8조 조합장 및 도지사가 임면하는 이사 이외의 이사의 임기는 3년으
로 하고, 감사의 임기는 2년으로 한다.

보궐에 의하여 취임한 감사의 임기는 전임자의 잔임 기간으로
한다.

역원은 임기 만료 후라도 후임자가 취직할 때까지 계속 그 직무
를 행해야 한다.

제9조 조합장 및 이사는 공동으로 조합의 업무를 집행하고 조합을 대
표한다. 단 상무의 경우는 이사 단독으로 이를 집행하고 대표할
수 있다.

조합장 또는 이사에 대하여 행한 의사표시는 조합에 대하여 그
효력을 발생한다.

조합장에게 사고가 있을 때는 이사가 이를 대리하고 궐원의 경
우는 그 직무를 행한다.

감사는 조합의 재산 및 업무집행의 상황을 감사한다.

제10조 역원은 명예직으로 한다. 단 이사는 유급으로 한다.

제11조 조합원은 정당한 사유없이 역원의 당선을 사퇴하거나 또는 그
직을 사퇴할 수 없다.

제12조 본 조합에 아래에 든 직원을 둘 수 있다.

서기 약간 인

기술원 약간 인

서기는 조합장 또는 이사의 명을 받아 서무에 종사하고, 기술원은 조합장 또는 이사의 명을 받아 기술에 종사한다.

제4장 총대의 선거[10] 및 총대회

제13조 본 조합에 총대회를 둔다.

총대회를 조직하는 총대[11]는 16[12]인으로 한다.

아래의 구분에 의하여 각각 그 구내에 거주하는 조합원이 이를 호선한다.

제1구 용원리 6[13]인

제2구 안골리 5[14]인

제3구 청안리(원 晴川里 部落)[15] 3[16]인

(제4구 동리(同里)(원 安城里 部落) 1인)[17]

제4[18]구 남양리(원 山陽里 부락)[19]

역원 및 직원은 총대[20]가 될 수 없다.

---

10) "총대의 선거"에 두 줄로 붉은 선을 긋고 의원(議員)으로 정정하고 서기의 인장을 두 곳에 날인하였다.

11) "총대회를 조직하는"에 두 줄로 붉은 선을 긋고, "ㅇ총회는 의장 및 의원으로 이를 조직한다. ㅇ의원은 통상의원과 특별의원으로 한다"는 내용으로 고쳤다. "총대"에 두 줄로 붉은 선을 긋고 "통상의원"으로 고쳤다.

12) "16"에 두 줄로 붉은 선을 긋고 "12"로 고쳤다.

13) '6'에 두 줄로 붉은 선을 긋고 '5'로 고쳤다.

14) '5'에 두 줄로 붉은 선을 긋고 '4'로 고쳤다.

15) 괄호 안은 다른 필체로 추가한 부분이다.

16) '3'에 두 줄로 붉은 선을 긋고 '1'로 고쳤다.

17) 괄호 안은 다른 필체로 추가한 부분이다.

18) '4'를 '5'로 고쳤다.

19) 괄호 안은 다른 필체로 추가한 부분이다.

20) '총대'에 두 줄로 붉은 선을 긋고 '통상위원'으로 고쳤다.

제14조 아래의 각 호에 해당하는 조합원은 총대[21]가 될 수 없다.

　　1. 연령 20세에 미치지 않은 자

　　2. 금치산자 및 준금치산자

　　3. 6년의 징역 또는 금고 이상의 형에 처해진 자

　　(4. 선거권을 행사할 수 없는 자)[22]

제15조 총대[23]의 선거에 있어서 특별한 사유가 있을 때는 선거구의 구분에 의하여 분구 투표소를 설치할 수 있다.

　　분구 투표소를 설치한 때는 조합은 역원 또는 직원 중에서 투표 관리자를 선임한다.

　　전 항의 투표관리자는 그 투표소에서 투표에 관한 사무를 관리해야 한다.

제16조 총대의 선거를 행하고자 할 때는 조합에서 선거 기일 10일 전에 선거회장(분구투표소를 설치한 경우에는 그 장소 및 그 투표소에 투표해야 할 선거구), 투표 일시 및 선거해야 할 총대의 수를 조합원에게 고지한다.

제17조 조합에서 조합원 중에서 선거 입회인 3인 이상을 선임하여 선거에 입회하도록 한다.

　　분구 투표소를 설치한 때는 조합에서는 그 선거구 내에서 조합원 중에서 투표 입회인 3인 이상을 선임하고 투표에 입회하도록 한다.

제18조 총대의 선거는 무기명 투표에 의하여 이를 행한다.

　　투표는 1인 1표로 한다.

　　조합원은 선거회장 또는 분구투표소에서 조합이 정한 투표용지에 직접 피선거인 한 사람의 씨명을 기재하여 투함해야 한다.

제19조 조합에서 선거록을 작성하여 선거의 전말을 기재하고 조합장 이사 및 선거 입회인이 이에 기명 날인해야 한다.

　　분구 투표소에서 투표 관리자는 투표록을 만들고 투표에 관한

---

21) ‘총대’에 두 줄로 붉은 선을 긋고 ‘통상위원’으로 고쳤다.

22) 괄호 안은 다른 필체로 추기한 부분이다.

23) 통상위원

전말을 기재하고 투표관리자 및 투표 입회인이 이에 기명 날인 하고 투표함과 함께 이를 선거회장에 송치해야 한다.

제20조 아래의 투표는 이를 무효로 한다.

1. 소정의 투표용지를 사용하지 않은 것
2. 현재 총대의 직에 있는 자의 시명을 기재한 것
3. 피선거인의 씨명 이외에 다른 것을 기재한 것 다만 피선거인 의 작위 직업 신분 주소 또는 경칭의 종류를 기재한 것은 이 범위에 있지 않다.
4. 한 투표 중에 2인 이상의 피선거인의 씨명을 기재한 것
5. 조합원이 아닌 자의 씨명을 기재한 것
6. 피선거인이 누구인지 확인하기 어려운 것

제21조 투표 거부 및 투표 효력에 관한 사항은 선거 입회인의 의견을 들어 조합에서 이를 결정한다. 분구투표소에 있어서의 투표 거부 는 투표 입회인의 의견을 들어 투표관리자가 이를 결정해야 한다.

제22조 총대의 선거는 투표의 최다수를 얻은 자를 당선자로 한다.

당선자를 정하는 데 있어서 득표수가 같은 때는 연장자를 취하 고 연령이 같은 때는 조합에서 추첨에 의하여 이를 정한다.

제23조 당선자가 도지사의 인가를 얻기 전에 조합원의 자격을 상실한 때 또는 선임되었으나 도지사의 인가를 얻지 못한 때는 그 선거 에서 당선되지 않는 자 중에서 득표수가 많은 자를 보충하기 위 하여 선임하는 총대에 당선된 것으로 간주한다.

총대에 궐원이 생긴 때는 그 궐원이 된 총대의 선거에서 당선되 지 않는 자 중에서 득표수가 많은 자를 보궐하기 위하여 선임된 총대레 당선된 자로 간주한다.

제1항의 규정은 전항의 경우에 이를 준용한다.[24]

(제23조의 2 통상의원의 선거에 관하여 본규정에 정한 것 이외 에는 따로 이를 정한다.)[25]

---

24) 제23조
25) 괄호 안은 다른 필체로 추기한 부분이다.

제24조 총대의 임기는 2[26])년으로 한다.

　　　제8조 제2항의 규정은 총대에 대하여 준용한다.

　　　총대는 임기 중 조합원의 자격을 상실한 때는 직을 상실한다.

제25조 총대회는 통상총대회 및 임시총대회 2종류로 한다.

　　　통상 총대회는 매년 1회 2월에 조합장이 이를 소집한다.

　　　임시총대회는 아래 든 경우에 조합장이 이를 소집한다.

　　　1. 조합장 및 이사가 필요하고 인정한 때

　　　2. 감사가 조합 재산 또는 업무집행의 상황에 대하여 보고하기
위하여 총대회의 소집을 청구한 때

　　　전 항 제2호의 경우에 조합장이 그 청구를 받은 날로부터 2주간
이내에 이를 소집해야 한다.

제26조 아래에 든 사항에 대하여 총대회의 의결을 거쳐야 한다. 단 제7
호 중 기본재산의 관리에 대하여 본규약 중 별도로 정한 경우는
이 범위에 있지 않다.

　　　1. 경비의 예산

　　　2. 경비의 부과 징수 방법

　　　3. 경비의 예산으로 정한 이외에 새로 의무를 부담시키거나 권리
를 잃게 하는 행위

　　　4. 기채 및 그 상환 방법

　　　5. 어업권 또는 부동산의 취득 상실 및 변경

　　　6. 어업권의 차수(借收)

　　　7. 기본재산의 관리 및 처분

　　　8. 규약의 변경

　　　9. 제규정의 설정 변경 및 폐지

　　　10. 연합회의 설립 가입 탈퇴

　　　11. 조합의 해산 합병 및 분할 및 분할로 인하여 설립되는 조합
이 계승해야할 권리 의무의 한도

　　　12. 기타 중요한 사항

---

26) '2'는 '4'로 고쳤다.

제27조 총대회를 소집하고자 할 때는 적어도 10일 전에 회의의 목적인 사항, 일시 및 장소를 기재한 통지서를 총대에게 보낸다. 만약 임시로 급하게 시행해야 할 경우에는 그 기한을 단축할 수 있다. 총대회에 있어서 전항의 규정에 의하여 통지를 보낸 사항에 대해서만 의결을 행해야 한다. 단 총대 2/3 이상의 출석이 있는 경우에는 통지 이외의 사항이라도 이를 의결할 수 있다.

제28조 총대회는 총대의 정수 반수 이상이 출석하지 않으면 회의를 열 수 없다. 다만 동일사항에 대하여 다시 소집한 경우는 이 범위에 있지 않다.

총대회의 의사는 출석한 총대의 과반수의 동의로써 결정한다. 가부 동수인 경우는 의장이 결정하는 바에 따른다.

제29조 제26조 제4호, 제8호, 제10호 및 제11호에 든 사항의 의결은 총대 정수의 2/3 이상의 출석과 그 2/3 이상의 동의가 있어야 한다.

제30조 총대회의 의장은 조합장이 이를 맡는다. 조합장이 사고가 있을 때는 이사가 이를 대리한다. 조합장이 궐원인 경우는 이사가 이를 맡는다. 조합장과 이사가 모두 사고가 있거나 또는 궐원의 경우는 출석한 총대의 호선에 의하여 당선된 자가 이를 맡는다.

제31조 의장은 회의를 총리하고 회의의 순서를 정하고, 그날의 회의를 개폐하고 의장의 질서를 유지한다.

제32조 총대회의 결의록은 아래에 든 사항을 기재하고 이를 의장 및 출석한 총대 2인 이상이 기명 날인해야 한다.

1. 개회의 일시 및 장소
2. 총대의 정수(및 특별의원의 수)
3. 출석한 총대의 씨명
4. 출석한 역원 및 임시 관리의 직명 씨명
5. 부의사항
6. 의사의 요령
7. 결의사항 및 찬부의 수
8. 기타 참고가 되는 사항

제33조 총대회에 관하여 필요한 사항은 별도의 규정으로 이를 정한다.

제34조 총대회의 의결을 거쳐야 하는 사항으로서 경이(輕易)한 것에 대해서 회의를 열지 않고 서면으로 총대의 의견을 들어 그 정수의 2/3 이상의 동의가 있을 때는 이로써 총대회의 결의로 간주할 수 있다. 다만 총대의 3인 이상으로부터 총대회의 의결을 거쳐야 한다는 뜻을 밝힌 경우는 이 제한에 있지 않다.

제5장 회계 및 재산의 관리

제35조 본 조합의 사업연도는 1년으로 하고 매년 4월 1일에 시작하여 다음해 3월 31일에 마친다.

제36조 본 조합은 부동산 유가증권 또는 적립금으로써 기본재산으로 하고 이를 유지한다.

　기본재산은 천재 기타 부득이한 사유가 있을 때를 제외하고 이를 소비할 수 없다.

제37조 본 조합은 공동시설 사업비에 충당하기 위하여 사업자금을, 조합원의 어업과 관련된 조난의 구휼에 충당하기 위하여 조난구휼자금을 적립한다.

제38조 기본재산 적립금 사업자금 조난구휼자금으로서 특별히 예산으로 적립하는 것 이외에 매사업연도의 잉여금을 아래에 든 비율에 의하여 적립한다.

　1. 기본재산 적립금 30/100(이상)

　2. 사업자금(적립금) 30/100(이상)

　3. 조난구휼자금(적립금) 20/100(이상)

제39조 현금은 우편저금으로 하거나 또는 확실한 은행, 금융조합, 금융조합연합회 혹은 어업조합연합회에 예입한다. 단 당해 사업연도의 경리에 속하는 것은 이 제한에 있지 않다.

　유가증권은 확실한 은행에 보호예치해야 한다.

제40조 경비의 부과금, 사용료, 수수료 또는 입어료 등을 기한 내에 납부하지 않는 자가 있을 때는 조합은 다시 기한을 지정하여 이를

독촉한다.

전항의 독촉을 하는 경우에는 규정이 정한 바에 따라서 독촉수 수료를 징수할 수 있다.

제6장 어업권의 행사

제41조 본 조합이 향유하는 어업권에 대하여 어업의 방법을 아래와 같이 정한다.

전용어업(專用漁業)

1. 모려(牡蠣, 꿀[27])는 매년 10월 1일부터 다음해 4월 30일 사이에 조합원 각자가 이를 채수한다. 다 채수 개시일은 조합이 이를 정하여 조합원에게 통지한다.

2. 화포(和布, 메역) 석화채(石花菜, 우무까사리) 기타 해조류는 법규가 정한 기간 내에 매년 그 지선(地線) 조합원이 각자 이를 채수한다.

3. 적패(赤貝,[28] 꼬막) 조패(鳥貝,[29] 갈미조개[30]) 기타 조개류는 법규가 정한 기간 내에 조합원이 각자 이를 채수한다.

양식어업

1. 모려는 조합원 각자의 어장으로 구분하고 조합원으로 하여금 그 구역에 따라 어업을 행한다.

2. 해태(海苔,[31] 김)는 어장으로 구분하고 매년 조합원으로 하여금 구역마다 입찰의 방법에 의하여 낙찰자가 이의 어업을 행한다.

기타 어업

어구별로 매년 조합원으로 하여금 낙찰의 방법에 의하여 낙찰자

---

27) 꿀을 굴을 말한다.
28) '아가가이'라는 일본어 훈이 달려 있다.
29) '토리가이'라는 일본어 훈이 달려 있다.
30) 학명 *Mactra chinensis*이며 정식이름은 개량조개이다. 지역에 따라 노랑조개, 밀조개, 명지조개, 냉 주조개 등으로 부른다. 명지 앞바다에서 잡히는 갈미조개가 질이 좋기로 유명하였다.
31) '노리'라는 일본어 훈이 달려 있다.

가 이의 어업을 행한다.

제42조 전조의 규정에 의하여 입찰의 방법으로 어업자를 정하는 경우, 그 입찰가격이 예정가격에 도달하지 않는 때는 조합원이 아닌 자에 대하여 입찰의 방법에 의하여 어업권을 대부할 수 있다.

제43조 본 조합이 향유하는 어업권에 의하여 어업을 행하는 자는 매년 아래에 든 어업요금을 조합에 납부해야 한다.

전용어업

1. 모려를 채수하는 자 1인 금 130[32]전
2. 화포 석화채 기타 해조류를 채수하는 자 1인 금 10전[33]
3. 적패 조패 기타 조개류를 채수하는 자 1인 금 10전[34]

양식어업

1. 모려 양식을 행하는 자

   갑지(甲地) 100평에 대하여 금 50전

   을지(乙地) 동   금 40전

   병지(丙地) 동   금 30전

   정지(丁地) 동   금 20전

   무지(戊地) 동   금 10전

2. 해태 양식을 행하는 자 낙찰가액

   기타어업

   전용어업 양식어업 이외의 어업을 행하는 자 낙찰가액

   2인 이상 공동으로 어업을 행하는 자는 전항의 어업료에 대하여 대납자 1인을 정하여 조합에 내도록 한다.

제7장 공동시설

제1절 통칙

제44조 본 조합에서 행하는 공동시설의 종류는 아래와 같다.

---

32) 150전으로 고쳤다.

33) 30전으로 고쳤다.

34) 30전으로 고쳤다.

1. 조합원의 어획물 및 그 제품의 위탁판매
2. 조합원의 어업 경영에 필요한 물품의 공동구입
3. 조합원의 어업의 경영에 필요한 자금의 대부
4. 전 호의 대부 자금에 충당할 목적으로 하는 조합원의 예금
5. 조합원의 어업에 관련된 조난의 구제
6. 기타 조합원의 어업 경영에 필요한 시설

제45조 본 조합의 공동시설은 전 조 제3호 및 제4호의 사항을 제외하고 조합의 목적 달성상 필요한 경우 또는 조합원의 이용에 지장이 없는 경우에 한하여 조합원이 아닌 자에게 이를 이용하도록 할 수 있다. 이러한 경우에 본 장 중 조합원에 관한 규정은 그 시설을 이용하는 자에게 준용한다.

제2절 위탁판매

제46조 조합원의 어획물 또는 그 제품으로서 판매해야 하는 것은 이를 본 조합에 위탁하여 판매해야 한다. 단 특별한 사유에 의하여 조합의 승인을 얻어야 하 때는 이 제한에 있지 않다.

제47조 위탁판매에 붙여야 할 어획물 또는 제품의 인도를 받은 때는 바로 이를 판매해야 한다. 다만 위탁자가 특별히 판매가액 또는 기일을 지정한 경우는 이 제한에 있지 않다.

제48조 위탁판매에 붙여야 할 어획물 또는 그 제품을 매수하고자 하는 자는 미리 본 조합의 승인을 받아야 한다.

제49조 판매의 방법은 조매(糶賣) 또는 입찰매(入札賣)한다. 다만 위탁자의 승낙이 있는 경우는 이 제한에 있지 않다.

제50조 판매수수료는 판매가액이 10/100 이내로 하고 위탁자로부터 이를 징수한다.

제51조 제48조의 규정에 의하여 승인을 받은 자가 본 조합으로부터 어획물 또는 그 제품을 매수한 때는 그 매수와 동시에 대금을 납부해야 한다. 다만 규정이 정한 바에 의하여 유예기간이 있는 경우는 이 제한에 있지 않다.

판매대금의 납부를 연체한 자에 대하여 그 연체금 100원에 대하여 하루[日步] 100전의 비율에 의하여 이자를 징수한다.

제52조 전 조 제1항 단서의 경우에 있어서 판매대금은 위탁자의 청구에 의하여 조합에서 입체하여 이를 지불하는 것으로 한다.

제53조 본 조합은 위탁자로부터 판매해야 할 어획물 또는 그 제품의 인도를 받은 경우에 특별히 위탁자의 희망에 의하여 상당 기간을 경과한 후 이를 판매하는 때는 위탁자의 청구에 의하여 그 물품의 시가 7/10 이내의 대금을 미리 지급[前渡]해야 한다.

전 항의 경우에 있어서 전도금 100원에 대하여 일보 10전의 비율로 이자를 징수한다.

제54조 판매대금의 입체금, 판매수수료, 전도금 및 그 이자는 판매대금의 지불할 때 이를 차감하고 징수한다.

제55조 조합원의 어획물 또는 그 제품의 위탁판매대금의 지불을 하는 때는 판매대금 내에서 그 1/100을 공제하여 이를 저축한다.

전 항의 규정에 의거한 저축금은 각각 그 조합원의 이름으로 우편저금을 하거나 또는 확실한 은행 혹은 금융조합 등에 예입하고 그 통장은 본 조합에서 보관한다.

전 항의 저축금은 이사의 승인을 얻은 경우 이외에는 이를 인출할 수 없다.

제56조 본 조합은 위탁판매 장려를 위하여 매 사업연도 예산이 정한 바에 의하여 판매수수료의 30/100 이내를 위탁자 또는 매수인에게 교부할 수 있다.

제3절 공동구입

제57조 조합원의 어업 경영에 필요한 물품의 공동구입을 하는 경우에 미리 조합원으로부터 그 종류 및 수량의 신청을 받은 이외에는 그물품의 대금 개산액의 전부 또는 일부를 제공한다.

전 항의 규정에 의하여 제공하도록 된 금액은 물품의 인도 때 정산한다.

제58조 조합원이 전 조의 규정에 의하여 물품대금의 개산액을 제공하는 경우에 조합으로부터 구입물품 인도 통지를 받은 때는 곧 이를 인수해야 한다.

조합원이 전항의 통지를 받은 날로부터 2주간 이내에 인수하지 않은 때는 조합은 그 조합원에 대하여 구입 및 인도를 해약할 수 있다.

제59조 공동구입을 한 물품은 그 대금의 전부 및 공동구입 수수료를 납부하지 않으면 이를 인도하지 않는 것으로 한다.

제60조 공동구입수수료는 물품구입가액(포장비, 운임 등을 포함한다)의 5/100 이내로 한다(그 비율은 규정으로 이를 정한다.)[35]

제4절 대부금

제61조 어업의 경영에 필요한 자금의 대부를 받아야 하는 자는 조합원으로서 어획물 및 그 제품의 전부 또는 대부분을 조합의 위탁판매에 붙이고 또한 그 판매대금의 1할 이상 조합이 정한 금액을 (대부금의 상환에 충당한다) 대부금 상환준비금으로 적립하는 자에 한한다.

전항의 규정에 의한 적립금은 각각 그 조합원의 이름으로 우편저금을 하거나 또는 확실한 은행 혹은 금융조합 등에 예입하고 그 통장은 조합에서 보관한다.

전항의 적립금은 이사의 승인을 얻은 경우 이외에는 이를 인출할 수 없다.

제62조 대부기한은 1년 이내로 한다. 단 아래의 각호에 해당하는 용도로 충당하는 경우에는 3년 이내로 할 수 있다.

1. 어선의 건조, 구입 혹은 대수선(또는 수산물의 제조설비에 필요)에 필요한 자금
2. 수산동식물의 양식 설비에 필요한 자금

---

35) 다른 필체로 추가된 내용이다.

3. 전 각호의 자금에 충당하는 구채(舊債, 본 조합에 대한 채무를 제외)의 상환에 필요한 자금

부득이한 사유가 있는 것으로 인정된 때는, 차수금의 일부를 상환하고 그 이자의 지불을 게을리한 자에 대하여, 전항 단서의 규정에 의한 것을 제외하고, 대부기한을 갱신할 수 있다.

제63조 대부를 받고자 하는 자는 조합이 적당하다고 인정하는 연대보증인 2인 이상을 세우고 또한 담보물을 제공해야 한다.

제64조 부동산을 담보로 하는 경우는 저당권 설정의 등기를 하고, 또한 그 등기는 제1순위일 것을 요한다. 단 차입하는 신채로써 구채를 상환하는 효과에 의하여 제1순위가 될 수 있는 때는 이 제한에 있지 않다.

제65조 건물, 공장 또는 등록된 선박은 보험에 들지 않은 것은 담보로 이를 받을 수 없다.

담보물이 제3자가 제공하는 것일 때는 제공자로부터 승낙서를 받는다.

제66조 대부를 받은 자는 연대보증인 또는 담보물을 제공한 자의 인감증명규칙에 의거한 인감증명서를 조합에 제출해야 한다.

제67조 대부금의 이자는 원금 100원에 대하여 일보 5전(이내)로 한다. 대부받은 날로부터 상황일까지 일할로 계산하고 매월 이를 징수한다. 단 연부상환의 방법에 의하여 대부한 것(경우) 또는 특별한 계약을 한 경우는 이 제한에 있지 않다.

제68조 대부금 및 그 이자에 대한 연체이자는 대부금 이율에 그 5/10(3/10 이상)을 더한 비율에 의하여 이를 징수한다.

(2) 어업조합 규정

어업조합을 운용하기 위한 규약과 규정이 해당 자료의 중요한 부분을 차지한다. '규정관계철' 중에서 상당한 분량을 차지하고 있는 것은 급여규정이었다. 그 구체적인 내용은 다음과 같다.

〈웅동면 어업조합 급여규정〉

제1장 보수(報酬)

제1조 조합장 및 감사의 보수는 아래의 범위 내에서 매년 예산으로 그 지급액을 결정한다.

조합장 연액 100원 이내

감사　연액 50원 이내

제2조 앞 조항에 규정한 보수는 매년도 말일에 이를 지급한다.

제2장 급료(給料)

제3조 유급 이사 및 직원의 급료는 매월 25일에 이를 지급한다. 다만 당일이 휴일에 해당할 때는 순연(順延)한다.

제4조 급료는 신임 증급 감급 모두 발령한 다음달부터 일할(日割)로 계산한다.

퇴직 또는 사망의 경우에는 그달 분의 급료 전액을 지급한다. 다만 특수한 사유가 있는 경우에는 해직 당일까지 일할로 이를 지급할 수 있다.

제5조 질병으로 인하여 집무할 수 없는 것이 60일을 넘거나 사적인 사고로 인하여 집무할 수 없는 것이 20일을 넘는 경우에는 급료의 반액을 지급한다. 다만 직무로 인한 상이(傷痍)을 입거나 혹은 질병에 걸려 집무할 수 없는 경우 또는 상중인 경우는 이 범위에 들지 않는다.

제6조 용인(傭人)의 급료는 월액(月額)으로 지급하는 경우에는 본 장의 규정을 준용하고 일액(日額)으로 지급하는 경우에는 매월 25일에 당월까지의 몫을 지급한다.

제3장 여비

제7조 조합 역원(役員) 및 직원(職員)이 조합사무를 위하여 여행할 때는

아래의 구분에 의하여 일액(日額) 여비를 지급한다. 단 왕복 20리 미만의 구역외(區域外) 여행의 경우는 이 범위에 들지 않는다.

구분	역원(조합장, 이사, 감사)		직원(기수, 사무원, 서기)	
	숙박하는 날	숙박하지 않는 날	숙박하는 날	숙박하지 않는 날
구역내 여행	1円200	600	1円200	600
구역외 여행	2円500	1円500	2円	1円300
내지36) 여행	5円	1円500	4円	1円300

철도 수로로 여행하는 경우는 역원은 철도임 선임의 2등 실비, 직원은 철도임 선임의 3등 실비를 지급한다.

군 관외(管外) 여행으로 육로로 의할 경우 자동차 선로는 자동차임의 실비, 기타는 역원에게는 10리에 대하여 50전, 직원에게는 10리에 대하여 30전의 거마비를 지급한다.

제8조 특별한 필요가 있을 때는 앞의 조항의 여비 정액을 줄이거나 또는 여비의 일부 혹은 전부를 지급하지 않을 수 있다.

제4장 수당(手當)

제9조 조합의 역원 및 직원이 조합사무로 인하여 상이를 입거나 혹은 질병에 걸린 때는 요치료(療治料)를 1일에 역원에게는 1원 50전, 직원에게는 1원 20전을 지급한다.

제10조 유급 이사 및 직원으로 근속 1년 이상으로 퇴직할 때는 퇴직 당시의 급료 반개월 분에 근속연수를 곱한 금액을 일시에 지급한다. 다만 특수한 사유가 있는 경우에는 지급하지 않을 수 있다. 전 조항의 근속연수에는 1년 미만의 단수(端數)는 이를 계산하지 않는다.

제11조 유급 이사 및 직원이 사망한 때는 전 조항에 의거하여 산출한 금액에 급료 1개월분에 상당하는 금액을 더한 조제료(弔祭料)를

---

36) 내지(內地)는 일본 본토를 말한다.

지급한다.

제12조 조합 사무로 인하여 사망한 때는 역원(유급 이사를 제외함)에게
는 50원 이내, 유급 이사 및 직원에게는 앞 조항의 조제료 외에
급료 2개월분에 상당하는 유족 부조료를 지급한다.

제13조 조제료 및 유족부조료는 사망자의 유족에게 지급한다. 유족이
없을 때는 장의(葬儀)를 행하는 자에게 조제료를 지급한다.
조제료 및 유족부조료를 지급해야 할 유족의 순위는 관리 사망
시 사금(賜金) 급여의 예에 의한다.

부칙

본 규정은 조합의 총대회에 있어서 결정되는 날로부터 시행한다.

(3) 총대회

'규정관계철' 속에 포함되어 있는 회의록(결의록)은 당시 어업조합
의 활동을 잘 보여 주는 사료로 중요하다. 전체자료 중에서 어업조
합의 규약과 규정을 제외하면 총대회와 관련된 내용이 큰 비중을 차
지한다. 총대회의 운영을 이해하기 위해서는 총대회와 관련된 규정
을 먼저 파악할 필요가 있다. 먼저 총대회는 조합원 중에서 선거한
총대(통상의원 通常議員으로 개칭됨)로써 이를 조직하며, 총대의 정
수, 임기, 선거기타에 관한 사항은 규약 중에서 이를 정하는 것으로
되어 있다. 특히 다음 사항은 총대회의 의결을 거치도록 되어 있다.

① 경비의 예산
② 경비의 부과징수 방법
③ 경비의 예산으로 정한 이외에 새롭게 의무를 지우거나 권리를
잃게 되는 행위
④ 기채 및 그 상환방법

⑤ 어업권 및 부동산의 취득 상실 및 변경
⑥ 어업권의 차수(借收) 및 조합원이 아닌 자에 대한 어업권의 대부
⑦ 기본재산의 관리 및 처분
⑧ 규약의 변경
⑨ 제규정의 설정, 변경 및 폐지
⑩ 연합회의 설립, 가입 및 탈퇴
⑪ 조합의 해산, 합병 또는 분할 및 분할로 인하여 설립되는 조합
　이 계승해야 할 권리·의무의 한도
⑫ 기타 중요한 사항

　총대회 또는 총회를 소집할 때는 회의 목적이 되는 사항, 일시, 장소를 지체없이 도지사에게 계출하도록 하였으며, 총대회 또는 총회의 회의 의결록에는 아래 사항을 기재하여 의장 및 출석한 총대 또는 조합원 2인 이상의 기명날인하도록 하였다. 실제로 의결록은 아래의 규정에 따라서 작성되었음을 확인할 수 있다.

① 개회 일시 및 장소
② 총대의 정수 또는 조합원의 총수
③ 출석한 총대의 씨명 또는 조합원의 수
④ 출석한 역원 및 임감관리의 직씨명
⑤ 부의사항
⑥ 의사의 요령
⑦ 결의사항 및 찬부의 수

　또한 어업조합이 생성한 문서의 보존기간과 관련하여 총대회의

의안, 결의록 및 관련서류는 갑종 문서로 영구보존하도록 되어 있다.

영구보존해야 하는 갑종문서는 1) 조합의 설립 및 연혁에 관한 서류, 2) 규약, 제규정 기타관청이 영달하여 예규가 되는 서류, 3) 경비예산서 및 결산서, 재산목록, 사업보고서 및 잉여금처분서. 4) 회계에 관한 각종 장부, 5) 총대회 또는 총회의 의안. 결의록 및 그 관련 서류, 6) 역원 및 직원의 임면 및 상벌에 관한 서류, 7) 조합원의 위약 처분에 관한 서류, 8) 공동시설 사업에 관한 서류, 9) 영구 참조에 필요하다고 인정되는 문서 및 통계가 지정되어 있다.

을종(10년간 보존)으로는 1) 채권채무에 관한 증빙서류로서 결산을 마친 것, 2) 총대의 선거에 관한 서류, 3) 갑종 이외의 회계에 관한 일체 서류, 4) 조사서 및 갑종 이외의 통계, 5) 전 각호 이외에 참조에 필요하다고 인정되는 조회왕복 기타 일체의 서류가 있다. 병종(3년간 보존)은 갑종 및 을종에 속하지 않는 서류이며, 전항의 보존기간은 문서가 완결된 다음해부터 기산한다고 하여 기록 보존의 연한을 설정하였다.

총대회의 운영에 대한 이러한 정보를 갖고 소화 10년(1935년)12월 10일에 개최된 웅동어업조합의 통상총대회 결의록을 살펴보도록 하자. 회의록(결의록)은 당시 어업조합의 활동을 잘 보여주는 사료로 중요하다.

이 회의에 부의된 사항은 ① 소화 9년도 경비결산서 재산목록 대차대조표 사업보고서 승인에관한 건, ② 소화 9년도 폭풍재해어선복구 조성 특별회계 결산승인에 관한 건, ③ 원 이사 퇴직위로금에 관한 건. ④ 소화 10년도 사업계획변경 및 경비예산 추가갱정에 관한 건, ⑤ 소화 11년도 사업계 획 및 경비예산에 관한 건, ⑥ 소화 11년도 경비부과금 징수방법에 관한 건, ⑦ 소화 11년도 폭풍재해 어선

복구 조성 특별회계사업계획에 관한 건, ⑧ 제규정 설정에 관한 건 (급여규정 설정건, 통상의원 선거사무 취급 규정설정건, 회계규정설정건, 재산관리규정 설정 건, 어업권입찰 및 대부규정 설정건, 처무규정 설정 건), ⑨ 국고보조신청에관한 건, ⑩ 도비보조신청에 관한 건, ⑪ 기채 및 상 환방법에 관한 건(어업자금대부자 금 기채및 상환 건, 위탁판매대금 선도금 및 입체금 기채 및 상환 건), ⑫ 사무소 및 위탁판매소부지 매립에 관한 건, ⑬ 조선어업보호 취체규칙 제 9조 제1항 및 제2항의 규정에 의한 지 역 및 구역 지정방법 인가 신청에 관 한 건, ⑭ 모려(굴) 양식에 관한 건, ⑮ 어촌진흥에 관한 건 등 모두 15건이었다.

통상의원 12인, 특별의원 3인 중에서 각각 9명과 2명을 비롯하여 조합장. 이사 및 감사 3명, 군속(郡屬), 도어업연합회 서기가 참석한 가운데 조합사무소에서 12시부터 시작된 회의는 5시 30분에 끝이 났다. 회의는 각 안건을 이사가 낭독하고 설명한 다음 의장이 안건에 대한 이의가 있는지를 묻는 식으로 진행되었다. 굴의 위탁판매와 관련된 수수료 8/100로 하자는 안건에 대하여, 6/100으로 하자는 의견이 있었고, 급여규정 중 여비와 관련하여 군내 도내 도외 구별없이 모두 줄이자는 의견이 있었지만, 대부분의 안건에 대하여 원안대로 의결되었다.

회의록 말미에는 규정대로 의장 특별의원 통상의원이 날인하고 다시 이를 등본(謄本)임을 밝히고 이사가 날인하였다. 이 회의록은 영구보존해야 하는 갑종 문서였기 때문에 보관되었고 재산관리규정. 어업권 입찰 및 대부규정 급여규정 등에 관한 내용을 다루었기 때문에 '규정관계철'에 포함된 것이다.

4. 해양 기록학의 전문성

해양기록학은 자료가 영성한 해양 인식과 활동을 대상으로 하기 때문에, 현재 일반적으로 규정한 기록학과는 다른 특성을 가진다. 기록학은 현재 국가기관이나 공공기관이 지속적으로 생산하고 있는 기록을 축적하는 데 초점이 맞춰져 있기 때문에, 현재 생성되는 문서나 앞으로 생성될 문서를 중시한다. 그러나 해양기록학은 과거의 자료도 발굴·정리해야 할 필요가 있으며, 또한 공공기관이 아니라 개인이나 사적인 집단이 생성하는 자료도 중요하다. 따라서 해양기록학을 위한 별도의 기준이 필요하다고 할 수 있다. 그래서 현재 의창수협이 보존하고 있는 "웅동어업조합『규약 및 제규정관계철(規約及諸規程關係綴)』"의 사례를 통해서, 해양기록학의 가능성을 모색해 보았다.

어업조합은 조선총독부가 제정한 법률의 테두리 안에서 어민들이 조직한 현장의 말단 기관이므로, 수해양 – 어민 – 어업조합(임원·총대회) - 군 – 도 – 총독부라는 모든 레벨과 관련을 맺고 있다. 이를 통해서 해양기록학에서는 각종 자료를 생성기관 혹은 관련기관, 자료의 성격 등으로 분류할 수 있음을 확인할 수 있었다.

물론 수해양과 어민의 직접적인 관계를 보여주는 자료는 제한되어 있으므로, 이를 위해서는 다른 기록이나 통계자료를 확보할 필요가 있다. 대표적으로 들 수 있는 자료는 『한국수산지』 및 총독부가 간행한 각종 『통계연보』를 들 수 있다. 한편으로 총대회의 등의 회의록 등에서 당시에 어촌 사회에서 실제 중시된 문제를 확인할 수 있다. 이처럼 이미 확보된 자료를 정밀하게 분석하고 분류함으로써 앞으로 해양기록학이 나아가야 할 방향을 모색할 수 있을 것이다.

<표 2> 각 활동주체와 관계 및 생성자료 분류

	수해양-어민	어업조합	군청	도청	총독부
관계	어민의 활동	어민의 조직	조합 감독 지도	수산행정 관리	법령 제정
구성	어민	조합원 총대 임원	군속(郡屬) 내무 서무	수산	농상공부 식산국
규정		규약·규정 각종 양식	시달 인·허가	훈령 고시(告示) 인·허가	법령
자료	수산물	위탁판매량 총대회 회의록 각종 양식 생성문서: 웅동어(熊東漁)	창내(昌內)·창서 (昌庶)	인가(認可) 훈령(訓令) 도보(道報)	관보(官報)

제 2 장

한국의 기록관리 전통

1. 기록관리의 역사

1) 삼국시대의 기록관리

한국의 역사에서 기록 관리는 고대국가가 확립된 삼국시대부터 가능했을 것으로 생각된다. 예컨대 『삼국지』 '위서동이전'은 중국 남북조 시대에 위나라 장군 관구검이 고구려를 침략하여 획득한 정보를 바탕으로 작성되었다. 이는 '위서동이전' 서문에 "고구려가 배반하므로 또다시 약간의 군대를 파견하여 토벌하면서 지극히 먼 지방까지 추격하니 요서의 오환(烏丸)과 고구려의 수도 골도(骨都)를 넘고 옥저를 거쳐 숙신의 영역을 짓밟고 동쪽으로 큰 바다에까지 이르렀다. (중략) 드디어 여러 나라를 두루 관찰하고 그들 나라의 법령과 습속을 수집하여 나라의 크고 작음의 구별과 각국의 명칭을 상세하게 기록할 수 있었다."는 내용으로 짐작할 수 있다. 이 서문에 의하면 관구검은 '고구려의 법령과 습속을 수집' 하였고, 바로 그 '고구려의 법령과 습속'이 기록 관리와 관련되었을 것으로 짐작된다. 하지만 고구려의 기록관리가 어떤 식으로 수해되었는지는 확인되지 않는다.

반면 삼국시대 역사서 편찬과 관련해서는 보다 구체적인 내용이 전한다. 고구려의 경우 4세기 후반 소수림왕 때 편찬된 것으로 추정되는『유기(留記)』100권을 집약하여 600년 태학박사(太學博士) 이문진(李文眞)이『신집(新集)』5권을 편찬하였다.『유기』는 종래 구전되어오던 신화·전설 등 고구려 건국 초기의 사실을 기록한 것으로 생각되는데, 고구려 사회가 발전함에 따라 역사인식이 높아지게 되어 건국 이후의 역사를 다시 정리해야 할 필요성이 생김으로써『신집』이 등장한 것으로 여겨진다. 다만『신집』은 현재 전해지지 않아서 그 내용은 알 수 없다.

백제의 경우에는 근초고왕 때 박사 고흥이『서기(書記)』를 편찬하였고, 신라에서는 진흥왕 때 거칠부가『국사(國史)』를 편찬하였다.

2) 고려시대와 조선시대의 기록관리

고려시대와 조선시대에도 삼국시대를 뒤이어 행정문서 관리와 역사서 편찬이 이루어졌다. 예컨대 고려시대에는『삼국사기』,『실록』등이 편찬되었다. 이런 전통은 조선시대에 이르러 더욱 발달하였다.『경국대전』'용문자식(用文字式)'에 의하면 무릇 중앙과 지방의 공문서는 동등 이하의 관서 사이에서는 관(關)을 사용하고, 동등 이상의 관서 사이에서는 첩(牒)을 사용하며, 7품 이하의 관서에는 첩(帖0을 사용하는데, 관부의 공문서는 모두 입안(立案)을 두어 후일의 고증에 참작하게 한다고 하였다. 여기서 후일의 고증에 참작하기 위한 입안은 조선시대 행정문서 관리의 일환이라고 할 수 있다.

한편 조선시대에는 그 이전 시대에 비해 역사서를 비롯한 다양한 문서가 편찬되었다. 이 결과『조선왕조실록』을 비롯하여『승정원일기』,『비변사등록』,『일성록』, 의궤 등 세계적인 기록문화가 발달했다.

『조선왕조실록』은 조선시대 역대 왕의 행적을 연대기 순으로 정리·편찬한 책이다. 조선왕조의 대표적인 국가기록으로써 태조부터 제25대 철종에 이르는 472년(1392~1863)간의 역사를 연월일 순서로 기술하였다.『조선왕조실록』은 국가지정문화재인 동시에 유네스코 세계기록유산으로써 매우 높은 가치를 지닌다.

조선왕조는 유교의 덕치사상(德治思想)을 근간으로 한 문치주의 사회였으므로 정통(正統)이 중시되었다. 왕위계승에서의 왕통(王統), 사제관계에서의 학통(學統), 가족관계에서의 가통(家統)이 그것이다. 또한 조선시대의 국왕은 유교의 정치이념인 왕도정치(王道政治)를 지향하였는데, 이에 따라 유교경전과 역사도 아울러 중시되었다. 이러한 분위기 속에서 조선은 역대 어떤 왕조보다 실록의 편찬에 심혈을 기울였고, 그 결과 조선왕조실록을 우리에게 유산으로 남겨줄 수 있었다. 실록은 바로 이러한 문치주의의 산물이다.

『조선왕조실록』은 조선왕조 500여 년 동안의 역사서로, 단일 왕조로는 세계에서 최장기간의 역사를 다루고 있다. 나라 안의 모든 일들을 매일의 일기식으로 기록한 편년체 사서(史書)이다. 내용면에서는 조선시대의 정치·군사·외교·경제·사회·문화는 물론이고, 천문·의약(醫藥)·지리·설화·종교·사상·세태(世態)·천재지변 등에 이르기까지 다양한 방면의 역사적 사실을 망라하였다. 이처럼 조선왕조실록은 조선시대 모든 분야에 대한 내용들이 자세히 기록되어 있기 때문에 조선의 역사를 연구하는데 매우 귀중한 사료로 활용된다.

실록 편찬은 중국에서 시작되었다. 중국은 고대부터 황제의 언행을 기록하는 사관(史官)을 두었고, 이들의 기록을 토대로 실록을 편찬하였는데, 당나라 때의 실록이 지금까지 전하고 있다. 중국 영향을 받은 동양 각국에서도 실록을 편찬하였다. 일본에서는 고대 율령제(律令制)가 정착된 뒤 9세기 말에 실록이 잠시 편찬되었다가 무사 지배가 정착되면서 중단되었다. 베트남에서는 19세기에 이르러 실록이 편찬되었다.

하지만 실록편찬의 꽃은 조선왕조에서 피어났다. 그것은 조선왕조가 그 어느 왕조보다도 더 철저하게 유교이념에 입각하여 건국, 운영되었기 때문이다. 유교에는 사람이 죽은 후 그 영혼이 천국이나 지옥에 간다는 생각을 하지 않았다. 그 대신 살아 행한 모든 말과 행동이 역사로 남는다고 생각했다. 예컨대 '사람은 죽어서 이름을 남긴다.'는 것은 그가 살아생전 했던 모든 말과 행동이 그의 이름으로 기억되고 추모된다는 뜻 즉 역사로 남는다는 뜻이었다. 이는 조선 국왕의 경우에도 마찬가지였다. 그렇기에 조선 국왕이 가장 두려워해야 할 것은 하늘과 함께 바로 역사였다. 이처럼 사람이 생전에 행했던 말과 행동이 죽어 역사로 남는다는 유교적 관점이 『조선왕조실록』 편찬의 문화적 배경이었다. 그런 배경에서 편찬된 『조선왕조실록』은 그 양의 방대함이나 내용의 상세함에서 다른 나라의 실록이 따라올 수 없을 정도여서, 현재 국보 151호로 지정되어 있을 뿐만 아니라 세계기록문화유산으로 지정되어 인류의 문화를 대표하고 있다.

<표 3> 『조선왕조실록』

대수	실록명칭	편찬시기	간행년도	책수	권수
1대	태조실록	태종10년-태종 13년	태종 13(1413)	3	15
2대	정종실록	세종 6년-세종 8년	세종 8(1426)	1	6
3대	태종실록	세종 6년-세종 3년	세종 13(1431)	16	36
4대	세종실록	문종 2년-단종 2년	단종 2(1454)	67	163
5대	문종실록	단종 2년-세조 1년	세조 1(1455)	6	13
6대	단종실록	세조 10년-예종 1년	예종 1(1469)	6	14
7대	세조실록	예종 1년-성종 2년	성종 2(1471)	18	47
8대	예종실록	성종 2년-성종 3년	성종 3(1472)	3	8
9대	성종실록	연산 2년-연산 5년	연산군 5(1499)	47	297
10대	연산군일기	중종 2년-중종 4년	중종 4(1509)	17	63
11대	중종실록	명종 1년-명종 5년	명종 5(1550)	53	105
12대	인종실록	명종 1년-명종 5년	명종 5(1550)	2	2
13대	명종실록	선조 1년-선조 4년	선조 4(1571)	21	34
14대	선조실록/	광해 1년-광해 8년/	광해군 8(1616)	116	221
	선조수정실록	인조 21년-효종 8년	효종 8(1657)	8	42
15대	광해군일기	인조2년-인조 11년	인조 11(1633)	64	187
16대	인조실록	효종1년-효종 4년	효종 4(1653)	50	50
17대	효종실록	현종 1년-현종 2년	현종 2(1661)	22	21
18대	현종실록/	숙종 1년-숙종 3년/	숙종 3(1677)	23	22
	현종수정실록	숙종 6년-숙종 9년	숙종 9(1683)	29	28
19대	숙종실록	경종 즉위년-영조 4년	영조 4(1728)	73	65
20대	경종실록/	영조 2년-영조 8년/	영조 8(1732)	7	15
	경종수정실록	정조 2년-정조 5년	정조 5(1781)	3	5
21대	영조실록	정조 1년-정조 5년	정조 5(1781)	83	127
22대	정조실록	순조 즉위년-순조 5년	순조 5(1805)	56	54
23대	순조실록	헌종 1년-헌종 4년	헌종 4(1838)	36	34
24대	헌종실록	철종 즉위년-철종 2년	철종 2(1851)	9	16
25대	철종실록	고종 1년-고종 2년	고종 2(1865)	9	15
26대	고종실록	1927-1934	1935	52	52
27대	순종실록	1927-1934	1935	8	22
계	합 27대			908책	1,779권

한편 의궤는 조선전기에도 작성되었지만, 현재 남아있는 조선시대 의궤는 모두 임진왜란 이후의 것들이다. 현재 남아 있는 의궤는 서울대학교 규장각, 한국학중앙연구원 장서각, 프랑스 파리 국립도서관, 일본 궁내청 등에 분산되어 있다.

조선시대의 의궤는 왕실 및 국가에서 각종 의례적 행사를 거행할 때 행사 전반을 관할하기 위해 임시로 설치된 도감(都監)에서 작성한 기록들을 기초로 하여 작성되었다. 도감은 담당 행사의 종류에 따라 이름이 달라졌다. 예컨대 왕실 가례를 주관하면 가례도감(嘉禮都監), 왕세자나 왕비 등의 책봉을 주관하면 책례도감(冊禮都監), 존호를 올리는 일을 주관하면 진호도감(進號都監), 국장(國葬)을 주관하면 국장도감(國葬都監), 산릉(山陵) 조성을 주관하면 산릉도감(山陵都監), 혼전(魂殿)을 주관하면 혼전도감(魂殿都監), 부묘(祔廟)를 주관하면 부묘도감(祔廟都監) 등등이었다.

　　도감은 행사를 효율적으로 처리하기 위해 본부와 하위조직으로 구분되었다. 본부는 도청(都廳)이라고 하였으며, 이곳에 도감의 최고 책임자인 도제조(都提調)가 근무하였다. 도제조는 정승 중에서 임명되었고, 도제조를 보좌하기 위하여 당상관들이 배속되었다. 도감의 업무는 도청에서 총괄하여 추진하였다. 도청 아래에는 보통 3개의 방(房)을 두어 행사업무를 분장하였고, 각 방에는 업무를 추진하는 실무자인 낭청과 이들을 지원하는 보조원들이 배속되었다. 도감에는 도청과 각 방 이외에도 종류에 따라 몇 가지 조직이 더 추가되기도 하였다. 예컨대 가례나 부묘를 할 때 행사에 필요한 시설을 설치하고 또 별궁이나 종묘를 수리해야 했는데, 이럴 경우 행사에 필요한 부대시설을 담당하는 별공작(別工作)이나, 수리를 전담하는 수리소(修理所)를 설치했다. 행사 진행 중에 도청과 각 방, 그리고 별공작이나 수리소에서는 자신들의 업무를 낱낱이 기록하였는데, 이들의 업무 일지를 등록(謄錄)이라고 하였다. 일지의 성격상 매일 간지 순으로 업무 내용이 기록된 등록은 담당 부서명을 따서 도청등록(都廳謄錄), 일방등록(一房謄錄), 이방등록(二房謄錄), 삼방등록(三房謄錄), 별공작등록(別工作謄錄) 등으로 불렸다.

　등록과 함께 행사 중에 작성되는 중요한 기록이 반차도(班次圖)였다. 반차도는 행사에 참여하는 사람들과 의장물의 수, 위치 등을 정해 놓은 배치도로서, 행사의 진행을 위한 계획도였다. 행사를 거행하기 위해서는 이 반차도가 필요했다. 중요한 행사일수록 참여하는 사람과 동원되는 의장물의 수가 많아서 반차도의 길이가 몇 미터가 되기도 하였다. 왕을 비롯한 참석자들은 행사 전에 반차도에 따라 몇 차례 예행연습을 하였다. 반차도는 대개 채색으로 자세하게 그려졌으므로, 글로 된 복잡한 설명보다 훨씬 일목요연하게 행사 전반을 파악할 수 있다는 장점이 있었다. 현재의 입장에서 보면 행사에 참여한 사람들의 복식, 의장물의 색과 모양, 당시의 화풍 등을 실증적으로 확인할 수 있는 주요 자료가 된다.

　행사가 완료되면 도감은 바로 해체되어 의궤청(儀軌廳)이라는 기구로 바뀌었다. 의궤청은 도감에서 주관한 행사 전반을 정리하여 의궤를 작성하는 기구로, 행사 전반을 관할하던 도청 담당자들이 의궤청에 그대로 임명되는 것이 상례였다. 의궤청은 도감에서 행사 중에 작성한 등록과 반차도를 기초 자료로 의궤를 작성하였다. 초서로 씌어진 등록은 1부였으나, 의궤는 주제별로 내용을 재편집하고 아울러 글씨를 잘 쓰는 전문가가 반듯하게 썼으며, 보통 6-8부를 제작하였다. 이 의궤 중 하나는 왕에게 보고하고 나머지는 관련 부서와 사고에 보관하였다. 왕에게 보고되는 어람용 의궤는 최고의 정성을 들여 고급스럽게 만들었다. 의궤가 보관되는 부서는 대체로 예조, 종묘, 춘추관이었는데 예조와 종묘는 왕실 의례와 직접 관련된 곳이고 춘추관은 기록을 수집해 실록을 편찬하는 기구였기 때문이다.

　의궤 이름은 도감의 명칭을 그대로 이용했다. 예컨대 가례도감이면 가례도감의궤, 국장도감이면 국장도감의궤, 산릉도감이면 산릉도 감의궤 하는 식이었다. 의궤는 하나의 명칭으로 되어 있지만 그 내용과 체제는 도감의 조직을 반영하고 있다. 따라서 대구분의 의궤 순서는 도청의궤, 일방의궤, 이방의궤, 삼방의궤, 별공작의궤, 수리소의궤 등으로 되어 있다. 이는 도감의 각 조직별로 작성한 등록을 각 조직의 의궤로 정리하여 합친 결과였다.

의궤에는 도감에서 실제 수행한 준비 사항과 행사 내용을 구체적이면서 실증적으로 기록하였는데, 행사에 쓰인 물자의 수량, 가격, 동원된 인원의 수는 물론 의식 절차 하나하나까지 자세하게 기록하였다. 작은 물건 하나를 만들어도 이용된 재질과 제작한 기술자, 제작 방법 등 세세한 부분까지 모두 적었고, 의식의 절차에서는 참석자들의 신분, 복장, 위치 등 구체적인 부분까지 기록하였다. 또한 대부분의 의궤에는 반차도가 함께 수록되어 왕실 행사를 눈앞에서 직접 보듯이 생생하게 전해주고 있다. 반차도는 따로 전해지기도 하지만 대부분 의궤에 함께 수록되었는데, 특히 어람용으로 작성된 의궤의 반차도는 채색을 하여 화려한 활동사진 같은 느낌을 주기도 한다.

기왕의 연구에 의하면, 조선후기에서 일제시대에 이르는 기간에 제작된 의궤는 모두 705종인데, 그 중에서 68종이 분실되고, 지금 남아있는 의궤는 모두 637종이라고 한다.[37] 이를 표로 나타내 보면 다음과 같다.

---

37) 한영우, 『조선왕조 의궤』, 일지사, 2005, 868쪽.

<표 4> 현존 의궤 현황(괄호 안은 유일본)38)

	현존의궤	규장각	장서각	파리(불)	궁내청(일)	분실의궤	합계
선조 33년 이후	5	5				2	7
광해군	19	19	1			8	27
인조	38	33	7(3)	9(2)		13	51
효종	13	12	8(1)	7		2	15
현종	20	16	11(2)	15(2)		4	24
숙종	64	57	31(1)	49(6)		10	74
경종	11	11	8	9		3	14
영조	135	120	57(8)	61(7)	1	21	156
정조	46	42	19(5)	9(1)	1	5	51
순조	67	64	30(3)	19	2		67
헌종	30	29	14(1)	10	1		30
철종	43	43	17	3			43
고종	56	56	26		28		56
광무연간	46	39	25(7)		30		46
융희연간	23	7	18(16)		6		23
일제시대	21		21(21)				21
총계	637종	553	293(68)	191(18)	69	68	705종

2. 한국 해양수산기록의 현황

1) 문제제기

조선시대 이후 근대화 이전까지 한국은 수산해양 자체에 대한 관심이 희박했다. 근대화 이후 비로소 수산해양에 대한 관심이 증대되었지만 이것은 산업적, 정치적인 측면이 강했다. 수산해양에 대한 한국의 연구는 자발적으로 시작된 것이 아니라 외부의 영향이 컸다.

---

38) <표 4>는 한영우, 『조선왕조 의궤』, 일지사, 2005, 867쪽의 도표를 전재한 것이다.

1980년대 이후 수산해양 연구는 증가하는 추세에 있지만, 여전히 체계화되지 못하고 산발적인 성향을 보였다.

1996년부터 2005년까지 10년간 한국사 연구에서 수산해양과 관련된 논문은 전체 3만여 건 중에서 300건 내외에 불과하다. 비중으로 본다면 전체의 1%에 지나지 않는다. 더욱 심각한 사실은 그 1% 마저도 대부분이 독도, 장보고, 이순신 등 특정 주제에 집중되어 있다는 점이다. 이런 결과는 수산해양에 대한 인문학적 마인드가 결여된 결과이며 동시에 수산해양에 관련된 기초자료가 발굴, 공개되지 않은 결과이기도 하다.

지난 10년간 한국사 연구에서 수산해양과 관련된 논문이 겨우 1% 남짓하다는 사실은 그간의 국학연구가 농업과 대륙에 지나치게 편중되었음을 뜻한다. 물론 농업 사회로서 대륙관계를 축으로 했던 전통시대의 한국역사에서 중심은 농업과 대륙이었음이 분명하다. 그러나 그 편중도가 지나친 것은 분명 문제가 아닐 수 없다. 그러므로 현 시점에서 국학연구의 편중을 해소하고 균형발전을 이루기 위한 전제는 수산해양에 대한 인문학적 마인드를 높이는 것과 함께 수산해양에 관련된 기초자료의 조사 정리 및 연구가 필수적이라고 하겠다.

그런데 한국의 전통시대 수산해양기록들은 대부분이 어촌, 어항, 포구, 해양도시 등에 산재되어 있다. 수산해양활동이 왕성한 지역일수록 바닷가 가까운 곳에 자료들이 소재한다. 예컨대 많은 수의 어촌계, 수산조합, 어업조합 등은 작업의 편의를 위해 부두와 근접한 곳에 위치한다. 그러므로 태풍이 일거나 해일이 발생하여 바닷물에 피해를 입는 일이 비일비재하다. 게다가 더더욱 문제는 오래된 수산해양 자료들일수록 지하의 서고에 방치되어 있는 경우가 많다는 점이다. 이런 상황에서 태풍이나 해일이 발생할 경우 일차적으로 멸실되는 것은 다름 아닌 지하 서고의 오래된 수산해양 자료들이다.

뿐만 아니라 수산해양기록을 보관하거나 관리하는 주체들은 국학 자료에 대한 인식 자체가 극히 저조하다. 예컨대 어촌의 마을문서 또는 어촌계의 문서를 담당하는 사람들은 문서 전문가가 아니라 어부인 경우가 많다. 어촌이나 어촌계 문서를 조사할 경우 '뱃사람이 고기 잡는 것도 바쁜데 글을 압니까? 문서를 압니까?'라는 반응을 보이는 경우가 적지 않다. 이 결과 어촌계의 경우 10년 이상 보관되는 문서가 거의 없다.

또한 해방 이후 국가적으로 수산해양기록을 체계적으로 수집 정리 및 연구하지 않음으로써 중앙정부기관과 지방정부기관, 수산단체 등에 산재되어 있던 자료들은 기관 통폐합이나 장소 이전 때마다 폐기, 소각, 산실되곤 했다. 이런 점에서 수산해양기록들을 지금 시점에서라도 수집 정리하는 사업이 몹시 시급하다고 할 수 밖에 없다. 이 글은 위와 같은 문제의식에서 한국 전통시대 수산해양기록의 문제점과 그 대안으로서의 관리방안을 제안하기 위해 작성되었다.

2) 전통시대의 해양문화와 수산해양기록

20년 가까이 바닷가에서 유배 생활을 했던 다산 정약용은 『경세유표(經世遺表)』에서 당시의 바다와 섬 그리고 그곳의 주민들이 처한 현실에 대하여 다음과 같이 언급하였다.

> 우리나라는 땅이 좁아서 (한양에서) 북쪽으로는 2천리가 넘지 않고, (한양에서) 남쪽으로는 1천리를 넘지 못한다. 북방은 모두 대륙과

연접하였으며 폐사군(廢四郡)을 제외한 곳은 왕의 명령이 미치지 않는 곳이 없다. 그런데 서남해의 여러 섬의 경우, 큰 섬은 주위가 1백리가 넘고 작은 섬도 주위가 40-50리가 되는 것이 별처럼 퍼져 있어 크고 작은 섬이 서로 섞여서 그 수가 무려 1천여 개나 된다. 이 섬들은 나라의 바깥 울타리이다. 그런데 건국 이래로 조정에서는 사신을 보내 이곳을 다스린 적이 한 번도 없다. (중략) 그러므로 무릇 바다 섬사람들은 원통하고 억울한 일이 있어도 차라리 포기하고 말지언정 절대로 관에 들어가지 않겠다고 맹서한다.

다산의 이 짧은 증언에는 조선시대 바다와 섬 그리고 그곳에 살던 주민들이 처했던 현실이 압축되어 있다. 조선시대 바다와 섬 그리고 그곳에 살던 주민들은 현실적으로 존재하기는 하였지만 국가의 정책적 대상에서는 심각하게 소외되어 있었던 것이다. 그 이유는 근본적으로 조선의 위정자들이 유교에 입각한 농본정책을 추진했기 때문이다.

이런 점은 다양한 측면에서 확인할 수 있지만 조선시대의 국가제사에서 확연히 드러난다. 예컨대 조선시대의 국가제사를 규정한 『국조오례의(國朝五禮儀)』에서 첫 번째 제사는 토지와 곡식의 신에게 올리는 사직제(社稷祭)였다. 토지와 곡식의 신인 사직은 조선시대에 가장 중요한 국가제사인 대사(大祀)였을 뿐만 아니라 조선왕조 자체를 상징하기도 했다. 사직의 안위라는 말은 곧 왕조의 안위라는 말과 다르지 않았다. 이는 토지와 곡식에 사활을 걸고 있던 조선 위정자들의 현실인식을 그대로 드러내는 것이었다. 그러므로 조선시대 위정자들의 주 관심은 토지, 곡식 그리고 농촌과 농민에 두어졌다.

당연히 바다, 섬, 어촌, 어민에 두어지던 위정자들의 관심은 토지, 곡식 그리고 농촌과 농민에 비교가 되지 못했다. 예컨대 바다의 신에게 올리는 제사인 해신제(海神祭)는 사직제보다 격이 낮은 중사(中祀)였다. 이는 유교에 입각한 농본정책을 추진한 조선의 위정자들에게는 당연한 일이라고 할 수 있다.

그럼에도 흔히 지적되듯이 조선시대에도 바다와 섬 그리고 어촌과 어민은 토지, 곡식, 농촌, 농민만큼은 아니라 해도 중요한 존재일 수밖에 없었다. 조선왕조가 자리 잡은 한반도는 반도의 특성상 3면이 바다로 둘러싸였을 뿐만 아니라 조운(漕運)은 물론 일본, 유구 등과의 국제관계도 바다를 통해 이루어졌기 때문이다. 게다가 조선시대의 바다와 섬 그리고 그곳에 살던 주민들이 국가차원에서 차지하는 현실적 비중 역시 결코 작지 않았다. 이런 사실은 조선시대의 지방 행정제도와 지방 군사제도에서 극명하게 드러난다.

조선 건국 후 지방 행정제도는 8도제와 군현제를 기반으로 정비되었고(이수건, 1994) 지방 군사제도는 진관체제를 기반으로 정비되었다.(차문섭, 1994) 조선 8도는 각각 바다와 섬 그리고 그곳에 사는 주민들을 포함하고 있었다. 또한 조선전기에 군현제를 기반으로 하여 정비된 330개의 군현 중에서 바다에 연접되거나 섬을 포함하는 연해 군현은 107군현에 이르렀는데, 이는 전체 군현의 대략 3분의 1에 해당하는 수준이었다. 이를 8도별로 구분하여 정리하면 다음과 같다.

<표 5> 조선 전기 8도의 연해 군현 비율[39]

	경기도	충청도	경상도	전라도	강원도	황해도	평안도	함경도
군현수 (330)	37군현	54군현	66군현	59군현	26군현	24군현	42군현	22군현
연변 군현수 (107)	9군현 약 24%	13군현 약 24%	21군현 약 32%	19군현 약 32%	9군현 약 33%	9군현 약 38%	12군현 약 30%	15군현 약 68%

조선전기의 지방 군사제도에서 바다와 섬이 차지하는 비중 역시 지방 행정제도 못지않게 중요했다. 그 이유는 조선전기에 수군이 육군에서 독립되었고 또 각 포구에 수군 진보(鎭堡)가 설치되었기 때문이다. 조선전기 8도에는 육군과 수군의 최고지휘관으로 절도사가 배치되었고 그 휘하에 각각 육군 진보와 수군 진보가 설치되었는데, (차문섭, 1994) 특히 경기도, 충청도, 전라도, 경상도에는 전임 수군절도사가 파견되어 휘하의 수군 진보를 지휘하였다. 조선전기 경기도, 충청도, 전라도, 경상도의 전임 수군절도사 및 휘하의 수군 진보를 정리하면 다음과 같다.

<표 6> 조선전기 전임 수군절도사와 수군 진보[40]

	경기도	충청도	경상도	전라도
전임수군 절도사영(6)	수군절도사 1명 (수영은 남양)	수군절도사 1명 (수영은 보령)	수군절도사 2명 (좌수영은 동래 우수영은 거제)	수군절도사 2명 (좌수영은 순천 우수영은 해남)
휘하의 수군 진보(49)	휘하의 수군진보 6	휘하의 수군진보 5	휘하의 수군진보 21	휘하의 수군진보 17

조선전기의 섬과 바다 그리고 그곳에 살던 주민들은 조선시대에 갑자기 돌출한 것이 아니라 유사 이래 존재하고 있던 역사적 현실이었다. 또한 지방 행정제도나 지방 군사제도 역시 조선시대에 처음 나타난 것이 아니라 유구한 역사적 배경에서 성립되었으며 그 영향이 직간접으로 오늘날에까지 미치고 있는 역사적 전통이자 실재적 전통기도 했다.

---

39) 이 통계는 『세종실록』지리지와 『동국여지승람(東國輿地勝覽)』의 내용을 바탕으로 하여 작성하였다.
40) 이 통계는 『경국대전』을 기초로 하여 작성하였다.

이런 사실들은 바다, 섬, 어촌, 어민, 연해 군현, 수군 같은 해양문화유산이 토지, 곡식, 농촌, 농민, 내지 군현, 육군 같은 육지문화유산과 더불어 한국의 전통문화를 구성하는 핵심 요소임을 보여준다. 특히 조선시대 330군현 중 3분의 1에 해당하는 107군현과 더불어 전임수군 절도사영과 수군진보가 존재하던 55지역의 경우에는 해양문화유산이 육지문화유산 이상으로 중요하다고 할 수 있다. 따라서 해양문화 또는 해양문화유산에 대한 정책적 고려가 빠진 문화정책이라면 그것은 절름발이 문화정책이란 비판을 면하기 어렵다.

그런데 문제는 조선시대를 포함한 전통시대에 섬과 바다 그리고 그곳에 살던 주민들이 조선시대 중앙정부의 정책적 대상에서 심각하게 소외되었던 역사가 오늘날에도 반복, 재생되고 있다는 사실이다. 그런 현상은 특히 역사학과 민속학 같은 학문분야에서 심각하다. 즉 역사학과 민속학 분야에서 육지문화 또는 육지문화유산에 대한 연구가 활발한 데 비해 해양문화 또는 해양문화유산에 대한 연구는 심각할 정도로 저조한 현상이 오래도록 지속되고 있는 것이다. 이는 학문분야의 문제로만 끝나지 않고 문화정책 같은 국가 정책에도 크나큰 영향을 미친다는 면에서 거시적인 시각에서의 반성과 함께 그에 대한 정책적 대안 모색이 절실하다고 할 수 있다.

3) 해양문화와 연구경향

해양문화의 역사적 전통 또는 실재적 전통에도 불구하고 해방 이후 역사학 분야에서 연구된 한국의 전통문화는 토지, 곡식, 농촌, 농민, 내지 군현, 육군 같은 육지문화 또는 육지문화유산에 집중되었다. 이는 역사학 분야의 연구 현황을 검토해보면 명백하게 드러난다.

지난 1996년부터 2005년까지 10년 간 역사학 분야에서 이루어진 연구 성과를 논문 기준으로 계산하면 한국사 분야에서 30,210편, 동양사 분야에서 6,200편, 서양사 분야에서 1,681편 등 총 38,091편이 쓰여 졌다. 이 중에서 해양문화에 관련된 논문은 채 1%도 되지 않는다. 예컨대 한국사의 경우 총 30,210편의 논문 중에서 해양문화에 관련된 논문은 279편에 불과하다. 동양사나 서양사의 경우에는 한국사보다 더 심각한데, 동양사는 6,200편 중 58편만이 해양문화와 관련된 논문이고 서양사는 1,681편 중 12편만이 해양문화와 관련된 논문이다. 이상의 내용을 정리하면 다음과 같다.

<표 7> 1996-2005년 사이 역사학 분야의 해양문화 연구현황[41]

연도	한국사		동양사		서양사	
	전체논문	해양문화	전체논문	해양문화	전체논문	해양문화
1996	1,928	38	883	6	115	1
1997	2,209	24	431	2	150	0
1998	2,079	17	451	3	145	0
1999	1,909	15	437	3	128	2
2000	2,693	28	540	2	145	1
2001	2,864	46	606	5	151	0
2002	4,321	22	723	7	173	3
2003	5,089	35	788	6	155	0
2004	3,726	34	705	9	248	0
2005	3,401	20	636	15	271	3
합계 (38,091)	30,210	279 (약 1%)	6,200	58 (약 1%)	1,681	12 (약 0.7%)

---

41) 이 통계에 이용된 자료는 기본적으로 한국사의 경우 『한국사연구휘보』, 동양사의 경우 『동양사학 연구』, 서양사의 경우 『역사학보』(1996-2001)와 『서양사론』(2002-2005)에 실린 10년간의 모든 논문이다.

위의 통계에서 나타나듯이 1996년에서 2005년 사이에 쓰여 진 총 38,091편의 역사학 논문 중에서 해양문화와 관련된 논문은 총 349편으로 전체의 1%가 되지 않는 실정이다. 또한 349편의 해양관련 논문 중에서도 한국사 쪽의 해양관련 논문이 279편으로 대략 80%를 차지하는 불균형을 보이고 있는데, 더욱 심각한 것은 해양문화와 관련된 연구 성과가 상대적으로 많은 한국사의 경우 독도 관련 논문이 30%를 차지하는 등, 장보고나 이순신 또는 독도 같은 특정 주제에 연구가 집중됨으로써 해양문화 전반에 대한 연구가 절대적으로 부족하게 되는 결과를 초래하고 있다는 사실이다. 이 같은 현상은 2천 년 대 들어 한국사 연구자들 사이에서 해양에 대한 관심이 커지면서 점차 개선되고 있지만 근본적인 변화를 보이는 정도는 아니다.

역사학 분야 특히 한국사 분야의 이 같은 연구 경향과 연구 결과는 전통시대 한국문화의 특징을 육지문화에 편중된 문화로 만드는 결과를 가져왔다. 이 같은 결과는 민속학 분야에서 한국의 전통문화를 바라보는 시각에도 큰 영향을 끼쳤다. 예컨대 민속학자 장철수는 현재 국가에서 무형문화재로 지정하여 전승되는 내용은 거의 모두가 조선왕조 문화의 일부라고 하면서, 조선왕조 문화를 그 담당계층에 따라 크게 왕궁문화, 관아문화 그리고 서민문화로 대별하였는데, 서민문화에 대하여 "전통적으로 농업과 그 생산 및 생활단위인 마을에 바탕을 두고 형성되었다. 따라서 현재까지 전승되는 전통문화의 대부분은 바로 농업적 생활양식과 밀접한 연관을 맺고 이루어진 것이 많다."고 규정하였다.(장철수, 1999).

민속학 분야에서 한국의 전통문화를 바라보는 연구시각 또는 그 같은 시각에 입각한 연구결과는 문화정책에 적지 않은 영향력을 행사한다. 그 이유는 물론 무형문화재의 발굴과 선정 같은 문화행정에서 민속학의 역할이 크기 때문이다. 그런 면에서 민속학 분야에서 한국의 전통문화를 바라보는 시각을 좀 더 구체적으로 확인해볼 필요가 있는데, 그 시각은 역사학 분야에서 성립된 시각 즉 전통시대 한국문화의 특징을 육지문화에 편중된 문화로 보는 것과 크게 다르지 않다. 예컨대 민속학자 장철수는 전통문화의 역사적 성격과 내용을 다음과 같이 규정하였다.

> 조선왕조의 산업정책은 '사농공상'에 관한 유교적 직업 관념에 따라 농본주의를 우선하였다. 그럼에도 불구하고 조선시대의 농업은 일부 관개시설이 설치된 곳을 제외하고는 대부분이 천수답을 중심으로 한 노동집약형 농경으로서, 그 수확결과는 항상 불확실했었다. 그만큼 당시의 농경기술은 하늘, 즉 자연조건에 의존할 수밖에 없었다. 따라서 이러한 불확실한 결과에 대한 심리적 불안감은 풍농을 기원하고 사람과 가축의 평안을 비는 농경신앙을 발달시켰으며, 또한 농작물의 경작체계에 대한 계절별 '세시의례·놀이' 등과 같은 마을을 생활단위로 하는 공동체문화를 발달시켰다. 따라서 국가적으로는 농경신앙인 사직신앙과 기우제가 제도화되어, 읍치의 관료들에 의해서 연속적으로 행해졌다. 그리고 민간에서는 공동노동을 위한 풍물·두레 등과 함께 무속의례인 '굿·놀이'에 의존하여 여가를 즐기거나, 공동생활 집단인 마을을 경계로 하는, 그리고 마을을 또 하나의 의례단위·문화전승단위 및 보존단위로 삼아 '마을신앙'으로 알려진 '영역의례'를 발달시켰다. 이러한 공동체 놀이와 의례들을 통해서 그들은 일상적인 공동 생활체험 및 노동체험과 함께 평등원리에 근거한 지연의식과 대동성을 강화시키고 발달시켰다.(장철수, 1999)

위의 인용문에서 확인할 수 있듯이 민속학자 장철수는 조선왕조의 위정자들이 유교에 입각해 추구한 농본정책을 한국 전통문화의 대표이자 거의 전부인 것으로 규정하고 있다. 문제는 민속학자 장철수의 이 같은 시각이 개인의 시각으로 끝나는 것이 아니라는 사실이다. 한국 전통문화에 대한 민속학자 장철수의 시각은 넓게 보면 역사학 분야의 연구 경향 및 연구 성과와 같다. 당연히 민속학자 장철수를 포함하여 민속학 분야 전반에도 같은 시각이 공유되어 있는 것이 현실이다.

역사적 사실로 볼 때, 조선왕조 위정자들은 유교에 입각한 농본정책을 추진하였다. 그 이유는 물론 조선왕조가 자리한 한반도가 비록 반도이기는 하지만 대륙과 연결되었고 또 농업위주의 농본사회였기 때문이다. 따라서 조선왕조를 포함한 한국의 전통시대에 토지, 곡식, 농촌, 농민 같은 육지문화가 중요했고 그 문화가 주류였던 것도 사실이다. 다만 문제는 한국의 전통문화 중에는 육지문화 이외에 해양문화가 더 있었으며 그 해양문화가 무시할 정도의 수준이 아니었다는 사실이다.

그럼에도 불구하고 해방이후 2천 년대 초반까지 역사학 분야와 민속학 분야에서는 해양문화에 대한 연구가 지나치게 부족했고 그 결과 한국의 전통문화와 관련된 해양문화에 대한 인식이 거의 없게 되었다는 점이 문제이다. 이는 근본적으로는 역사학 분야와 민속학 분야의 학문적 한계라 할 수 있다.

그런데 역사학 분야와 민속학 분야의 학문적 한계는 자체 내에만 머물지 않고 문화정책에도 크게 영향을 미침으로써 전통문화를 대상으로 하는 문화정책 역시 한계를 가지게 된다는 문제점을 야기하고 있다. 이 같은 문제점은 지난 1988년 창간된 이래로 현재까지 대한민국 문화정책의 흐름을 일목요연하게 보여주고 있는『문화정책논총』의 수록 논문들을 통해 확인할 수 있다.

『문화정책논총』은 1988년에 기왕의 문화공보부가 문화부로 독립하게 된 기회를 계기로 하여 창간되었는데, 창간 때의 이름은『문화정책논총』이 아니라『문화예술논총』이었다.『문화예술논총』은 1988년에 창간 1집이 간행된 후, 1989년에는 간행되지 않았다가, 1990년에 2집이 간행되었고 이어서 1993년까지 연이어서 5집까지 간행되었다. 이후 1991년부터『문화정책논총』으로 이름이 바뀌어 간행되었으며 2012년 현재까지 26집이 간행되었다. 1988년의 창간 1집부터 2012년 현재의 26집까지 25년 동안『문화정책논총』에 실린 논문은 일반논문, 개별논문, 기획논문, 특집논문, 연구리포트, 토론문, 우수석사논문 등을 모두 합해 312편으로서 연평균으로 계산하면 대략 12편이 된다.

이 312편의 논문은 많은 경우 문화나 전통문화 또는 문학이라는 핵심어를 사용하고 있지만 그 핵심어는 대부분의 경우 육지문화 또는 육지문화유산이라는 뜻을 함축하고 있다. 다만『문화정책논총』에 실린 논문 중에서는 오직 1편의 논문만이 해양이라는 핵심어를 사용하고 있는데,『문화정책논총』8집에 실린 "동해상 고대 한·일 해양루트를 통한 북한주민 대거 탈북예측"(김용범, 1996)이 그것이다. 하지만 이 논문의 주 관심은 탈북자 문제로서 문화정책에 직접적인 관련을 갖지는 않는다. 이런 면에서『문학정책논총』에 실린 논문들은 기본적으로 창간 이래 현재까지 역사학 분야나 민속학 분야와 마찬가지로 한국의 전통문화를 육지문화유산 중심으로 인식해 왔다고 해도 과언이 아니다. 당연히 현재 나타나는 전통문화정책의 결과 역시 이 같은 인식에서 자유로울 수는 없다.

앞에서 살펴본 것처럼 문화재보호법 제2조에서는 "문화재란 인위적이거나 자연적으로 형성된 국가적·민족적 또는 세계적 유산으로서 역사적·예술적·학술적 또는 경관적 가치가 큰 다음 각 호의 것을 말한다."고 명시하고 이어서 문화재의 종류를 유형문화재, 무형문화재, 기념물, 민속문화재로 구분하고 있다.

만약 전통문화에 대한 문화정책이 역사학적 전통 또는 민속학적 전통 같은 학문적 전통에만 입각하여 추진되었다면 유형문화재, 무형문화재, 기념물, 민속문화재 등의 문화재는 육지문화유산 위주로 지정, 관리되고 있을 것이라 예상할 수 있다. 반면 역사학적 전통 또는 민속학적 전통 같은 학문적 전통 이외에 역사적 전통 또는 실재적 전통에 입각한 전통문화정책이 추진되었다면 유형문화재, 무형문화재, 기념물, 민속문화재 등의 문화재는 육지문화유산과 해양문화유산이 공존하는 방식으로 지정, 관리되고 있을 것이라 예상할 수 있다. 특히 조선시대를 대상으로 할 경우에 그렇게 예상할 수 있는데, 육지문화와 해양문화가 공존한 것이 조선시대의 역사적 진실이자 실재적 사실이기 때문이다. 이 같은 예상을 확인하기 위해 중요무형문화재 중심으로 검토해보면 다음과 같다.

2012년 11월 현재 중요무형문화재는 제123호까지 지정되었으며 (문화재청 홈페이지(http://www.cha.go.kr), 문화유산정보), 지정 종목별로는 128종목에 이른다.[42] 이 128종목의 중요무형문화재를 문화재보호법의 분류에 따라 연극, 음악, 무용, 놀이와 의식, 무예, 공예기술, 음식 등으로 분류해 보면 다음과 같다.

---

42) 중요무형문화재로 이미 지정되었던 것 중에서 제36호, 제37호, 제52호, 제54호, 제59호, 제63호, 제94호는 지정이 취소되었다.

<표 8> 분류별 중요무형문화재 현황[43] (괄호 안은 지정 연도)

분류	중요무형문화재
연극 (14)	양주별산대놀이(1964), 통영오광대(1964), 고성오광대(1964), 북청사자놀음(1967), 봉산탈춤(1967), 동래야류(1967), 강령탈춤(1970), 수영야류(1971), 송파산대놀이(1973), 은율탈춤(1978), 하회별신굿탈놀이(1980), 가산오광대(1980), 발탈(1983), 진도다시래기(1985)
음악 (23)	판소리(1964), 진주삼천포농악(1966), 평택농악(1985), 이리농악(1985), 강릉농악(1985), 임실필봉농악(1988), 구례잔수농악(2010), 거문고산조(1967), 선소리산타령(1968), 대금정악(1968), 가야금산조및병창(1968), 서도소리(1969), 가곡(1969), 가사(1971), 대금산조(1971), 피리정악및대취타(1971), 남도들노래(1973), 경기민요(1975), 구례 향제 줄풍류(1985), 이리 향제줄풍류(1985), 고성농요(1985), 예천통명농요(1985), 제주민요(1989)
무용 (7)	진주검무(1967), 승전무(1968), 승무(1969), 처용무(1971), 학연화대합설무(1971), 태평무(1988), 살풀이춤(1990)
놀이와 의식 (30)	남사당놀이(1964), 종묘제례악(1964), 은산별신제(1966), 강강술래(1966), 강릉단오제(1967), 안동차전놀이(1969), 영산쇠머리대기(1969), 영산줄다리기(1969), 광주칠석고싸움놀이(1970), 경산자인단오제(1971), 영산재(1973), 종묘제례(1975), 줄타기(1976), 좌수영어방놀이(1978), 밀양백중놀이(1980), 양주소놀이굿(1980), 제주칠머리당영등굿(1980), 진도씻김굿(1980), 기지시줄다리기(1982), 동해안별신굿(1985), 서해안 배연신굿 및 대동굿(1985), 위도 띠뱃놀이(1985), 남해안 별신굿(1987), 석전대제(1986), 황해도평산소놀음굿(1988), 경기도도당굿(1990), 서울새남굿(1996), 사직대제(2000), 연등회(2012), 법성포단오제(2012)
무예 (1)	택견(1983)
공예기 술 (49)	갓일(1964), 나전장(1966), 한산모시짜기(1967), 매듭장(1968), 낙죽장(1969), 나주의 샛골나이(1969), 곡성의 돌실나이(1970), 조각장(1970), 악기장(1971), 궁시장(1971), 단청장(1972), 채상장(1975), 소목장(1975), 장도장(1978), 두석장(1980), 백동연죽장(1980), 망건장(1980), 탕건장(1980), 대목장(1982), 유기장(1983), 입사장(1983), 자수장(1984), 명주짜기(1988), 바디장(1988), 침선장(1988), 제와장(1988), 전통장(1989), 옹기장(1990), 소반장(1992), 옥장(1996), 금속활자장(1996), 배첩장(1996), 완초장(1996), 사기장(1996), 각자장(1996), 누비장(1996), 목조각장(1996), 화각장(1996), 윤도장(1996), 주철장(2001), 칠장(2001), 염장(2001), 염색장(2001), 화혜장(2004), 한지장(2005), 불화장(2006), 금박장(2006), 석장(2007), 번와장(2008)
음식 (4)	조선왕조궁중음식(1970), 문배주(1986), 면천두견주(1986), 경주교동법주(1986)

---

43) 이 통계는 문화재청 홈페이지(http://www.cha.go.kr), 문화유산정보) 및 '국가지정 무형문화재의 지정현황과 문제점'(이옥희, 2005)를 참조하여 작성하였다.

중요무형문화재 128종목을 7가지로 분류했을 때 나타나는 문제점 중의 하나는 분류별 지정종목이 지나치게 불균형 하다는 사실이다 (이옥희,2005). 예컨대 무예는 겨우 1종목에 불과하고 음식은 4종목에 불과하며 무용은 7종목에 불과하다. 이에 비해 공예기술은 49종목이나 되며 놀이와 의식 역시 30종목이나 된다. 극단적으로 비교하면 128종목 중 49종목을 차지하는 공예기술은 중요무형문화재의 거의 40%를 점유하지만 겨우 1종만 차지하는 무예는 0.01에 불과한 실정이다.

그런데 분야별 불균형 이상으로 심각한 문제는 이들 중요무형문화재 128종목에서 해양문화유산의 흔적을 찾기가 쉽지 않다는 사실이다. 예컨대 공예기술 49종목 전부는 육지문화유산으로 간주될 수 있으며, 무예 1종목과 음식 4종목 역시 마찬가지이다. 또한 음악 23종목 중에서 제주민요를 제외한 22종목과, 무용 7종목 중에서 처용무를 제외한 6종목 역시 육지문화유산으로 간주될 수 있다. 이는 공예기술, 무예, 음식, 음악, 무용 등의 중요무형문화재가 육지문화유산 중심으로 편중되게 지정되어 있음을 의미한다. 물론 그 이유는 역사학과 민속학 분야의 영향 때문이라 할 수 있다.

다만 긍정적인 현상은 연극 분야 그리고 놀이와 의식 분야에서 육지문화유산과 해양문화유산이 비교적 균형적으로 지정되어 있다는 사실이다. 예컨대 연극 분야의 통영오광대, 수영야류, 진도다시래기는 해양문화유산으로 간주될 수 있다. 또한 놀이와 의식 분야의 좌수영어방놀이, 동해안별신굿, 서해안 배연신굿 및 대동굿, 위도 띠뱃놀이, 남해안 별신굿, 법성포단오제 등 역시 해양문화유산으로 간주될 수 있다.

그런데 연극 분야 그리고 놀이와 의식 분야에서 육지문화유산과 해양문화유산이 비교적 균형적으로 지정된 원인은 이들 분야가 역사학이나 민속학 같은 학문적 영향으로부터 비교적 자유로웠기 때문이다. 즉 연극 분야 그리고 놀이와 의식 분야에서 중요무형문화재로 지정된 종목 중에는 전국민속예술경연대회에서 우승한 종목이 많은데(이옥희,2005), 바로 이 이런 이유로 연극 분야 그리고 놀이와 의식 분야는 학문적 영향으로부터 비교적 자유로울 수 있었고 그 결과 육지문화유산과 해양문화유산이 비교적 균형적으로 지정될 수 있었던 것이다.

중요무형문화재의 지정 현황에서 나타나듯이 문화정책은 결과적으로 역사학 또는 민속학 분야의 영향을 받을 수밖에 없다. 따라서 바람직한 문화정책을 확립하기 위해서는 역사학과 민속학 분야의 성과를 적극 수용하면서 동시에 그 한계점을 극복할 수 있는 정책적 대안도 적극 검토할 필요가 있다.

4) 수산해양기록 관리방안

문화정책은 간단히 정의하면 문화라는 영역에 대하여 국가 또는 공공기관, 단체에서 인위적인 목표를 설정하고 가치배분에 영향을 주는 일련의 행동이라 할 수 있다. 그러므로 문화정책 입안자 또는 집행자의 입장에서는 정책의 대상이 되는 문화에 대한 가치판단과 가치배분이 그 무엇보다 중요한 문제가 된다.(원용기, 1995) 이는 해양문화유산 대상의 문화정책에서도 마찬가지이다.

그런데 가치판단의 전제는 인식이다. 인식이 되어야 가치를 알 수도 있고 판단도 할 수 있기 때문이다. 해양문화유산 대상의 문화정책을 활발하게 모색하기 위한 전제 역시 인식이다. 해양문화유산에 대한 인식을 높이기 위한 정책 대안으로 제일 먼저 제안할 수 있는 것은 해양문화유산의 기록자원이라 할 수 있는 수산해양기록을 적극 활용하는 것이다. 수산해양기록을 적극 활용하기 위해서는 수산해양기록을 체계적으로 관리할 필요가 있다.

그런데 수산해양기록을 체계적으로 관리하기 위해서는 해양문화유산에 대한 분류가 필요하다. 해양문화유산은 기준에 따라 다양하게 분류될 수 있으며, 기왕에도 다양한 방식으로 분류되어 왔다. 기왕의 분류기준 중에서는 해양문화유산을 해양사와 해양생활사로 분류한 다음의 방식이 참고 될 수 있다.(이원갑·이종훈·홍장원, 2010)

<표 9> 해양문화자원의 정의 및 범주

구 분	해양문화 유형
해양사	선사시대 해양사
	해전과 해양사(해양방어체제, 해전)
	도시와 해양사(포구 등 해양도시)
	해운과 해양사(바닷길을 통한 교류문화)
생활사	주민과 해양생활사(어촌사회, 어촌문화)
	어업과 해양생활사(어로환경, 어로기술, 항해기술)
	정신과 해양생활사(해양의례, 해양민요, 해양설화)

앞에서 살펴본 것처럼 중요무형문화재 중에서 연극 분야 그리고 놀이와 의식 분야처럼 역사학이나 민속학 같은 학문적 영향으로부터 비교적 자유로운 분야에서는 육지문화유산과 해양문화유산이 균형적으로 지정되었고, 그 바탕에는 전국민속예술경연대회가 있었다. 이 사실은 중요무형문화재 중에서 육지문화유산 중심으로 편중되게 지정된 공예기술, 무예, 음식, 음악, 무용 등과 관련하여 중요한 시사점을 준다. 즉 육지문화유산 중심으로 편중되게 지정된 중요무형문

화재의 현실을 개선하기 위해서는 다양한 정책적 대안이 있겠지만, 가장 중요한 사실은 역사학이나 민속학 같은 학문적 영향으로부터 어느 정도 자유로울 필요가 있다는 점이다. 그것은 달리 말하면 중요무형문화재를 지정할 때 학문적 전통뿐만 아니라 역사적 전통 또는 실재적 전통을 함께 고려해야 한다는 의미이다.

현재의 학문적 전통으로 본다면 해양문화유산은 매우 열악한 상황이다. 하지만 역사적 전통 또는 실제적 전통으로 본다면 해양문화유산은 매우 풍부하다고 할 수 있다. 뿐만 아니라 2천 년대 들어, 관광이나 문화산업 분야에서의 해양문화유산에 대한 수요는 점점 확대되고 있다.((이원갑·이종훈·홍장원, 2010) 이런 점에서 해양문화유산을 대상으로 하는 정책 대안은 학문적 전통 이상으로 역사적 전통이나 실재적 전통 또는 현실적 수요의 측면을 고려하는 대안이 될 필요가 있다. 이와 관련하여 다음과 같은 정책적 대안들이 모색될 수 있다.

첫째, 현재 법적으로 규정된 유형문화재, 무형문화재, 기념물, 민속문화재 등에서 해양문화유산이 차지하는 비율을 최소 수준 이상으로 설정하기 위한 기준, 방법, 논리, 대안 등을 개발하는 것이다. 이는 문화정책 분야에서, 역사학이나 민속학 같은 학문분야의 성과를 기다리기에는 시간이 너무 걸릴 수 있다는 현실적 한계 때문이다. 만약 문화정책의 대상이 되는 전통문화 중에서 해양문화유산이 차지하는 비율을 최소 수준 이상으로 설정할 수 있다면 해양문화와 관련된 역사적 전통과 실재적 전통이 적극 계승, 발전, 활용되고 그 결과 해양관광이나 문화 산업 같은 현실적 수요에도 적극 부응할 수 있을 것이다.

둘째, 문화재의 보존, 관리 및 활용에 관한 각종 심의 위원회나 자문 위원회에 해양문화전문가의 참가를 적극 권장하는 것이다. 현재 문화정책과 관계가 깊은 학문분과인 역사학이나 민속학 분야의 연구가 열악한 상황에서 해양문화유산의 가치와 활용을 극대화 할 수 있는 현실적인 방법은 관련 전문가의 적극적인 활약이 가장 효과적이라 할 수 있다.

셋째, 해양문화유산과 관련된 문화정책 분야의 예산과 시설 등을 확충하는 것이다. 문화정책의 가치배분은 궁극적으로 목표를 설정하고 그 목표를 달성하기 위해 예산과 시설 등을 투입하는 것이다. 따라서 전통문화 중에서 해양문화유산의 비중과 가치가 진정 크다는 가치판단이 가능하다면 그에 부응하여 예산과 시설 등을 확충되는 것이 당연한 순서라고 할 수 있다.

넷째, 마지막으로 해양문화유산의 기초자료인 수산해양기록을 체계적으로 관리하는 것이다. 문화유산의 가치는 진본성으로 좌우되고, 진본성은 기록 자료를 통해 검증되므로, 수산해양기록의 체계적 관리는 해양문화유산의 진본성을 확대하고 증대하는데 중요한 요소가 될 수 있다. 한국의 수산해양기록은 소장 처에 따라 크게 공공기관자료, 수산단체자료, 개인자료 등 3가지로 나뉠 수 있다. 이 중에서 공공기관자료와 수산단체자료는 공기록이라 할 수 있고, 개인자료는 사기록이라 할 수 있다. 공공기관자료는 중앙행정기관과 지방행정기관 등에 소장된 자료이며, 수산단체자료는 어업조합·수산조합·어촌계·수산회사 등에 소장된 자료이고, 개인기록은 어촌, 어항 등에 소장된 자료이다.

수산해양기록은 자료의 특성과 양적인 면에서 전통시대와 식민지시대 그리고 현대가 확연히 구분되고 있다. 전통시대 자료는 주로 한문으로 작성되었으며 양이 많지 않다. 개항기 들어 관련 자료가 점증하다가 식민지시대가 되면 폭증한다. 기록문자도 한문에서 일본어로 바뀌었다. 해방 후에는 다시 한국어로 되돌아왔다. 이런 특성을 고려할 때, 수산해양기록을 전통시대자료, 식민지시대자료, 현대자료의 3시기로 구분하고 시기별로 소장처에 따른 3가지 자료로 구분하여 세부주제별로 정리하는 것이 수산해양기록의 내용과 특성을 가장 잘 드러낼 것이다.

5) 결론 및 제안

21세기 들어 문화 특히 전통문화의 중요성은 정치적, 경제적, 사회적, 국제적 측면 등 다방면에서 더욱더 커지고 있다. 21세기는 문화역량이 곧 정치적 안정과 경제적 번영 그리고 국가적 정체성과 직결되는 시대이기 때문이다. 따라서 21세기를 대비하여 문화역량 특히 전통문화역량을 키우기 위한 문화정책이 되기 위해서는 우선 전통에 대한 개념을 학문적 전통에서 역사적 전통 또는 실재적 전통으로 바라보는 관점의 전환이 있어야 할 뿐만 아니라(정갑영, 1995), 관광이나 문화산업 같은 현실적 수요의 측면에서 바라보는 관점의 전환 역시 필요하다.

우리나라 경우, 역사의 주 무대인 만주와 한반도는 대륙과 연접된 동시에 해양과도 마주하고 있다. 광대한 대륙 내부에는 물론 해양 너머에도 수많은 나라들이 있다. 그러므로 우리나라의 역사는 대륙과 해양을 통합적으로 바라볼 때 온전한 모습이 그려질 수 있다.

그럼에도 불구하고 그 동안의 한국 역사는 주로 대륙을 중심으로 이해되어 왔다. 물론 한국사의 중심에는 땅에 근거한 농업문명, 그리고 대륙의 중국문명을 대상으로 하는 대외교류사가 있다. 그렇지만 그것이 전부인 것은 아니다. 해양에 근거한 어업 그리고 해양 너머의 각국을 대상으로 전개된 해양교류가 또 있는 것이다. 어업과 해양교류 역시 우리 역사의 한 부분임에 틀림이 없다.

21세기의 해양은 지난 과거와는 또 다른 의미와 중요성을 가지고 있다. 21세기의 국가자원과 국가안보는 해양을 중심으로 개척되고 구축될 가능성이 높다. 그런 의미에서 해양에 대한 적극적인 관심과 연구가 필요하다고 하겠다.

한반도에는 1만2천 km의 해안선, 3200개의 도서, 육지면적의 4.5배에 이르는 배타적 해역이 있다. 2005년 기준으로, 한국은 선박수주 및 건조량 세계 1위, 냉동컨테이너 보유량 세계 1위, 해상 수송능력 세계 8위, 수산물생산량 세계 15위, 국민 1인당 연간 수산물 소비량 48.1kg이며 무역 물품의 99.7%가 해상을 통해 운송되고 있다.

이처럼 해양이 중요함에도 불구하고 유교에 입각한 농본정책을 추진했던 전통시대 위정자들은 해양 또는 해양문명 자체에 대한 관심을 거의 가지지 않았으며 그 결과 정부차원의 정책적 배려도 희박했다. 이는 해방 이후 역사학과 민속학의 연구경향에도 큰 영향을 끼쳐 해양문화에 대한 연구가 소홀하였다. 그 결과 전통시대 한국문화는 육지문화에 편중된 문화라는 인식이 보편화 되었고 그 인식이 민속학과 문화정책에도 적지 않은 영향을 미쳤다. 이런 상황에서 바람직한 문화정책을 확립하기 위해서는 역사학과 민속학 분야의 성과를 적극 수용하면서 동시에 그 한계점을 극복할 수 있는 정책적 대안을 검토해야 한다.

이와 관련한 정책적 대안으로는 유형문화재, 무형문화재, 기념물, 민속문화재 등에서 해양문화유산이 차지하는 비율을 최소 수준 이상으로 설정하기 위한 기준, 방법, 논리, 대안 등을 개발하는 것, 문화재의 보존, 관리 및 활용에 관한 각종 심의 위원회나 자문 위원회에 해양문화전문가의 참가를 적극 권장하는 것, 해양문화유산과 관련된 문화정책 분야의 예산과 시설 등을 확충하는 것, 수산해양자료의 체계적 관리 등이 모색될 수 있다.

그런데 가치배분과 관련된 정책 대안들은 근본적으로 해양문화유산에 대한 가치판단이 전제되었을 때 가능하다. 아직 가치판단도 확립되지 않은 현 시점에서 가치판단에 관련된 정책 대안은 시기상조라 할 수 있다. 따라서 현 시점에서, 해양문화유산에 관련된 문화정책은 가치배분 보다는 가치판단에 집중하는 것이 보다 시급하다고 하겠다.

아울러 가치판단을 확립하기 위해서는 그 무엇보다 수산해양기록의 체계적 관리가 필요하다. 한국의 수산해양기록은 소장 처에 따라 크게 공공기관자료, 수산단체자료, 개인자료 등 3가지로 나눌 수 있으며, 기록의 특성과 양적인 면에서 전통시대와 식민지시대 그리고 현대가 확연히 구분되고 있다. 이런 특성을 고려할 때, 수산해양기록을 전통시대자료, 식민지시대자료, 현대자료의 3시기로 구분하고 시기별로 소장처에 따른 세 가지 자료로 구분하여 세부주제별로 정리하는 것이 수산해양기록의 내용과 특성을 가장 잘 드러낼 것이다.

참고문헌

김여수(1988), 문화정책의 이념과 방향, 『문화정책논총』, 1집, 한국문화관광
　　연구원, 19-32.

박종국(1988), 문화정책의 기조와 과제, 『문화정책논총』, 1집, 한국문화관광
　　연구원, 33-63.

남궁승태(1994), 문화재보호법에 관한 고찰, 『문화정책논총』, 6집, 한국문화
　　관광연구원, 172-201.

이수건(1994), 행정구역과 행정체계, 『한국사-조선초기의 정치구조-』23, 국사
　　편찬위원회, 153-183.

차문섭(1994), 진관체제의 확립과 지방군제, 『한국사-조선초기의 정치구조-』
　　23, 국사편찬위원회, 233-247.

정갑영(1995), 21세기를 향한 우리나라 전통문화정책의 방향과 과제, 『문화
　　정책논총』, 7집, 한국문화관광연구원, 103-123.

원용기(1995), 문화정책학의 발전 가능성과 가치상호작용모델의 시론적 검토,
　　『문화정책논총』, 7집, 한국문화관광연구원, 229-260.

임학순(1996), 문화정책의 연구영역과 연구경향 분석, 『문화정책논총』, 8집,
　　한국문화관광연구원, 1-27.

김용범(1996), 동해상 고대 한·일 해양루트를 통한 북한주민 대거 탈북예측,
　　『문화정책논총』8집, 한국문화관광연구원, 223-256.

장철수(1999), 무형문화 유산으로서의 의례문화와 그 관광 산업적 가치, 『유
　　학연구』7, 충남대 유학연구소, 51-67.

장영진(2001), 『수산·해양 국내 문헌정보』, 부경대학교해양식량자원개발 특
　　성화사업단.

이옥희(2005), 국가지정 무형문화재의 지정현황과 문제점, 『남도민속연구』
　　11, 남도민속학회, 191-209.

박소현(2009), 인문학으로서의 문화정책 연구, 『문화정책논총』, 21, 한국문화
　　관광연구원, 49-61.

이원갑·이종훈·홍장원(2010), 『해양관광활성화를 위한 해양문화콘텐츠 활
　　용방안연구』, 한국해양수산개발원, 1-165.

문화재청 홈페이지(http://www.cha.go.kr), 문화유산정보

1. 『고문서집성』, 한국학중앙연구원.

2. 『한국학자료총서』, 한국학중앙연구원.

3. 『한국학자료해제』, 한국학중앙연구원.

4. 『고전자료총서』, 한국학중앙연구원.

5. 『한국간찰자료선집』, 한국학중앙연구원.

6. 『일반자료총서』, 한국학중앙연구원.

7. 『한국사료총서』, 국사편찬위원회.

8. 『한국근대사료집성』, 국사편찬위원회.

9. 『한국현대사료집성』, 국사편찬위원회.

10. 『해외사료총서』, 국사편찬위원회

제 3 장

기록관리 관련 법령

1. 기록물 관련 법령

1) 공공기록물관리에 관한 법률

이 법은 1999년 1월 29일 공공기관의 기록물관리에 관하여 필요한 사항을 정함으로써 기록유산의 안전한 보존과 공공기관의 기록정보의 효율적 활용을 도모하기 위하여 '공공기관의 기록물관리에 관한 법률'(법률 제5709호)로 제정되었으며, 2007년 4월 5일 지금의 명칭(법률 제8025호)으로 개정되었다. 총칙, 기록물관리기관, 국가기록관리위원회, 기록물의 생산, 기록물의 관리, 비밀 기록물의 관리, 기록물의 공개·열람 및 활용, 기록물관리의 표준화 및 전문화, 민간기록물 등의 수집·관리, 보칙, 벌칙의 12장(제6장 '대통령의 기록물 관리'는 삭제)으로 나누어진 전문 53조와 부칙으로 구성되어 있다.

이 법은 공공기관이 업무와 관련하여 생산·접수한 기록물과 개인 또는 단체가 생산·취득한 기록정보 자료 중 국가적으로 보존할 가치가 있다고 인정되는 기록정보 자료 등 공공기록물에 대하여 적용한다. 이 법에서 정의하는 기록물이란 공공기관이 업무와 관련하여 생산하거나 접수한 문서·도서·대장·카드·도면·시청각물·전자문서 등 모든 형태의 기록정보 자료와 행정박물(行政博物)을 말하며, 기록물관리란 기록물의 생산·분류·정리·이관(移管)·수집·평가·폐기·보존·공개·활용 및 이에 부수되는 모든 업무를 말한다.

모든 공무원은 이 법에 따라 기록물을 보호·관리할 의무를 갖는다. 공공기관장 및 기록물관리기관장은 기록물의 생산부터 활용까지의 모든 과정에 걸쳐 진본성(眞本性)·무결성(無缺性)·신뢰성 및 이용가능성이 보장될 수 있도록 관리하여야 하며, 기록물이 전자적(電子的)으로 생산·관리되도록 필요한 조치를 마련하여야 한다. 또한 중앙기록물관리기관장은 기록물이 효율적이고 통일적으로 관리·활용될 수 있도록 기록물관리의 표준화를 위한 정책을 수립·시행하여야 한다.

안전행정부 장관은 기록물관리를 총괄·조정하고 기록물을 영구 보존·관리하기 위하여 장관 직속의 중앙기록물관리기관을 설치·운영하여야 한다. 국회·대법원·헌법재판소·중앙선거관리위원회 등은 헌법기관기록물관리기관을 설치할 수 있으며, 특별시장·광역시장·특별자치시장·도지사 또는 특별자치도지사는 해당 조례에 따라 시·도기록물관리기관을 설치·운영하여야 한다. 공공기관은 기록물을 효율적으로 관리하기 위하여 기록관을 설치·운영하여야 하며, 통일·외교·안보·수사·정보 분야의 기록물을 생산하는 공공기관장은 특수기록관을 설치·운영할 수 있다. 또한 기록물관리에 관한 기본정책 수립 등의 사항을 심의하기 위하여 국무총리에 소속된 국가기록관리위원회를 둔다.

공공기관은 대통령령으로 정하는 기간 이내에 기록물을 소관 기록관 또는 특수기록관으로 이관하여야 한다. 기록관 또는 특수기록관은 보존기간이 30년 이상으로 분류된 기록물에 대하여는 대통령령이 정하는 기간 내에 이를 소관 영구기록물관리기관으로 이관하여야 하되, 특수기록관은 소관 비공개 기록물에 관하여 생산연도 종료 후 30년까지 그 이관 시기를 연장할 수 있다. 국가정보원장은 소관 비공개 기록물의 이관 시기를 생산연도 종료 후 50년까지 연장할 수 있으며, 공개될 경우 국가안전보장에 중대한 지장을 줄 것이 예상되는 정보 업무 관련 기록물의 경우에는 중앙기록물관리기관장과 협의하여 이관 시기를 따로 정할 수 있다.

영구보존으로 분류된 기록물 중 중요한 기록물은 복제본 제작 등의 방법으로 이중보존하는 것을 원칙으로 한다. 공공기관이 기록물을 폐기하려는 경우에는 기록물관리 전문요원의 심사와 기록물평가심의회의 심의를 거쳐야 한다. 공공기관이 비밀 기록물을 생산하는 때에는 원본에 비밀 보호기간 및 보존기간을 함께 정하여 보존기간이 만료될 때까지 관리되도록 하고, 그 원본은 소관 기록물관리기관으로 이관하여 보존하여야 한다. 공공기관이 소관 기록물관리기관으로 기록물을 이관하려는 경우에는 해당 기록물의 공개 여부를 재분류하여 이관하여야 한다. 비공개 기록물은 생산연도 종료 후 30년이 경과하면 모두 공개하는 것을 원칙으로 하되, 개인의 권리구제 등을 위한 열람청구가 있는 경우에는 대통령령에 따라 제한적으로 열람하게 할 수 있다.

중앙기록물관리기관장은 개인이나 단체가 생산·취득한 민간기록물 중 국가적으로 영구히 보존할 가치가 있다고 인정되는 민간기록물에 대하여는 국가기록관리위원회의 심의를 거쳐 국가지정기록물로 지정할 수 있고, 민간기록물을 소유 또는 관리하는 자도 중앙기

록물관리기관장에게 해당 민간기록물을 국가지정기록물로 지정하여
줄 것을 신청할 수 있다.

2) 대통령기록물 관리에 관한 법률

이 법은 대통령 기록물의 보호·보존 및 활용 등 기록물의 효율적
관리와 대통령 기록관의 설치·운영에 필요한 사항을 정하기 위해
법률 제8395호로 제정되어, 2007년 4월 27일 공포되었다. 이 법 제
정 이전에는 '공공 기관의 기록물 관리에 관한 법률(현행 '공공 기록
물 관리에 관한 법률')'에 대통령 기록물 관리에 필요한 사항이 규정
되어 있었으나, 국가 주요 기록물인 대통령 기록물의 체계적이고 전
문적인 관리를 위해 별도로 입법되었다. 대통령 기록물 관리법은 총
칙, 대통령 기록 관리 위원회, 대통령 기록물의 관리, 대통령 기록물
의 공개·열람, 대통령 기록관의 설치·운영 등에 관한 사항을 규정
하고 있다.

대통령 기록물 관리법은 대통령 기록물의 관리 및 보존에 필요한
제반 사항을 규정하고 있을 뿐만 아니라, 대통령 기록물을 국가 소
유로 규정하고 있어, 그동안 사각 지대에 속해 있던 대통령 기록물
을 체계적으로 보존·활용할 수 있는 제도적 기반이 마련되었다.

3) 국회기록물 관리규칙

이 규칙은 공공기록물 관리에 관한 법률에서 위임된 사항과 그 시
행에 관하여 필요한 사항을 규정함을 목적으로 2011년에 시행되었
다. 이 규칙의 적용을 받는 소속기관은 국회법 제21조부터 제22조 3

까지의 국회사무처, 국회도서관, 국회예산정책처, 국회입법조사처 등을 말한다. 또한 처리과란 문서의 수발 및 사무 처리를 주관하는 과·팀 및 이에 상당하는 담당관과 위원회(「국회법」 제5장의 위원회를 말한다)를 말한다.

이 규칙에 따라 소속기관은 법 제16조에 따라 다음 각 호의 사항을 기록물로 남겨 관리하여야 한다.

첫째, 공식적으로 결재 또는 접수한 기록물, 결재과정에서 발생한 수정 내용 및 이력 정보, 업무수행 과정의 보고사항, 검토사항 등의 기록물

둘째, 국회의 제도·운영 및 활동과 관련하여 국회 규정으로 정하는 사항에 관한 조사·연구·검토서, 회의록 및 시청각기록물

셋째, 국회의장·부의장·위원회위원장 및 소속기관의 장이 수행하는 주요 업무 활동 관련 기록물

넷째, 그 밖에 국회도서관장이 국회기록물로 관리할 필요가 있다고 인정하는 기록물

또한 소속기관이 기록물을 생산 또는 접수한 때에는 그 기관의 전자기록생산시스템으로 생산 또는 접수 등록번호를 부여하고 이를 그 기록물에 표기하여야 하며, 국회도서관장이 정하는 등록정보를 전자적으로 생산·관리하여야 한다. 다만, 제2조 제7호에 따른 행정정보시스템으로 생산된 행정정보 중 기록물의 특성상 등록번호를 부여할 수 없는 경우에는 전자기록생산시스템으로 해당 기록물의 고유한 식별번호를 부여하여 등록번호를 대체할 수 있다.

4) 법원기록물 관리규칙

이 규칙은 공공기록물 관리에 관한 법률에서 위임된 사항과 그 시행에 관하여 필요한 사항을 규정함을 목적으로 2015년 시행되었다. 이 규칙은 법원행정처, 사법연수원, 사법정책연구원, 법원공무원교육원, 법원도서관, 양형위원회, 각급법원 및 그 소속기관에서 생산·접수되는 모든 기록물의 관리에 적용된다. 다만, 재판·등기·가족관계등록·공탁기록물의 관리에 관하여는 관련 대법원규칙에 특별한 규정이 있는 경우에는 당해 규정에 따른다.

이 규칙의 적용을 받는 각급 기관이 기록물을 생산 또는 접수한 때에는 그 기관의 전자기록 생산시스템으로 생산 또는 접수 등록번호를 부여하고 이를 그 기록물에 표기하여야 하며, 영구기록물관리기관의 장이 정하는 등록정보를 전자적으로 생산·관리하여야 한다. 또한 각급기관은 업무수행과정이 반영되도록 단위업무의 범위 안에서 사안별로 1개 이상의 기록물철을 만들어 발생순서에 따라 기록물을 편철하여야 하며, 처리과의장은 단위업무별 기록물철 작성기준을 정하여 기록물이 체계적으로 편철·관리되게 하여야 한다. 각급기관이 기록물철을 작성한 경우에는 전자기록생산시스템으로 기록물철분류번호를 부여하고 그 기록물철에 이를 표기하여야 하며, 영구기록물관리기관의 장이 정하는 등록정보를 생산·관리하여야 한다. 기록물철의 분류번호는 시스템 구분, 처리과기관코드, 단위업무코드 및 연도별 기록물철등록연번으로 구성한다. 각급기관은 전자적 형태로 생산되지 아니한 기록물을 대법원내규가 정하는 방식에 따라 기록물 분류기준 및 기록물 종류별 관리에 적합한 보존용 파일 및 용기에 넣어 안전하게 관리하여야 한다. 각급기관은 업무수행과정이 반영되도록 단위업무의 범위 안에서 사안별로 1개 이상의 기록물철을 만들어 발생순서에 따라 기록물을 편철하여야 하며, 처리과의장은 단위업무별 기록물철 작성기준을 정하여 기록물이 체계적으로 편철·관리되게 하여야 한다. 아울러 비밀기록물 원본의 보존기간은 기록물철 또는 건 단위로 정해야 하는데, 비밀기록물의 보호기간이 변경된 경우에는 변경된 보호기간 이상으로 보존기간을 재책정하여야 한다.

제 4 장

기록관리와
기록평가 선별론

1. 기록관리

　기록관리란 기록의 생산·유지·활용·처분의 체계적 통제를 목적으로 하는 관리 분야이다. 가록 관리는 기록을 적법·적절하게 생산·관리하여 효율적으로 사용하고, 불필요한 기록을 폐기하고 증거적 가치나 영구 보존 가치가 있는 기록을 보존하여 쉽게 검색 활용할 수 있게 하는 일을 말한다. 일반 조직이나 기관에서는 현용 기록의 관리를 기록 관리라고 인식한다. 기록 관리에는 조직의 모든 사람이 수행해야 하는 일반적인 기록 관리와 기록 관리 전문가가 수행하는 전문적인 기록 관리가 있다. 전자는 주로 '일반 기록 관리'라 하고, 후자는 '전문 기록 관리'라고 한다. 호주에서는 보존 기록 관리를 포함하여 '레코드키핑(recordkeeping)'이라고도 한다.

　일반 기록 관리는 기록의 생산과 분류·편철·보관·사용 등 업무를 수행하는 모든 사람이 하는 기록 관리를 말한다. 전문 기록 관리는 기록관리체제의 수립·운영·평가·기록의 조직·정리·기술·폐기·이관·자동화·보존 등 조직의 기록 관리 전문가가 수행하는 기록 관리 업무를 말한다. 기록 관리 업무는 종이 문서뿐 아니라 모든 기록된 정보를 총괄하므로 전자 기록 관리 등 정보 관리 업무의 기술을 채택한다.

현대의 기록 관리는 다음과 같은 업무를 포함한다. 기관이나 조직의 업무나 거래의 완전하고 정확하고 신뢰할 만한 증거를 법규에 따라 혹은 업무의 필요에 따라 효율적으로 생산하고 유지하는 일, 그렇게 생산·접수된 기록 정보를 효율적으로 분류·정리하여 효과적으로 업무에 이용할 수 있게 하는 일, 생산된 기록의 적절한 보유기간을 결정하는 일, 생산된 기록을 필요한 기간 동안 기록을 생산한 조직이나 기관에서 적절하게 관리·보존하는 일, 현행 업무에서 더이상 사용되지 않는 기록을 폐기나 이관 시점까지 보관하며 필요시 업무에 활용할 수 있게 하는 일, 보유 기간에 따라 기록을 폐기하거나 보존 기록관에 이관하는 일, 기록의 항구적인 보존 및 검색 이용을 가능케 하는 일, 효율적인 기록 관리를 위해 기록관리 시스템을 설계하고 운영하는 일, 기록 관리 업무 시스템을 자동화하는 일, 기록을 적절한 보존 환경에서 잘 보존하는 일, 비상시 기관의 업무를 정상적으로 운영할 수 있게 재난 대비 프로그램과 필수 기록 관리 프로그램을 수립·유지하는 일, 전자 기록의 관리 등이 이에 해당한다.

기록 관리는 행정이나 경영 관리의 한 부분이지만 그 이상을 의미한다. 즉, 기록 관리는 조직의 자산 관리이며, 조직의 핵심 기능을 지원하는 서비스로, 조직의 효율성 증진에 기여한다. 기관이나 조직의 운영상의 필요와 책임 행정을 구현하고, 사회의 기대를 충족시키기 위해서 기록을 관리하는 업무 원칙이자 조직적인 기능이다.

2. 기록평가

기록 관리에 대해 쉘렌버그(Theodore R. Schellenberg) '모든 기록 관리의 목적은 가치 있는 기록을 보존해서 그 기록을 이용할 수 있게 하는 것.'이라고 하였다. 이와 같은 목적을 수행하기 위하여 선별이 이루어지는데, 선별이란 '기록관에 이관된 자료 중 내재된 가치에 의하여 보존되어야 할 기록을 식별해 내는 과정'이라고 정의된다.

선별과 함께 평가가 수행되면, 평가의 정의는 '기록관에 이관될 충분한 가치가 있는 기록을 식별해 내는 과정' 또는 '법적인 근거와 기록의 잠재적 유용성에 기반하여 기록이 보유되야 할 기간을 결정하는 과정'이라고 할 수 있다.

이처럼 기록의 선별과 평가는 '기록 각각에 가치와 의미의 중요성을 부여하여 보존되어야 할 기록을 식별하는 작업' 또는 '실제 업무 환경에서 이론적으로 말하는 가치를 파악하고 판단하여 기록의 보존 여부와 보존기간을 결정하는 작업'이라고 정의될 수 있다.

이렇게 평가 작업은 기록의 예상 수명을 결정하는 기능과 영구보존 가치를 지닌 기록을 선별하는 기능을 가지는데, 기록의 선별과 평가 업무는 세 가지 관점에서 수행될 수 있다.

첫째, 업무활용을 위한 활용가치이다. 이는 기록 생산기관에서 각 업무상 필요한 기간만큼 그 보존기간을 정하는 것으로, 업무상의 필요성, 법률 규정상의 요구사항 등 반영. 업무담당자의 지식과 경험에 근거하여 내리게 되는 판단에 1차적으로 의존한다.

둘째, 증거적 가치(증거능력)이다. 이는 사회 전반에 걸친 주요한 사안 및 권리에 대한 가치를 지닌 자료인가를 평가이다.

셋째, 연구적 가치이다. 이는 기존에 이용된 기록의 내용과 범위를 기반으로 앞으로 중요하게 여겨질 주제나 문제점을 예상하여 기록의 가치를 평가이다.

이처럼 기록평가에는 다음과 같은 의미가 함축되어 있다. 첫째는 현용 단계가 종료된 후 기록을 보존 기록관으로 이관할 가치가 있는지 여부의 결정이다. 둘째는 법적인 요건 및 활용 필요성에 따라 특정 기록을 보존해야 하는 기간의 결정이다. 셋째는 기록에 대한 금전적 가치의 산정이다. 마지막으로 넷째는 기록을 얼마 동안 유지할 것인가를 결정하기 위한 목적으로 이루어지는 업무 활동의 평가이다.

기록의 평가에서 가장 중요한 요소는 기록이 만들어진 직접적인 목적을 넘어서는 계속적인 가치의 확인이다. 기록 평가에서의 분석 대상으로는 기능, 내용(content), 맥락(context), 접근성(accessibility), 비용 타당성(cost-benefit) 등 5가지를 들 수 있다.

먼저 기능 분석에서는 개인이나 집단 또는 조직이 기록을 생산 또는 입수한 목적을 가늠하고 그러한 목적들의 상대적 중요성에 우선순위를 두고 판단한다. 기능 분석에서는 조직적 위계에서의 기록 생산자의 위상, 기록 생산자의 기능 중요성에 따른 중요 도큐멘테이션 등에 대한 분석이 이루어진다.

내용 분석은 기록 속에 담긴 정보의 질과 중요성에 우선순위를 두어 판단하는 것으로서, 기록에 포함된 주제의 중요도, 중요도에 따른 주제의 완전성, 시간 포괄성 등 도큐멘테이션의 질에 대한 분석이 진행된다.

맥락 분석은 다른 기록 정보원과의 관계를 통해 기록의 지속적 가치를 판단하는 것으로서, 물리적 사본의 존재 여부, 동일 정보를 담은 다양한 형식의 기록 중 최적의 형식을 가진 기록의 검토, 원본을 대체할 수 있는 기록의 존재 여부, 다른 기록과의 내용적 연관성, 동일한 주제에 관한 기록으로서의 희소성 등에 관한 분석을 말한다. 접근성 분석은 기록에 접근하는데 작용하는 물리적·지적·법적 조건에 우선순위를 두고 기록의 지속적 가치를 판단하는 것이다. 접근성 분석에서는 보존 기록관 이용자, 이용자의 정보 요구, 현재까지의 이용을 토대로 한 잠재적 유용성, 기록 접근에 대한 물리적·지적·법적 장애 요인 등에 대한 분석이 이루어진다.

비용타당성 분석은 기록에 담긴 정보 가치 대비 보존 비용의 타당성 여부를 판단하는 것이다. 비용 타당성 분석에서는 기록의 확인·평가·이관에 드는 비용, 정리 및 기술 등의 처리 비용, 보존 비용, 매체 수록비용, 재평가 비용 등에 대한 검토가 이루어진다.

이 밖에도 기록 평가 기법에는 기록이 만들어진 기능이나 사회적 요인 등과 같은 거시적 요소에서 출발하여 개별 기록으로 내려가는 하향식 접근 방법과 개별 기록으로부터 상층의 요소로 진행하는 상향식 접근 방식 등이 있다.

기록관에서의 기록물 평가는 보존기간이 만료된 한시기록물을 대상으로 지속적인 이용가치 및 보존가치 등을 검토하여 보존 여부를 판단하는 업무이다. 이와 관련된 법령은 공공기관의 기록물 관리에 관한 법률 제43조와 규칙 제35조로 평가 업무 시기는 기관별 평가 계획 수립 및 일정에 따라 추진한다. 기록물 평가절차는 다음과 같다.

첫째, 대상 선정으로, 이때 기록관 담당자는 전년도에 보존기간이 만료된 보존기간 10년 이하 한시기록물을 대상으로 선정하여 목록을 작성한다.

둘째, 처리과의견조회로서, 이때 기물을 생산한 처리과에 대상기록물의 보존기간, 보류, 폐기에 대한 의견을 회한다.

셋째, 기록물관리전문요원의 심사로서, 이때 기록물관리전문요원은 기록물 처리과의 의견을 참조하여 해당 기록물의 보존가치를 평가하고 그 결과를 사유와 함께 재책정, 보류, 폐기 등으로 구분하여 기록물평가심의서를 작성한다.

넷째, 기록물평가심의회로서, 이때 민간위원 2명 이상을 포함한 5명 이내의 위원으로 구성된 기록물평가심의회를 개최하여, 기록물의 보존기간을 심의·의결한다.

한편 기록물의 폐기 권한 규정은 다음과 같다. 먼저 처리과에서는 단 한 건의 문서도 폐기할 수 없으며, 기록관에서 주관하여 폐기한다. 폐기할 때 기록물관리전문요원의 심사는 필수적인 절차인데, 다만 시행령 부칙 제5조에 따라 다음에 해당하는 기관은 지정된 기간까지 기록관 또는 특수기록관에서 기록물관리업무에 종사하는 일반직공무원·특정직공무원 또는 별정직공무원이 기록물 심사업무를 담당할 수 있다.

한편 기록물 폐기 시 유의사항은 다음과 같다. 먼저 기록물의 폐기는 원상회복이 불가능하므로 엄정한 절차에 따라 평가하여 신중하게 폐기 여부를 결정한다. 다음 폐기로 결정된 기록물은, 기록물이 유출되거나 재생되지 않도록 적법한 절차에 따라 폐기하고, 기록물의 폐기 집행 시 대상 기록물이 유출되지 않도록 각별히 주의하고, 기록물의 완전 삭제 및 물리적 형태가 완전히 소멸되는 과정을 공공기관의 직원이 입회하여 모든 작업이 종료될 때까지 감독한다.

3. 수집과 평가정책

수집정책은 선별절차의 토대가 되는 것으로 기록관의 컬렉션을 체계적으로 구성하고, 수집범위를 설정하는 지침이다. 수집정책의 수립은 평가 업무의 첫 단계이며, 합리적인 선별결정의 지적인 틀 제공. 불필요한 컬렉션을 필터링하고, 평가결정의 일관성을 유지하게 하는 역할이다. 수집정책은 다음과 같은 순서로 진행된다.

(1) 수집정책 개발

수집정책은 기록관의 목표와 기록관이 지닌 자원 및 내외적 환경에 대한 기초적 분석을 토대로 개발되어야 한다. 햄(Ham1993)이 제시한 유용하고, 실현 가능한 수집정책을 수립하기 위한 분석 내용이다.

(2) 소장 컬렉션 분석

소장 컬렉션에 대하여 주제, 지리적 범위, 시간적 범위, 기록의 양 등 보존기록의 유형 조사하는데, 그 과정은 첫째 컬렉션의 특징을 분석하고, 질적 평가를 수행하여 컬렉션의 장단점 파악하는 것이고, 둘째 수집의 초점과 우선순위를 체계적으로 결정하는 개념적 틀을 완성하는 것이다.

(3) 기능 분석

기록을 생산한 기관의 성격과 활동을 분석하여 기록 선별의 배경

정보를 획득한다. 다음으로 각 단위의 기능에 관한 연구와 기관에서의 중요성을 평가하고 판단함으로써 수집대상의 우선순위와 범위를 구축하여 기록을 선별한다.

(4) 수집대상 분석

기록관 밖의 자료를 분석하여 선별할 자료에 대한 정보를 획득한다. 다음으로 수집대상을 분석하고 수집할 방법을 찾기 위해 탐색과 자문을 병행한다. 탐색은 서고, 캐비넷, 컴퓨터 파일 등을 탐색하여 수집할 문서의 범위와 영역을 결정하는 과정이다. 이에 비해 자문은 문서나 기록 생산자, 보관자, 이용자들과 논의. 문서의 생성 이유, 보관 장소 및 구성, 기록의 속성과 중요성 파악하여 기록의 범위와 영역을 적절히 선별하는 과정이다.

(5) 소장환경 분석

기록관의 환경적 특성과 외부 기관간의 관계를 분석한다. 아울러 서고의 수용능력, 물리적 설비, 인력 여건, 정보의 이용가능성, 접근성 등을 검토한다. 이어서 상호보완적인 자료의 소장 여부, 타 기록관의 정책, 향후 연구지원 분야의 범위, 수집대상의 범위 등에 대한 조사를 실시한다. 이렇게 함으로써 수집정책의 실현 가능성을 높여 준다.

1) 수집정책 작성

앞의 분석 토대로 기관의 자체적 특성을 고려하여 작성하는데, 다음에 언급하는 수집정책의 기본 요소(햄, Ham 1993)를 참조한다.

(1) 기록관 사명 및 목적

기록관에서 이루어지는 모든 판단과 활동을 규명하여야 하며, 이는 구체적이고, 미래지향적이어야 한다. 일반적으로 수집 프로그램의 일반적인 영역과 수집 프로그램이 근거를 두고 있는 법적·행정적 권한에 관한 내용과 의무사항 포함한다.

(2) 수집분야

주제, 출처 중심, 기관 수행 기능과 활동에 따라 정의되며, 수집분야의 컬렉션 분석이나 기능분석 결과로 추출된 현 컬렉션의 장단점을 근거자료로 제시된다.

(3) 수집지침

기록관리자의 업무편람으로서 역할하며, 구체적이고, 체계적으로 작성되어야 한다. 수집지침은 다음과 같은 내용을 포함하여야 한다.

첫째, 수집분야, 수집 우선순위 설정.

둘째, 수집 노력의 적극성 정도 지시: 권유수준, 수용수준, 단계별 정도 등

셋째, 수용조건 기술: 소유권, 접근제한, 기록관 지원청구, 재정관련 문제, 수용 대상제한, 보유조건 등 이전과 기증에 대한 사안 명확히 기술

넷째, 특수한 경우를 대비한 예외조항 설정

(4) 타 기관과의 협력

포괄적이고 특징적인 기록을 수집하기 위해 타 기관과의 협력 필요하며, 다음과 같은 사항이 권장된다.

첫째, 기록 소장처 및 소장자와의 협력 유형 및 업무 사항 명시

둘째, 수집 범위 밖의 컬렉션은 타 기관에 양도 권장

셋째, 이관 이후, 생산자들 혹은 소장자들의 기록 및 보호에 대한 책임 공유 권장.

(5) 처분

처분의 당위성보다 처분의 방법과 절차에 관련된 조항이 포함되어야 하며, 이때 법적인 조치, 매각, 양도, 반환, 폐기 등의 다양한 방식으로 기술되어야 한다.

2) 평가정책

평가는 기록의 가치를 결정하는 과정으로 기록의 활용과 가치를 고려하여 기록의 이관, 폐기 및 추후 검토 계획을 수립하는 과정이라 할 수 있다. 평가정책은 평가결정을 위한 일관된 평가절차와 평가범주 및 세부적 지침을 제공하여 평가결정을 객관화하며 평가과정을 체계화시키는 목적을 가진다. 서은경(2006)은 평가정책을 아래와 같이 설명하였다.

첫째, 영구·장기적 보존을 위하여 기록관이 수행해야하는 합리적인 평가절차와 절차기준 제시

둘째, 보유기간 결정에 도움

셋째, 영구기록으로서 보존하기를 원하는 기록의 종류 제공

넷째, 영구적 폐기기록의 선정기준 제시하여 고의적·임의적 기록 폐기의 위험성 경감

다섯째, 기록관 소장 기록의 명확한 성격과 특징 부여

여섯째, 이용자에게 기록의 보유와 관리의 가이드라인 제시

평가정책을 수립할 때 고려되어야 할 원칙과 내용은 다음과 같다.

(1) 평가정책 원칙

원칙은 조직 또는 시스템이 지녀야 할 의무와 권리, 기능, 활동 등에 대한 정의와 범위를 서술한다. 평가정책 원칙은 평가정책이 수립되기 전에 이루어져야 할 요건과, 정책에 포함되어야 할 기본적 요소를 제시하는데, 구체적으로 다음과 같은 내용이다.

첫째, 기록관의 임무, 목표, 업무기능 및 활동, 다른 기관과의 상호관계에 대한 이해 선행되도록.

둘째, 기록관이 수집하고자 하는 기록의 범위, 내용, 형태별 보존기간 제시.

셋째, 평가가치 측정기준 정립. 중요한 평가가치 및 가치 판단 세부요소 지정. 가치 기준과 요소 개발위해 모 기관과 기록생산자의 기능과 활용 분석.

넷째, 기록의 평가방식, 평가주기, 재검토 등 절차과정을 정립하여 상세히 제시.

다섯째, 기록평가 이후에 오는 가치의 변화를 받아들일 수 있는 선택적 결정이 가능토록.

(2) 평가정책 작성

기록의 보유와 폐기에 대한 결정을 정부나 사회에 설명할 책임 완수위해 문서화 필요. 향후 이루어질 수 있는 재검토에 대비한다. 결정의 배경이나 논리에 대한 기록 역시 필요하다. 평가정책에 포함되어야 하는 기본 요소는 다음과 같다.

첫째, 평가정책 목표

기록관의 사명 및 특징, 평가정책의 목표를 진술하는 것이다. 목표는 기록관 특성과 전반적인 업무내용, 업무적 성능, 기관과 이용자 간의 관계 설명해주고, 평가 작업이 원활히 그리고 일관성 있게 진행될 수 있도록 인도해 주는 역할을 한다. 따라서 평가정책의 목표는 구체적, 미래지향적, 포괄적 성격을 가진다.

둘째, 평가의 목적

기록관이 기록을 선별하는 목적 기술. 보유가치 결정에 필요한 고려사항 및 보존기록으로 선별되는 기준을 제시해야 한다. TNA(The National Archives)는 평가 목적을 "최고의 보존가치를 지닌 기록 선별"과 "유일한 기록의 보존을 위한 복본자료 폐기"라고 정의하였다. NARA는 영구보존하는 기록의 유형을 다음과 같이 제시하였다.

① 법률적 직위, 권리, 개인 및 단체에 대한 기록으로 지속적으로 중요성이 유지되는 기록

② 중요한 정책 결정과정, 연방정부의 업무절차 및 의사결정 과정의 근거가 되는 기록

③ 외교관계 및 국방 운영의 근거가 되는 기록

④ 사회·경제·환경에 대해 수행된 정부의 정책과 활동의 근거가 되는 기록

⑤ 개인, 커뮤니티, 환경에 대해 수행된 정부의 정책과 활동의 근거가 되는 기록

⑥ 국민 개개인, 커뮤니티에 대한 지식과 이해에 실제적으로 도움을 주는 기록

셋째, 평가기준

평가기준은 평가의 일관성과 객관성을 유지하기 위한 것으로서 업무적 가치, 증빙적 가치, 역사적 가치, 사회적 가치 등을 고려해야 한다. 아울러 영구적 가치를 지닌 기록의 선별 지표, 평가 요인(출처, 진본성, 무결성, 완결성, 유용성, 보존가능성, 맥락관계, 위험관리 등)이 기능분석 시 고려사항에 포함되어야 한다.

넷째, 평가절차

평가절차는 평가 작업을 체계적이고, 일관성 있게 수행하기 위한 업무프로세스이다. 상위 수준의 주요 업무를 파악하여 골격을 설계하고, 실제 업무에 대한 모범실무를 규명하여 효율적인 처리가 가능하도록 한다.

NAA(National Archives of Australia)에서 제시한 하향접근방식의 평가는 절차는 다음과 같다.

① 기관의 세부기능을 명확히 하기 위해 기관의 행정적 역사, 활동, 법률적 환경 조사.

② 부서나 기관의 업무기능, 활동, 거래내역 등을 분석하여 부서 기능에 대한 개념적 모델 구축 및 대내외적 관계 파악.

③ 각 기관의 보존요구 파악. 기록의 생성, 유지, 보존을 결정하기
  위한 위험분석을 수행.
④ 기록관리와 폐기의 권리를 각 기관에서 이양 받을 것.
⑤ 인증된 기록보존 계획에 따라 선별과 폐기 절차 적용.
⑥ 절차적 통제 및, 필요시 재평가 실시.

다섯째, 특별 고려사항
① 시간의 흐름에 따른 변화를 반영하는 재평가 관련 사항
② 전자매체에 수록된 기록의 평가와 처리방법
③ 사회적 가치와 기대를 기반으로 하는 거시적 평가방법
④ 기록관이 소장한 기록의 역사적 가치나 내재적 가치를 재정의
  할 때 필요한 사항

(3) 평가 절차와 기준

평가 선별은 결정에 관한 해명이 타당하다는 것을 인정받을 때를 의
미하며 다음과 같은 절차가 필요하다. 평가 선별 절차는 다음과 같다.
① 기록관의 현재 목표와 자료 이해: 기록관 소장 기록에 대한 광
  범위한 리스트를 작성하여 컬렉션의 특정주제 분포 및 포괄성
  을 확인, 질적 기준에 따라 양질의 자료 파악
② 우선순위 부여: 컬렉션 분석을 위하여 만들어진 카테고리에 기
  록관의 사명과 컬렉션의 장단점을 기반으로 하여 우선순위
  부여44)

---

44) 대학 기록관: 문화촉진, 지식전달, 연구수행, 공공서비스 제공, 기관의 유지 등의 특성을 중심으로
   각 기관에서 중요하게 생각하는 우선순위를 부여하여, 추후 선별로 이어질 수 있도록 한.

③ 수집수준 부여: 기록의 중요도에 따라 부여할 수 있다[45]

④ 선별 대상 결정

위 단계에서 명시된 내용을 다음과 같이 질문할 수도 있다.

- 해당 기록은 기관의 수집정책에 부합하는가?
- 그 기록은 우선순위에 해당하는가?
- 수집수준에 적합한가?

⑤ 지표나 기준에 따라 평가 수행: 대상기록 보유여부 최종 결정. 평가결정은 기록관이 지정한 평가기준에 따라 기록에 가치와 중요도에 따른 우선순위를 부여함으로써 이루어짐.

3) 평가기준

- 각국의 대표 기록관리기관에서 실제 사용하고 있는 평가기준

(1) 영국의 TNA(The National Archives) - 쉘렌버그의 기준 이용

① 1차적 가치: 업무적 가치, 증빙적 가치

② 2차적 가치: 역사적·사회적 가치(미래 이용자들에게 역사적 연구 자원으로 활용되는 가치)

◇ 영구적 가치를 지닌 기록 선별 시 이용 지표 ① 기관의 종류, 각 기관별 정책과 사안 ② 처리와 절차과정 ③ 사회적 요인 ④ 물리적 환경의 변화

---

45) 미네소타역사학회: '모두 수집'에서 '수집하지 않음'까지 다섯 개의 단계로 수집 수준을 미리 정의

(2) 미국의 NARA(National Archives & Records Admi nistration)

① 연구적 자료로서의 중요성
② 맥락에서의 중요성: 업무 및 기능으로 연계된 부서나 기관 간의 관계에서의 기록의 역할과 기능 파악
③ 정보의 유일성: 기록평가는 다른 기록과의 비교에서 이루어져야
④ 유용성
⑤ 증거적 자료로서의 중요성: 미국 시민의 권리, 연방 정부 및 기관의 활동과 의사결정, 국가적 활동 등의 내용을 담은 기록을 우선적으로 선별
⑥ 활용될 수 있는 시간의 폭: 기록 활용 시간의 범위가 길수록 연구적 가치 높음
⑦ 다른 영구보존 기록과의 관계: 내용적·보존적 가치가 더 높은 기록을 우선적으로 영구보존

(3) 캐나다의 LAC(Library And Archives Canada)

: 도서관과 기록관이 통합됨. 기능별로 세분화된 부서에서부터 진행되는 기록 평가방식이라기보다는 국가기록 전체를 보고 주제별로 이루어지는 거시적 평가. 국가기록에 대한 거시적 평가를 적용하는 데 필요한 지침 성향.
① 기관, 정부, 사회, 그 외 중요 영역의 기능이나 프로그램의 영향력 정도
② 한 기관의 구조와 예산의 지출력을 기반으로 한 부서 기능의

폭과 복합성 정도

③ 대상 기능 영역에서 또는 상호 관련된 영역에서 활동하는 위원
회의 영향력 정도

④ 부서나 단위조직의 기능적 리더십 정도

⑤ 현재 그리고 미래에서도 계속적으로 그 기능을 수행할 수 있는
연속성 정도

⑥ 중앙본부가 아닌 지역적 조직단위가 지닌 자치력 정도

⑦ 앞으로 개개인의 연구 자료로 사용하게 될 유일한 기록의 역사
적 가치 정도

⑧ 연간보고서, 성명서, 정책, 고위 관리자 파일, 그리고 매뉴얼
등에서 제시된 정보("공식적인 라인")의 현실성 정도

◇ 미시적 평가 요인

① 기록철의 완벽성과 포괄성 ② 진본성 ③ 유일성

④ 다른 기록과의 관련성 ⑤ 날짜와 시간의 기간

⑥ 범위 ⑦ 유용성 ⑧ 조작가능성 ⑨ 기록의 물리적 상태

⑩ 법률적 가치 ⑪ 본질적인 가치 ⑫ 정보적 가치

(4) 호주의 NAA(National Archives of Australia)

: 연방기관의 기능과 활동에 연관된 기록들을 등급별로 분류하고
또한 출처별로 구분. 평가에 있어 가장 효과적인 틀이 출처라고
인식. 출처별 기능을 ①호주의 연방정부의 기능의 중요성 ②프
로그램·이슈·업무와 관련된 결정이나 집행의 중요성 ③호주
국민의 권리와 관련 정도 ④국제정세와의 관련 정도에 따라 분

석하도록 규정하고 있다.

전체적인 기록평가는 ①생산자가 채택한 보유기간 ②업무적 참조 요구 정도 ③부서업무의 의존도 및 책무 정도 ④지역사회의 기대 정도 등에 의하여 우선적으로 이루어지도록 제시하고 있다.

그 외 평가기준 요건은 앞에서 기술한 대로 ①출처와 진본성 ② 무결성과 완결성 ③이용가능성 및 유용성 ④보존 가능성 ⑤기록간 의 문맥적 관계와 종속성 ⑥유지 위험관리 등을 중심으로 기준을 정한다.

(5) 한국의 국가기록원: 기록의 가치를 이용자에 의한 수요를 우선하다.

▶ 가치형성요소
① V/A/L/U/E: Volume(수량), Activity(활용도), Legal(,법적 효용성), Use(보존 필요성), Economy(회계)
② H/A/L/F: Historical Value(역사적 가치), Administrative & Operation Value(업무활용가치), Legal Value(법률적 효용성), Fiscal Value(재정, 회계 등의 근거가치)

▶ 평가기준
셀렌버그가 제시하는 1.2차 가치를 수용하여 정리한 평가기준에 준하여 생산자 위주로 평가되는 1차적 가치 (행정적. 법적. 재정적 가치)와 사람들에게 유용하며 오랫동안 지속되는 2차적 가치 (증거적. 정보적 가치) 그리고 그 외 내용, 유래, 유효성, 형태, 생산시기, 판본, 신빙성 분석 등을 준거로 활용하여 기록물을 평가한다.

▶ 가치평가시 고려사항

무엇 보다 우선적으로 자료의 출처, 내용, 독창성, 활용성 파악 고려하고 다음으로 문서군의 중요성을 평가한 뒤 개별적인 문서의 중요성 평가한다. 그리고 기록관은 해당 기록물의 생성이 조직 상층부의 정책개발, 사업관리, 정부기관의 설립과 역사에 관한 문서는 파급효과나 영향력이 큰 것이므로 그 중요성 고려하여 보존가치를 평가한다.

4) 재평가와 처분

(1) 재평가(reappraisal)

라포트(Rapport, 1981)는 보존 기록 중 가치가 의심스러운 기록은 계속 보존할 필요가 없으므로 재평가를 실시해야 한다고 주장하였다. 한편 햄(Ham 1993)에서는 기록물의 입수나 이관 시 자료를 평가한 후, 보존되고 있는 기록들을 정기적으로 재평가하여야 한다고 주장하면서 부적합한 기록들을 미래의 기록 관리자에게 떠넘기는 것을 막을 수 있는 장점이 있다고 기술하고 있다.

(2) 재평가 업무의 기본적인 원칙(서은경 2006)

기록의 재평가의 기능은 소장물의 질을 향상사키고 자원을 효율적으로 사용할 수 있도록 도와주는 것으로 기록관에서 재평가 업무

는 위기관리 도구가 아닌 기록 보존을 위한 컬렉션 관리도구로 사용
되어야 한다. 기록 재평가가 제도화하기 위해서는 재평가정책이 수
립되어야 하는데 이는 재평가 목적 및 사명, 재평가 범위 및 기준,
세부적 지침과 고려사항, 예외조건, 재평가 결과에 대한 처리 사항
등이 포함된다. 기록관은 기록물들이 각 기관에 적합한 재평가 업무
프로세스를 수립하여 재평가를 실시하는 기록관은 기록 보유여부에
대한 완전무결한 결정을 내리는 것이 아니라 분별 있는 결정을 내리
는 것을 목표로 삼아야만 한다. 기록물의 재평가의 결과는 기록 처
분과 직접적으로 연결되기 때문에, 현 보유기록에 대한 재평가 결정
에 대한 재검토와 승인 작업이 필요하다. 상위 운영자 및 외부 전문
가에 의한 재검토는 평가결정에 대한 책임을 분담해 주는 역할을 하
며, 행정적 기관장의 승인절차 역시 평가자의 부담을 덜어 주고 완
충장치 역할을 해 줄 수 있다. 또한 디지털 기록에 대한 재평가 절차
에 대한 인식과 이에 부합하는 전문적인 기술과 평가능력이 요구되
기 때문에 지속적인 재평가 업무가 수행되기 위해서는 관련 분야의
지속적인 교육과 전문적인 직능이 수반되도록 해야 한다. 기록관은
기록물의 최초 평가를 소홀히 해서는 안 되며, 모든 평가 작업이 신
중하게 시적으로 수행되도록 노력해야 한다.

(3) 처분

기록물의 평가에 따른 후속조처로 처분 판결이 나면 이는 재평가
결정에 따라 더 이상 보유 않기로 판정 받은 기록을 제거하는 작업
을 말한다. 다우어(Dower 1984)는 기록물의 평가 후 이루어지는 처
분은 '보존관리의 정당한 기능'이자 컬렉션 개발에 있어 필수 '적 요

소라고 했다. 그렇기 때문에 보존기록 관리자들은 뚜렷한 처분 근거 수립 및 처분 결정 후 처분 방법에 큰 관심이 필요하다.

처분 유형과 단계(Ham 1993)는 기증자에게로의 반환, 더 적합한 기관으로의 이관, 매각, 기록 폐기등의 방법이 있다. 기록물의 이관은 가장 적합한 방법으로 인정받고 있으나 이관 절차에 따른 많은 시간과 노력이 요구되며 이관비용이 드는 단점이 있다.

달렌(Doylen 2001)에서는 기록물의 매각은 자금 면에서는 이익이 될수 도 있지만 소유권, 제한사안, 비용처리 등 조사 후 시행되어야 한다고 했다.

기록물의 폐기는 기록물의 보존 필요성이 소멸되어, 기록 실체 및 관련 정보를 완전히 제거하는 행위로 엄밀한 의미에서 복제본이나 해당 정보를 담은 매체본의 폐기까지를 포함하기 때문에 무엇보다 신중한 결정이 요구되며 개인정보나 업무상 보안성 정보 유출 등에 유의해야 한다. 여기에는 반드시 폐기되는 기록의 형태, 폐기기록의 양, 폐기되는 기준, 폐기되는 일자, 폐기 방법 등이 반드시 기록되어야만 한다.

처분업무 수행 시 고려 사항은 다음과 같다.

처분은 기록에 내재한 유일한 정보를 영원히 상실시키는 작업임을 명심하고 처분시점은 곧 기록이 더 이상 보존되어야 할 필요가 없게 된 시점으로 적시에 처분해야 한다. 더 이상 보존 필요 없다고 명백히 인식되는 대상만 처분하도록 주의해야 하며 절대적인 신중함이 필요한 일임을 명심해야 한다. 또한 업무수행의 책임회피를 위한 고의적인 폐기나 관리 소홀이나 부주의로 인해 기록이 소멸되는 위험을 근원적으로 방지하기 위한 매뉴얼을 마련해야 하며, 처분심

의 절차 반드시 준수하여 제3의 권위 있는 심의기구를 거치도록 적
법절차를 구체화할 필요가 있다. 기록물의 처분결정과 집행 등의 사
실은 반드시 기록으로 보존하고 기록등록대장, 등록부, 소장목록 등
에도 처분사실 적시하고 처분 기록의 유관정보는 보존하는 것이 바
람직하다.

4. 기록 선별론

기록 선별의 기준에 관련해서는 다음과 같은 이론이 있다.

첫째 부룩스와 아우어의 선별기준이다.

브룩스는 "The Selection of Records for Preservation" 논문 (1940)
에서 기록에 '영구적 가치'를 부여하는 본질 규명이 선별 기준이라
고 하였다. 즉 기록을 실제 작성한 개인이나 기관이 그 기록에 부여
한 가치, 행정적 가치, 역사적 가치에 따라 판단하는 것이 선별 기준
이라는 것이다. 바우어는 브룩스 이론을 계승하여 '계속 보존하는데
드는 비용을 정당화할 만한 가치'와 '선별 이후의 이용 가능성 가치'
에 기반 하여 기록을 선별해야한다는 의견을 제시했다. 바우어는 비
용을 중요한 평가기준으로 고려하여 당시 큰 논란을 일으켰다. 바우
어는 기록의 효용성에 따른 우선순위에 입각하여 보존대상이 될 수
있는 기록 분류 기준을 제시하였는데, 우선 정부기관의 공식적 참고
자료, 시민권리 보호 입증 기록, 학자들의 연구에 사용되는 기록, 계
보학 또는 골동품으로서 가치가 있는 기록 등이었다.

한편 셸렌버그는 『현대 공공기록 평가 (The Appraisal of Modern

Public Records)』(1956)에서 다음가 같은 선별 기준을 제안하였다.

기록을 생산한 당사자들에게 중요하거나 유용한 가치, 의도한 본연의 가치를 1차적 가치라고 명명하고 여기에는 기록 생산자가 일상적인 행정업무 지원을 위한 업무적·행정적 가치(administrative value), 그리고 기록물의 법적의무와 권리의 보호 행사에 관련되는 법적 가치(legal value), 재정적인 영역과 관련되는 재정적 가치(fiscal value)기준을 제시하였다.

2차적 가치는 기록물이 제3자에게 발생되는 이용가치로서 일반적으로 연구적 가치를 의미하며, 역사가, 계보학자, 일반 연구자 등에게 유용한 가치라고 하였다. 2차적 가치는 기록물의 법적 의미가 아닌 역사적 의미에서의 증거와 관련된 개념으로, 여러 활동의 증거로서의 가치로 기록을 생산한 조직의 기능, 구조 등을 밝히는데 증거가 될 수 있는 것을 의미한다. 이러한 기록물은 증거적 가치(evidential value)와 아울러 정보적 가치(informational value)도 함께 지니는데 정보적 가치를 지닌 기록이나 '중요'하다고 간주되는 특정인, 특정사건 및 특정 현상에 대한 내용을 담은 다양한 종류의 광범위한 기록을 포함한다. 이 때 기록이 가진 중요성은 정보의 독창성, 형식의 집중성, 사용자의 수에 따라 판단, 정보적 가치의 판단의 기준으로 희소성·형태·중요성을 제시하기도 한다.

또한 젠킨슨은 선별 작업은 보존기록 관리자나 역사가가 아닌 기록생산 당사자인 행정가가 수행하는 것이 바람직하다고 주장했다. 즉, 기록관리자의 선별은 개개인의 판단이므로 객관화될 수 없는 반면 사안의 진행 절차 안에서 행정가는 행정적 업무의 토대이므로 신뢰할 수 있다고 생각했던 것이다. 따라서 행정기관은 역사적 증거 생산이 아닌 자체의 실용적 목적 토대로 기록 선별을 주장했는데,

이는 영국의 공공기록 평가 선별에 관한 기본제도인 '그리그(Grigg) 시스템 구축 시 많이 반영되었다. 그의 이론에서 장점은 행정가가 직접 평가 선별 업무를 수행함으로써 불필요한 기록들을 사전 폐기할 수 있으며, 보존기록 관리자들은 불필요한 기록 관리업무의 부담으로부터 자유롭다는 점을 장점으로 들었다. 반면 보존기록 관리자의 고유한 평가 선별영역을 간과할 수 있으며, 생산자가 현명한 선별자가 아닌 경우 파생할 여러 역기능에 대한 고려가 부족한 점, 현대 기록의 복잡성에 대한 검토가 이루어지지 않은 점등을 단점으로 들었다.

한편 기록의 평가선별은 기록자체가 아닌 사회가 대상이 되어야 한다는 전체론적인 접근법은 사회 전체적으로 볼 때 대표성을 가질 수 있는 (대중의)의견을 중심으로 한 기록의 선별에 중점을 둔다는 관점으로, 어떤 기록을 보존할 것인가 보다는 어떤 사건이나 현상을 다큐멘테이션할 것인가에 우선순위를 둔 이론이었다. 이는 광범위한 정보사회적 맥락 속에서 기록을 평가 선별할 필요성이 있음을 강조한 사무엘스(1991)와 콕스(1994)의 거시적 기능 분석에 의한 가치평가 이론에 많은 영향을 받았다. 이 같은 이론의 단점은 지나치게 이론 중심의 모델로 실제 상황적용에 대한 약한 검증력이라고 할 수 있다.

1) 햄의 분석적 평가이론(1993)

기록관은 그들이 어떤 기록을 남기려는지 정확하게 파악하고 있어야하며, 기관에서 실제 적용할 수 있는 수집 및 평가절차를 수립해야 한다. 볼스가 분류한 다섯 가지 분석사항을 근간으로 평가를 위한 분석기준 제시하면 다음과 같다.

기록물의 기능적 분석(funtional analysis)이 가능하기 위해서는 기록생산자와 생산목적 분석으로 해당기록의 본연의 목적과 그 중요성 평가하기 위해서는 기록내용의 세 가지 외적 요인 분석해야 한다. 첫째, 기록생산자의 조직 내 직위, 둘째, 기록생산자 또는 조직단위 기능의 중요성, 셋째, 기록 자체의 중요성 등을 고려해야 한다.

기록물의 내용 분석(content analysis)을 위해서는 기록내용의 주제적 중요성과 기록정보의 품질을 평가하는 분석이 필요하다.

기록물의 맥락 분석(context analysis)은 다른 기록정보원과의 관련성 속에서의 맥락을 고려하여 해당 기록정보의 중요성을 평가하고 복제나 대체가능성, 유일성, 희소성, 기록의 연계 등 종합적 분석하도록 구성된다.

기록물의 접근과 이용에 대한 분석(analysis of accessibility and use)은 기록 이용과 관련된 물리적·지적·법적 관점에서의 분석한다.

기록물의 보존 비용 대 효과 분석(cost-benefit analysis)을 위해서는 기록물을 보존하는 비용 대비 정보가치를 비교 검토하는 분석이 이루어져야 한다. 이러한 분석적 평가이론의 의의는 기능적 평가 수행의 기본 도구를 구체적으로 제시해준다는데 있다고 할 수 있다.

2) 베어만의 기능적 평가이론 (신젠킨슨주의, 햄의 방식대로 기록물을 일일이 평가하기 어렵다고 봄) (1993)

기록의 선별은 기관의 기능과 업무의 중요성을 기반으로 이루어져야 함을 주장하였다. 출처는 어떤 기록의 기원과 보관에 관한 것으로 활동의 증거로서 기록을 생산, 수집, 관리한 개인 또는 조직에 관한 정보로 정의하고 모든 기록물 선별의 기준은 출처임을 강조하면서 출처정보가 기록의 기능을 알려준다고 하였다.

3) 듀란티와 콕스(베어만 이론 재정립) (1994)

출처의 개념을 단지 조직에 국한시키지 않고, 조직의 변화와 상관없이 유지되는 기능에 초점을 두고 전자기록 관리환경이 대두된 것과 밀접한 관련이 있다. 보존 기록관리자의 역할은 사회적 증거와 기관이 유지되기 위해 필요한 증거를 지속적으로 보존하는 것으로 보고 생산자의 중요성에 기반하여 기록물을 평가하고 중요 조직과 기능을 미리 식별하는 기능적 평가가 필요하다고 하였다.

4) 쿡의 거시적 평가 (1997, 2004)

베어만의 기능적 평가 방식은 캐나다 정부에서 채택하였는데 쿡은 기록의 사회적 맥락과 문화적 지배에 관한 관련성을 탐구한 대표적인 거시적 평가분석의 주창자이다. 그는 기록의 발생 기반인 사회의 기능, 사회상을 잘 알려주는 기관, 그 기관의 주직과 기능의 분석, 국가와 시민과의 상호관계의 매커니즘 등에 초점을 맞추어 중요 기록 선별을 주장하였다. 그는 기록자체 평가보다는 기관이 수행하는 기능분석과 더불어 조직구조와 기록생산자의 실제 활동이나 업무로 인해 영향을 미치는 범위, 외부조직과의 관련성, 최종결재자, 예산 등을 분석하여 기록 선별하도록 하였다.

위의 내용은 다음과 같이 종합할 수 있다.

첫째, 기록 평가 선별을 위한 여러 관점과 견해가 존재한다.

둘째, 기록 평가 선별에 지나치게 엄격한 평가기존의 적용은 한정된 상황의 선별만 가능하도록 하며 평가 과정에 임의성이 너무 많이 허용되면 기록물의 평가 선별에 일관성과 체계적 틀이 부족할 수도 있다.

셋째, 조직형 기록관 등 기관의 행정적 요구에 주안점 두는 경우 행정적 접근법과 평가 틀이 선별의 주된 지침이 될 수도 있다.

넷째, 역사적 개인적 기증 중심의 수집형 기록관은 거시적 역사연구의 흐름과 맥락에 대한 안목과 지침이 필요하다.

제 5 장

기록조직론

기록은 개인이나 조직이 활동을 하고 업무를 수행하는 과정에서 생산되거나 관리되는 것으로, 기록이 생산되거나 입수된 배경이 된 그 업무 활동을 증거하고 그에 대한 정보를 제공해야 한다. 따라서 기록은 그 업무 활동에 기반하여 기록을 조직화해야 한다. 기록을 잘 조직화하면 기록들 간의 상호 관계를 쉽게 파악할 수 있고 기록을 이해하기 쉬워서 그 기록의 정보를 잘 활용할 수 있을 것이다. 이렇게 기록을 조직화 하는 것은 체계적으로 기록을 분류하고 정리하는 것이며, 기록 정보를 의미 있는 방식으로 설명하고 제공하기 위한 것이다.

쉘렌버그(Schellenberg, 1956)는 기록을 조직화하는 데에 있어, '분류(classification)'라는 용어는 현재 사용되고 있는 기록에 사용하고, 보존 기록에 대해서는 '정리(arrangement)'라는 용어를 사용한다고 하였다. 그러나 최근 각국의 기록관리 정책에서는 현용 기록과 보존 기록을 구분하지 않고, 기록의 연속체(Record Continuum) 개념에 따라 기록을 조직화하는 추세가 확산되고 있다. 전자기록시스템의 확산이라는 새로운 정보환경에서 '정리'의 개념 역시 물리적 질서보다는 논리적 질서를 부여하는 방식으로 전환되고 있다. 이제 이러한 배경 하에 기록의 조직화와 관련된 내용에 대해 원칙과 이론적 배경, 방법론 등에 대해 살펴보자.

1. 기록 조직화와 기본 원칙

1) 기록 조직화의 의미

기록을 조직화하는 것은, 기록이 생산되거나 입수되고 관리가 이루어지는 바탕이 된 업무 활동과 그 업무의 배경과 흐름이라는 맥락을 기록이 증거할 수 있고, 그로부터 의미 있는 내용을 사람들에게 전달할 수 있도록 하는 것이다. 기록을 체계적으로 분류하고 정리하여 조직화함으로써, 기록을 관리하고 이용하는 사람들이 기록들 간의 상호 관계를 쉽게 파악하고, 검색하고, 활용할 수 있다.

그러므로 기록을 조직하는 가장 큰 목적은 이용자가 원하는 기록을 쉽게 찾아서 이해하고 활용하도록 하기 위한 것이다. 이러한 목적을 달성하기 위해서, 기록을 조직할 때에는 기록에 담긴 내용뿐만 아니라 기록을 생산한 활동이나 업무 기록을 생산한 개인이나 조직을 잘 이해할 수 있도록 하고, 활동이나 업무의 흐름을 보여줄 수 있도록 해야 한다.

기록을 조직화하는 것은 이용자가 기록을 쉽게 찾아서 잘 이해할 수 있도록 하는 목적을 넘어, 기록의 평가, 접근통제, 공개관리 등 다양한 기록관리 업무를 지원하는 방편이 된다. 더 나아가 조직화를 통해 기록의 진본성(authenticity)과 증거 가치를 유지할 수 있다.

기록관리 방법과 절차는 긴 역사 속에서 발전해 왔으며, 다양한 방법들이 활용되었다. 그 과정에서 기록의 역할과 의미를 가장 잘 반영할 수 있도록 조직화하는 중요한 원칙들도 제시되었고, 또 이에 바탕을 둔 실질적인 방법들이 적용되어 왔다. 이러한 원칙들은 주로 현용 기록의 분류방법에 대해서보다는, 가치있는 기록을 수집이나 이관이라는 방법에 의해 입수한 후 선별하여 잘 보존하고자 하는 보존 기록을 대상으로 한 것이었다. 즉 보존기록에 대한 정리 방법과 그 결과를 기술하는 방법에 대해서 오랜 기간 동안 실무를 통해 고민하고 연구하여 제시된 것들이다.

2) 기록 조직화의 기본 원칙

기록의 정리 및 기술과 관련된 중요한 원칙으로 4가지를 들 수 있다. 그것은 출처의 원칙, 원질서 존중의 원칙, 계층적 관리의 원칙과 집합적 기술의 원칙이다. 앞의 세 가지는 기록의 정리와 관련된 원칙이며 마지막은 기록의 기술과 관련된 원칙이다.

(1) 출처의 원칙

출처의 원칙은 기록의 생산 출처(조직) 및 기능에 따라 기록을 분류·정리·보관해야 한다는 원칙을 의미하며, '퐁(fonds) 존중의 원칙'이라고 불리기도 한다. 출처는 SAA(Society of American Archivists)의 DACS(Describing Archives: A Content Standard)에서 '개인이나 조직이 업무 활동을 수행하는 과정에서, 기록을 생산하고 축적하고 유지하고 사용한 개인이나 조직과 기록과의 관계'라고 정의하였다.

출처의 원칙은 그 기록은 기록이 생산된 기원(origin)에 의해서 유지되어야 하며, 다른 사람이나 조직에 의해 생산된 다른 출처를 가진 기록과 섞이면 안 된다는 기준이다.

즉, 만약 기증자와 생산자가 서로 다른 사람이라면 기증자보다 생산자를 우선 확인한다는 뜻이고, 기록물의 보유자보다는 기록물의 생산자를 중점으로 한다는 의미로서, 기록물과 기록 생산자 간의 관계성을 더욱 중시하는 것이다. 또한 이는 기록물뿐만 아니라 기록 생산자에 대한 정보를 함께 보존해야 한다는 기준으로, 자료가 만들어진 배경에 대한 정보를 집적하고자 하는 것이다. (국가기록원 기록물기술규칙(안), I)

출처 존중의 원칙이 정당한 것은 하나의 기록 세트가 물리적으로, 행정적으로 한 장소에 놓여야 하며, 위치 선정은 지적 정리와 기술에 영향을 미친다는 것이다. 이는 또한 기록관의 기록 기술을 용이하도록 만들어 준다. 또 출처가 중요한 것은 기록이 생산된 맥락에 대한 중요한 정보를 보여주기 때문이며, 그 맥락은 기록의 내용과 범주에 영향을 준다.

그러나 조직이나 개인 등 물리적 주체를 출처로 보고, 이에 입각하여 출처의 원칙을 적용하는 것에 대해서는 반론이 제기되어 왔다. 기록의 형식과 내용을 규정하고 생산 및 배포절차를 관장하는 것은 생산 부서가 아니라 업무기능이며, 기능이나 활동이라는 기록의 기원(origin)을 설명해야 기록을 제대로 이해할 수 있다는 주장으로, 베어만(David Bearman)은 이를 기능적 출처 (functional provenance)라는 개념으로 정리하였다.

이는 급변하는 조직 문화와 정보 환경에 적절히 대응하기 위한 방안이다. 이처럼 출처는 전통적인 위계 구조 속의 단일 생산자와 기록을 직접 연결시키는 개념에서 벗어나 생산자의 기능과 업무과정을 반영한 보다 탄력적이고 가상적인(virtual) 개념으로 변화하고 있다. 기존의 '조직' 중심의 출처 원칙은 행정적 정치적 변화에서 생기는 복합출처 기록이나 타부서로 이관된 기능과 관련된 기록을 제대로 통제하기 어려운 반면, 탄력적인 '기능' 중심의 출처원칙은 좋은 대안이 된다. 출처가 조직의 '구조'와 '위치'보다 '기능'과 '활동'과 관련된 개념으로 정착되면서, 이는 기능분류체계 개발에 중요한 이론적 근거가 되고 있다.

퐁(fonds)

퐁(fonds)은 하나의 조직이나 가족, 개인이 생산 . 수집한 전체 기록을 말한다. 기록의 최상위 집단으로, 기록 군(records group)과 유사한 개념이다. 기관이나 개인의 기능을 수행하기 위해 기록을 생산하는 여러 부서나 개인을 총괄하는 최상위 조직이나 개인의 모든 전체 기록을 하나의 기록 퐁(fonds)으로 모을 수 있다. 이는 기록을 서고에 보존할 때나 분류, 기술할 때 존중해야 할 하나의 출처가 된다.(기록학 용어 사전2008, 268-269). 보존 기록관리에서 지적·물리적 통제를 위해 사용하는 정리 계층은 보통 가장 상위에 기록 그룹(records group)이나 컬렉션(collection) 계층이 존재하고, 그 아래에 하위 그룹(subgroup), 기록 시리즈(series, 계열>, 기록 철(file), 기록 건(item)이 존재한다. 시리즈 아래에는 하위시리즈가 있을 수 있고, 기록철은 기록 권(pan, volume)들로 분철될 수 있다.

(2) 원질서 존중의 원칙

원질서(original order)란 기록 생산자가 구축한 기록의 조직 방식과 순서를 의미한다. 원질서 존중의 원칙이란 기록물이 생산된 기관과 관련 기관의 업무 활동을 수행하는 과정에서 기록을 생산하고 축적하고 유지한 순서와 질서를 그대로 유지해야 하며, 입수된 그 형태대로, 순서에 맞게 관리되어져야 한다는 원칙이다. 이 원칙은 특정한 기록 시리즈(계열들 사이의 상관관계를 포함하여 전체 기록철의 구조를 보존하기 위한 것이다(국가기록원 2006, 2).

기록을 원질서대로 유지해야 하는 이유는 첫째, 각종 관계 정보(기록과 기록간의 관계, 기록과 업무 흐름 간의 관계 등)와 의미 있는 정보를 기록의 원질서로부터 추론할 수 있기 때문이며, 둘째, 기록을 이용하는 데 기록 생산자가 만든 구조를 활용함으로써 보존 기록관이 새로운 접근 도구를 만드는 업무를 줄일 수 있기 때문이다(기록학 용어 사전 2008, 170). 또한 원질서는 이용자들이 기록을 분석하고 해석하는데 상당히 큰 의미를 가지고 있을 수 있다. 따라서 기록이 문서 외에 사진, 도면이나 전자기록 등의 다양한 미디어를 포함하고 있다고 하더라도 이들은 정리와 기술을 위해 모두 다 함께 유지되어야 한다. 그렇지 않으면 기록의 출처와 원질서를 파괴하여 맥락과 내용의 정확한 재현을 위태롭게 할 수 있다.

원질서는 기록의 시리즈와 시리즈 간 상호관계를 포함하여 정부 단위의 전체기록 분류체계를 보존하기 위해 고안되었다. 출처의 원칙이 기록 생산자나 기능적 활동을 강조하는 데 반해, 원질서 존중의 원칙은 주로 기록관리나 분류체계와 관련된다.

그러나 아키비스트들은 그들이 이관 받은 기록물의 분류체계에 이해하기 어려운 부분이 있는 경우나 또는 기록물이 무질서한 채로 수집되었을 경우, 그들 스스로 분류체계를 고안해야 하기 때문에, 원질서 존중의 원칙은 유동성을 지니고 있다고 볼 수 있다. 그러나 이론적으로 '본래 가지고 있는 문서적 관계를 보존'해야 할 때, 기록 안에서 '문서화된 활동이나 이용 그리고 생산에 대한 정보를 제공'해야 할 때, 그 활동에 대하여 '공정한 판단조건으로 기록의 가치'를 부가해야만 할 때 원질서 존중의 원칙은 유지되어야 한다.

(3) 계층적 관리

계층적 관리(hierarchical management)는 기록물관리에 있어서 출처 존중과 원질서 존중의 원칙을 이행하는 방법으로, 두 원칙은 전통적으로 기록을 위계적인 구조에 따라 정리할 것을 요구하였다. 출처에 의한 정리는 하위부서에서 생산된 기록을 큰 기관 아래에 묶음으로서 관료제 조직을 본뜨고자 한 것이다. 계층적 관리라는 개념은 미국의 아키비스트들이 현대에 들어와 기록물의 엄청난 양적 증가에 직면하면서, 이들을 관리할 방법으로 위계질서에 주목함으로써 개발되었다.

계층적 관리는 가장 크고 일반적인 것에서부터 가장 작고 구체적인 것에 이르기까지, 연속체로서 기록 세트를 묶어주고 이에 대해 기술하는 것을 포함한다. 따라서 한 기관의 기록물은 구성 부서나 활동 또는 기능을 기반으로 해서 물리적으로 점점 더 세분화되고 지적으로 기술된다.

이는 기록의 군 또는 기록의 그룹이나 컬렉션, 기록의 시리즈, 시리즈 내의 기록 철(파일), 각 기록 철 내의 기록 건도 같은 식으로 관리해야 한다는 뜻이며, 세분된 이들 각각은 모두 다른 통제 단계의 하나하나로 간주되어 정리되고 기술된다.

통제의 각 단계는 관리나 처리과정, 또는 열람에 있어 단계별로 함축적 의미가 다르다. 예를 들면 기록 군이나 그룹에 대해서는 그 해당 조직의 역사나 기록 전체에 대한 정보를 제공하고, 기록 시리즈는 구체적인 기록의 생산 활동과 파일 구조에 대한 정보를 알려주며, 기록철이나 파일 단위들은 기록의 상세한 내용 정보를 제공해주는 역할을 하게 된다. 기록관리에 있어 기록의 상호의존성을 강조하는 것은 모든 통제의 단위가 서로 연관되어 있으므로, 개별적인 파일 단위의 기록을 완전히 이해하기 위해서는 그보다 큰 집합에 대한 이해가 절대적으로 필요하다는 것을 의미한다.

(4) 집합적 기술의 원칙

집합적 기술의 원칙(collective description rule)은 기록의 기술이 개별 건이 아닌 집합적 수준에서 이루어져야 한다는 것으로, 개별 기록의 내용보다는 전체적인 구조를 설명하는 것을 통해 맥락을 파악할 수 있도록 하는 것이다. 즉 "나무보다 먼저 숲을 보여준다"는 쉘렌버그(Schellenberg)의 말에서처럼 기록 건에 대한 기술보다 상위의 기록 집합체, 즉 기록 그룹과 그 하위 그룹, 기록 시리즈, 기록 철 등에 대한 기술을 개괄적으로 해줄 경우, 기록이 생산된 전후 맥락은 물론 어떤 업무 및 어떤 조직과 관련된 기록인지를 파악할 수 있다는 것이다. 집합적 기술에서도 기록(집합체)의 구조, 맥락, 내용, 관리 이력이 포함되어야한다.

집합적 기술의 목표는 보존기록관의 소장 기록에 대한 통일적인 개관을 제공하는 것이다. 즉 보존기록관의 소장 기록 기술에 있어 중요한 것은 기술의 결과가 하나의 안내서 역할을 해야하며, 또 소장품의 내용에 대한 윤곽을 알려주는 것이어야 한다는 것으로, 이는 출처의 원칙과 원질서 존중의 원칙을 유지하려는 또 다른 하나의 방법으로 제시된 것이다.

기록의 기술은 도서처럼 정해진 표제 페이지에서 정보를 옮겨 적을 수 있는 것이 아니라, 기록 자체를 총체적으로 검토하고 그 기록이 생산된 상황을 연구하여 기술할 만한 정보를 찾아내야 하므로, 그 기록의 저자와 제목을 아키비스트가 결정해야 하는 경우가 많다. 즉 아키비스트는 집합적인 검색도구를 사용하여 이용자들을 구체적인 기록물로 인도해주어야 하고, 이용자들은 특정 파일을 검색하기 전에 전체적인 기록 세트와 그 내용을 이해해야 하므로, 집합적 기술은 보존기록관 기록의 본질적인 특성을 토대로 볼 때 정당할 뿐 아니라, 대량의 기록물을 다루는 데 대단히 실용적인 방법이기도 하다.

쉘렌버그(Schellenberg)는 집합적 기술의 기법은 기록보존소의 소장물을 통제할 수 있는 지름길을 제공해준다고 하였다. 기록의 기술은 큰 기록의 집합에서 시작해 세분된 하위 단위로 진행해가므로, 아키비스트는 하나의 아이템보다는 큰 규모의 논리적으로 묶인 기록물의 집합에 대해 기술해야 하는데, 그 모든 논리적인 묶음들은 그 자체의 공통 특성을 갖게 될 것이다. 따라서 집합적 기술은 가장 광범위한 단계에서부터 시작해 그 집합체의 그런 특성들을 기술해 내려감으로써, 분리된 기록 세트 각각에 대해 특성을 기술하는 불필요한 작업을 제거하기도 하는 적절하고 효율적인 방법인 것이다.

2. 기록 분류

1) 기록 분류의 개념과 역할

기록의 분류란 기록을 조직화하고 내적인 질서를 부여하여 기록 간의 유기적인 관계를 표현하는 과정이다. 분류를 통해 유사한 특징을 가진 자료는 모으고 다른 특징을 가진 자료는 구분하기 위한 기준을 제시하는 분류 체계를 생성하게 된다(기록학 용어 사전 2008, 130-131). 기록관리 국제 표준인 ISO 15489에서는 기록 분류를 논리적으로 구조화된 규칙과 방법, 그리고 분류체계에 제시된 절차상의 규칙에 따라 만들어진 범주 속에 업무 활동과(또는) 기록을 체계적으로 확인하고 정리하는 것이라고 하였다(KS X ISO 15489-1, 3.5). 또한 분류를 하나 이상의 업무 활동 범주와 업무로부터 생산된 기록을 확인하고, 가능한 경우 이를 파일로 그룹화 함으로써 기술, 통제, 연계를 촉진하고 처분 및 접근자격의 결정을 지원하는 과정이라고도 하였다(KS X ISO 15489-2, 4.3).

기록을 분류하는 목적은 기록의 생산맥락을 보존함으로써 기록의 증거가치를 높이고, 기록의 검색과 활용을 지원하며, 기록의 계층적 관리를 위한 토대를 제공하는 것이다. 즉 분류는 기록을 효율적으로 관리하고 맥락에 기초해 잘 찾을 수 있도록 하는 기반이 된다. 기록들 간의 연계성에 입각한 체계적인 분류 구조를 갖추면 업무 기능 중심으로 기록에 대한 접근 관리가 가능해지며, 기록을 선별적으로 보존하거나 폐기하는데 있어 기반이 된다.

2) 기록 분류 방법

문헌 분류의 경우, 분류의 대상을 정보자료로 하며, 정보자료가 담고 있는 내용(Content)이나 정보의 성격이나 유사성에 따라 일정한 기준으로 나누거나 배열하는 과정을 의미한다. 따라서 문헌은 주로 학문적 지식, 즉 주제에 따라 분류하는 것이 가장 보편적이다.

그러나 기록을 분류하는 방법은 다양해서 조직의 구조에 따른 조직별 분류, 기록에 담긴 주제에 따른 주제별 분류, 기록 생산과 관련된 기능을 중심으로 하는 기능 분류로 나눌 수 있다.

조직별 분류는 그 출처를 기록을 생산하는 기관의 조직으로 보고, 해당 조직별로 기록을 분류하는 방식이다. 이러한 조직 분류는 조직의 구조가 안정되고 기능적·행정적 업무가 명확히 규정된 경우에만 권장하고 있기 때문에, 조직기구의 변동이 잦거나 변동의 규모가 큰 경우에는 적용하기 힘들다. 특히 현대 조직은 급변하는 외부환경에 대응하기 위해서 조직을 자주 전환하게 되면서 조직분류 적용이 힘들어지고 있다.

기능과 활동에 기반한 가록 분류체계는 도서관이나 정보자료실 등에서 주로 사용되는 방법으로, 예를 들면 도서관에서 사용되는 듀이 십진분류 방식은 인간의 지식을 10개의 주요한 등급(부문으로 분류하여 그 주요한 등급(부문)을 10개의 소부문으로 나누고 그 소부문을 다시 10개의 소부문으로 나누었는데, 이 방식은 특수화된 자료들에 적용하기에는 적절하지 않다. 따라서 일반적인 기록 분류에는 자주 활용되는 방법이 아니며, 아주 예외적인 경우에 사용된다.

기능 분류는 기록의 내용과 주제가 복잡하고 업무 활동 역시 지속적으로 변하는 유동성이 강한 현대 조직에 적합한 분류법이다. 기능

분류는 조직이 수행하는 기능에 기반한 분류방법이며, 기관의 기능과 활동 과정을 분석함으로써 업무와 기록 사이의 연관성을 이해할 수 있다. 이는 기록을 개별 건이 아니라 하나의 집합체를 단위로 관리하는 이유이기도 하다. 기능과 활동에 기반한 기록 분류체계는 기관의 구조가 바뀌어도 기능은 상대적으로 오래 지속된다는 점에서 더욱 안정된 틀을 제공한다.

분류체계의 구조는 계층성을 가지는데, 가장 광범위한 첫 번째 계층은 한 기관의 주요 업무기능을 반영하여 설정하고, 두 번째 계층은 기능을 구성하는 업무활동으로 구성하며, 세 번째와 이하 계층은 각 업무 활동 속에서 발생할 상세한 처리행위나 단위사안 그룹으로 이루어진다.

전통적인 환경 하에서는 출처의 개념에 대해 기록을 생산 접수한 조직으로 이해하여, 조직 분류의 원칙을 행해왔다. 그러나 현대 기록관리 환경에서는 전자기록의 출현과 복합 출처의 문제가 발생하여 출처의 개념의 중심이 되는 기능 및 업무를 중심으로 변화하고 있다.

3) 기록 분류의 원칙과 특성

기록은 기록이 담고 있는 주제보다는 그 기록의 존재 목적, 즉 기록을 만들게 한 업무나 활동에 근거하여 분류된다. 따라서 기록 분류의 초점은 기록의 내용(content) 자체보다는 기록이 생산된 맥락(context)에 있으며, 이러한 맥락의 핵심은 업무나 기능이 된다. 이러한 관점에서 ISO 15489는 엄격한 업무 분석에 입각하여 기록 분류체계를 개발하도록 제시하고 있다.

즉 분류체계는 해당 조직의 업무를 반영하고 조직의 업무 활동 분석에 기반을 두어야한다는 것이며, 조직의 업무 목적에 따라 분류통제의 범위를 결정할 필요가 있다는 것이다(ISO 154891:2001, 9.5.2).

이렇게 개발된 분류체계에 따라 기록은 분류체계 상의 적절한 위치를 할당받게 되며, 기 분류체계를 통해 기록을 산출한 업무의 흐름과 연관관계를 파악할 수 있다. 또한 업무와 기록 간의 연관성도 이해할 수 있도록 해준다. 동일한 업무나 활동 중에 생산 접수된 일련의 기록들 간의 선후 관계, 서로 다른 활동에 속한 기록 덩어리들 간의 관계를 통해 기록의 의미와 가치를 이해할 수 있기 때문이다. 이러한 분류체계는 궁극적으로는 기록이 활동을 증거 할 수 있도록 하는 기반이 된다. 지극히 다원적이고 주관적인 주제 접근에 비해 생산 배경에 근거하기 때문에 객관성과 고정성을 가질 수 있다.

4) 기록 분류 체계의 역할

기록을 어떻게 분류할 지를 결정하여 체계화한 것이 기록 분류체계로, 기록 분류 체계는 기본적으로 이용자들의 기록에 대한 검색과 해석을 지원하고, 보존기간 설정과 통제를 지원하여 기록의 선별과 평가를 도우며, 기능과 활동단위묶음으로 공개 및 접근권한의 설정과 통제를 지원하는 등, 기록관리 기능을 수행하는 데 근간이 된다. 특히 준현용 기록관리에서의 분류는 기록을 선별 평가하는 중요한 도구로, 거시 평가론에 입각하여 보존기간 책정을 위한 기준표와 연계하여 사용한다.

거시평가론

거시평가는 기록을 생산하게끔 하는 업무를 평가함으로써 아직 생산되지 않은 기록까지 평가할 수 있도록 하는 접근법으로, 기록의 내용, 즉 가치보다 무슨 기능에서 기록이 만들어졌는지, 어떤 구조를 갖고 있는지, 어떻게 만들어졌는지를 우선으로 하여 기록의 가치를 가늠하는 평가 접근방식이다(기록학 용어 사전 18).

특히 업무 기능에 기반한 분류체계는 기록관리를 위한 체계적인 틀을 제공할 수 있다. 업무 활동 분류체계를 개발할 목적으로 실시하는 분석은, 조직의 모든 활동을 파악하고 그 활동들을 조직의 공시된 사명이나 목적의 프레임 속에 배치한다. 충분하게 개발된 형태라면, 그 분류는 조직 업무의 기능, 업무 활동, 그리고 처리행위를 대표하는 산물이 될 것이다. 그리고 그 분류는 기록 분류체계와 시소러스, 제목 작성 및 색인 작성 규칙, 기록 처분 분류와 접근 분류 개발시 사용될 수 있다. 분류체계는 조직의 기록관리 업무를 수행하는 데에 있어 다음과 같은 도구가 된다. 첫째, 조직의 기록을 조직하고, 기술하고, 연구한다. 둘째, 조직과 내적 외적으로 연관된 기록을 연계 및 공유한다. 셋째, 조직의 기록에 대한 접근, 검색, 사용, 보급 방식을 개선하여 적절하게 제공한다. 어휘 통제를 위한 도구로 지원되는 분류체계는 검색과 이용이 용이하도록 제목작성과 기술의 일관성을 높이며, 저장과 보호, 보유와 처분과 같은 접근과 이용을 편리하게 하며, 다양한 기록관리 과정을 지원하는데 사용될 수 있다 (KS X ISO 15489-2, 4.2.2).

5) ISO 15489에서의 분류

(1) ISO 15489

ISO 15489는 국제 기록관리 표준으로, 공식 명칭은 '문헌정보-기록관리(Information and Documentation- Records Management)'이며 ISO의 TC46 (Technical Committee, 정보와 도큐멘테이션 기술 위원회) 산하에 있는 SC11(Subcommittee, 보존 기록/기록관리 분과위원회)의 주관으로 2001년 9월 공식 제정되어 발표되었다. 2부로 구성된 ISO 15489는 ISO 15489-1 (제1부 일반사항)에서 기록관리의 기본 원칙과 틀을 제공하며, ISO 15489-2(제2부 지침)에서 제1부를 조직해서 실행하기 위해 필요한 세부적인 사항과 지침을 제공하고 있다. ISO 15489는 호주의 기록관리 표준인 AS 4390(기록관리: 1996)에 기반하고 있으며, 이의 제정에 따라 호주표준국(Standard Australia)은 2002년 3월 AS 4390 표준을 철회하고 AS ISO 15489로 이를 대체하였고, 영국 역시 2001년 BS ISO 15489를, 한국은 2007년 KS X ISO 15489(문헌정보-기록관리)를 국가 표준으로 채택하였다.

ISO 15489는 보존 기록(archives) 관리에 대해서는 다루지 않고, 현용과 준현용 기록을 대상으로 하며, 기록을 생산하고 보유할 의무를 지닌 개인이나 공공 또는 민간 조직이 업무를 수행하는 과정에서 생산하거나 접수한 모든 형태 또는 매체의 기록관리에 적용한다고 하였다. ISO 15489 제정의 취지는 '기록관리 정책과 절차를 표준화하며 모든 기록은 적절한 주의와 보호를 받을 수 있게 되고, 표준적 이행과 절차를 이용함으로써 보다 능률적이고 효과적으로 기록에 담긴 증거와 정보를 검색할 수 있다'는 것이다(ISO 15489-1, 1.1).

(2) ISO 15489에서 제시된 분류

ISO 15489-1에서는 먼저, 업무 활동의 분류는 다음과 같은 기록 관리과정의 다양한 영역을 지원하는 강력한 도구라고 하였다. 즉 ① 활동에 대한 연속적인 기록을 제공하기 위해 축적되는 개별 기록들을 연계, ② 장기적으로 일관성 있는 방식으로 기록을 명명하도록 보장, ③ 특별한 기능이나 활동과 관련된 기록을 모두 검색할 수 있도록 지원, ④ 기록 집합에 대한 보안조치와 접근범위를 적절하게 결정, ⑤ 특정한 기록 그룹에 대하여 접근하거나 적절한 행위를 취할 수 있도록 이용자 인증, ⑥ 특정한 기록 집합에 대한 관리 책임을 나누어 부여, ⑦ 기록을 행위에 대해 나누어 배치, ⑧ 적절한 보유 기간과 처분 행위의 결정 등이 포함된다(KS X ISO 15489-1, 9.5.1).

또한 ISO 15489-2에서는 기록관리과정에서 분류에 대해 설명하면서, 업무활동 기반 분류체계를 사용하는 과정에는 다음의 단계가 포함된다고 하였다.

① 기록이 문서화하는 처리행위나 업무 활동을 확인하고, ② 조직의 분류체계 안에 처리행위나 활동을 위치시키고, ③ 적절하게 분류하기 위하여 처리행위나 활동과 연계된 상위 계층을 조사하고, ④ 활동을 분류한 내용을 조직구조에 대비하여 체크하여 적합한 업무 부서에 기록을 분류하도록 하고, ⑤ 조직 요건 상 적절한 수준에서 기록에 분류항목을 부여한다.

또한 다음과 같은 요인에 따라 분류계층의 수와 분류 관정에서 기입할 항목의 수(처리행위 수준에서든 혹은 그보다 상위 수준에서든)가 결정된다고 하였다. 즉 ① 조직의 책임성 ② 업무의 성격 ③ 조직의 규모 ④ 조직 구조의 복잡성 ⑤ 기록을 통제하고 검색하는 데 있어서 속도와 정확성의 임계점에 대한 위험 평가 결과, ⑥ 채택한 기술(technology) 등이 그 요인들이다(KS X ISO 15489-2, 4.3.4.1).

3. 전자기록의 계층구조

1) 전자기록 관리에 있어서의 기능 분류

종이기록 관리에 있어 생산자는 기록을 생산·접수·보존·활용하는 사람을 의미하였으며, 조직 구조가 안정되고 이에 따른 기능의 연동이 가능한 환경이었기 때문에 생산조직에 기반을 둔 분류와 관리가 가능하였다. 그러나 조직 사이에 명확한 경계가 사라지게 됨에 따라, 기록 생산자에 대한 새로운 개념 정립이 필요하게 되었다.

특히 전자기록은 물리적 실체가 없이 가상공간에서 존재하고 활용되는 특징을 지니고 있으며, 네트워크상에서 시공을 넘나들며 조직 구조를 가로질러 생산 유통 활용된다. 또한 전자기록은 특정 시스템의 기능과 절차에 따라 생산되며, 기록의 내용과 구조, 그리고 맥락이 분리되어 존재하는 논리적 실체로서의 성격을 지닌다. 따라서 종이기록 관리와는 달리, 전자기록의 생산자는 기록을 직접 생산·접수·보존·활용한 실제 당사자뿐만 아니라, 기록을 생산하는 시스템의 구조와 시스템 내에 구현된 조직의 기능체계, 그리고 전자기록의 유통체계 등이 뒤섞인 복합적 실체이다. 따라서 전자기록은 논리적 실체로서, 종래의 물리적 통제에서 벗어나 조직의 기능(function)과 이를 시행하는 절차(process)에 대한 분석에 의해 체계를 정립하는 '지적 통제'로 관리가 능하다.

이러한 '기능 분류'에 따른 관리는 전자기록의 생산배경과 기록들 상호간의 유기성을 유지하는 데 도움을 준다(한국국가기록연구원 2004, 20-21).

2) 파일 플랜(File Plan)

전자기록도 기록의 일반 분류 원칙에 따라 분류해야 하며, 기본 구조도 같다. 그러나 전자기록관리시스템에서의 계층은 비전자 기록처럼 물리적 형식이 아니라 논리적으로 형성되는 특징을 가지고 있으며, 계층의 구성 방식과 명칭에 약간의 차이를 갖는다.

영국의 전자기록관리시스템 표준에서는 파일 플랜을 기록 분류체계와 동일한 개념으로 사용하고 있다. 서로 다른 기록 철들을 어떻게 분류하여 어디에 저장할지, 검색을 위해 어떻게 색인할지 등을 기재한 분류체계인 파일 플랜에서는 기록철들을 분류하는데 알파벳, 숫자, 알파벳과 숫자 혼용, 10진 체계 등과 같이 코드형태를 사용하여 구분한다.

파일 플랜

영국의 전자기록관리 시스템 표준에서는 파일 플랜을 '기록분류체계'와 동일한 개념으로 사용하고 있다. 미국 국방부(DoD) 전자기록관리 시스템 표준에서는 파일 플랜을 '사무실 내에서 유지 이용되는 파일의 식별번호, 제목, 기술, 처분 지침을 담고 있는 문서'로 보고 있다.

그 구성요소로는 기록 범주명, 기록범주 식별기호, 기록범주 설명,

처분관련 지시사항, 처분 지침, 보존 기록 지시기호, 핵심기록 여부, 핵심기록 검토 및 갱신주기, 사용자 정의 필드 등을 제시한다(기록학용어사전 2008, 262-263).

기록의 분류계층은 대·중·소 기능별로 기록 군, 기록 하위군, 시리즈 등으로 그룹핑할 수 있다. 그러나 기록관리의 여러 기능들이 행해지는 가장 기본적인 계층은 기록철이며, 전자기록의 경우 기록철 이하의 계층이 중요한 관리대상이 된다. 전자기록의 계층구조에 대한 가장 상세한 지침은 영국 TNA(The National Archives)가 제시한 바 있다. 영국 TNA에서는 전자기록의 계층구조에 대해 '클래스(class) - 폴더(folder, 기록 철)/파트(part) - 기록 건(record) - 컴포넌트(component)'로 구분한다.

파일 플랜은 클래스와 각 클래스에 할당된 폴더들의 전체 집합을 의미하며, 기록관리요건을 만족시킬 수 있는 적합한 구조로 조직의 업무를 표현하여 업무 수행을 지원하고, 기록관리 요구를 충족시키기에 가장 적합한 구조로 조직의 업무 전체를 표현한다(<그림 2> 참조).

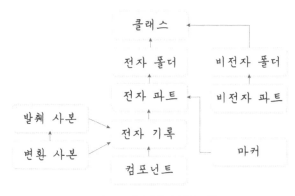

<그림 2> 전자기록의 분류 계층

클래스(class)는 대체로 대기능(function), 중기능(activity), 주제, 테마, 하위테마로 구분된다. 클래스 자체에는 기록이 포함되지 않으며 메타데이터로 구성되고, 일부 메타데이터는 상속되기도 한다.

폴더(folder, 기록 철)는 기록관리의 기본 단위로, 메타데이터로 구성되며 기록을 담는 일종의 가상적인 용기 이다. 하나의 폴더에는 많은 기록을 포함할 수도 있고, 새로 생성된 폴더는 아직 기록이 포함되지 않고 비어있을 수도 있다.

파트(part)는 폴더가 분철(cut-off)된 것으로, 분철의 기준은 보통 연도나 회계기준일 등으로 정할 수 있으며, 이는 적절한 처분 관리에 중요하다. 유럽연합 기록관리시스템 표준인 Moreq에서는 파트를 '볼륨(volume)'으로 표현하기도 한다.

기록 건(record)은 공식적인 기록으로 선언된 논리적 개체로, 콘텐츠와 메타데이터로 구성된다. 기록은 하나의 워드 문서이거나, 웹 페이지나 멀티미디어 문서와 같이 하나로 통합된 객체(object)의 집합일 수도 있다.

컴포넌트(component)는 기록 중에서 더 세부적으로 계층을 나누어 관리할 때 사용되는 개념으로, 예를 들어 웹 페이지를 구성하는 멀티미디어 객체가 컴포넌트가 될 수 있다. 최종 이용자는 컴포넌트 계층에 직접적으로 접근을 하지 않겠지만, 기록의 장기 보존을 지원하는 마이그레이션 활동 등을 위해 컴포넌트에 대한 메타데이터를 (자동적으로) 기록할 필요가 있다.

이밖에 전자기록의 공개 및 활용에 의해 생산되는 다양한 사본이 존재한다.

발췌사본(extract) 또는 부분공개사본은 일부 자료가 삭제되거나 가려진 것으로, 부분 공개로 기록이 제공될 때 사용되는 사본이다.

변환사본(rendition)은 이용자가 이용할 수 있는 방식으로 전환하여 제공하는 사본이다. 비전자 폴더(physical folder)는 시스템 밖에 존재하는 종이폴더를 위한 항목으로, 두 가지 유형으로 표현될 수 있다. 즉 비전자 폴더가 전자 폴더와 동일한 클래스에 할당되나 별도의 폴더를 구성하는 유형과, 비전자 폴더와 전자 폴더가 함께 하이브리드 폴더를 구성하여 검색과 처분에 있어 하나의 동일한 관리를 받는 유형이다.

마커(marker)는 전자 폴더 안에 생성된 비전자 기록을 위한 것으로, 종이기록뿐만 아니라 비디오테이프, 데이터베이스와 같이 일반적인 파일 포맷에 담겨 있지 않고 디지털화하기 어려운 기록을 기술하기 위해 사용된다.

4. 우리나라 공공기록의 분류체계

1) 법령 상의 분류

(1) '공공기록물 관리에 관한 법률' 상의 분류

기록의 분류는 기록관리업무에 있어서 핵심적인 기능으로, 2006년 개정된 우리나라 '공공기록물 관리에 관한 법률'의 제3조(정의)에서는 "기록물관리라 함은 기록물의 생산·정리·이관·수집·평가·폐기·보존·공개·활용 및 이에 부수되는 제반업무를 말한다"고 하여 분류를 중요한 기록관리 프로세스의 하나로 제시하였다.

또 시행령 제2조(정의)에서 '정부기능분류체계'는, 정부가 수행하는 기능을 범정부적으로 표준화한 기능분류체계와 각 부처의 과제관리를 위한 목적별 분류체계로 구성된 분류체계로 정의하고, 기록관리의 단위인 '단위 과제'는 정부기능분류체계의 소기능을 유사성, 독자성 등을 고려하여 영역별, 절차별로 세분한 업무로 정의하고 있다.

공공기록물 관리에 관한 법률

2013년 2월 현재 우리나라의 공공기록 관련 체계에는 공공기록물 관리에 관한 법률(법률 제11391호. 2007년 제정. 일부개정 2012.3.21.) 및 그 시행령대통령령 제22673호 일부개정 2011.2.22] 이 적용된다.

(2) 법률상의 분류 관련 조항

공공기록물 관리에 관한 법률 제18조에서는 '공공기관은 업무수행 과정에서 기록물을 생산하거나 접수하였을 때에는 대통령령으로 정하는 바에 따라 그 기록물의 등록 분류 편철 등에 필요한 조치를 하여야 한다. 다만, 기록물의 특성상 그 등록 분류 편철 등의 방식을 달리 적용할 필요가 있다고 인정되는 수사·재판 관련 기록물의 경우에는 관계 중앙행정기관의 장이 중앙기록물관리기관의 장과 협의하여 따로 정할 수 있다'라고 하여, 분류에 대한 조치를 언급하고 있다.

관련 시행령 제22조(기록물의 분류)에는 "법 제18조에 따라 공공기관은 제25조에 따른 기록관리기준표에 따라 처리과별·단위 과제별로 해당 기록물을 분류하여 관리하여야 한다"고 명기하고 있다. 관련 시행령 제23조(편철 및 관리)에서는 업무체계와 기록관리 체계의 통합에 따라 그에 맞게 기록의 편철이 이루어질 수 있도록 하고 있다.

공공기록물 관리에 관한 법률 제19조 제1항에서는 '공공기관은 대통령령으로 정하는 바에 따라 기록물의 보존기간, 공개 여부, 비밀 여부 및 접근 권한 등을 분류하여 관리하여야 한다'고 명시하고 있다. 관련시행령 제25조와 시행규칙 제 16조는 기록관리기준표에 대한 상세한 내용을 담고 있다.

2) 기록물 분류 기준표 및 기록 관리 기준표

(1) 기록물 분류 기준표

1999년에 제정된 '공공기관의 기록물관리에 관한 법률'(구법) 시행규칙 제7조 에서는 '각급 기관별, 처리과별로 수행하는 각 단위 업무를 확정하고, 확정된 단위 업무별로 기능분류번호와 보존기간 보존장소 등의 보존분류 항목별 기준을 제시하여 생산기록물에 적용하도록 기록물관리의 기준표를 개발'할 것을 제시하였으며, 공공기관들은 이에 의거하여 기록물분류 기준표를 개발하였다.

기존에 사용되고 있던 '공문서 분류번호 및 보존기간 표'는 정부의 기능을 기능별 십진(技能別十進) 분류방법에 의해 분류하고, 그 세부기능 항목별로 보존기간의 책정기준을 제시한 것이었다. 기능별로 문서가 편철되어 특정한 단위 업무(프로젝트) 내에서 생산한 문서들이 각기 다른 문서철에 흩어져 보관된다든지, 기능분류 항목에서 누락되어 관련된 기록물들이 관리되지 않는 경우가 있다든지, 찾아서 사용하기 불편하여 임의로 낮은 보존기간을 책정할 수 있는 여지가 있다든지, 5년 단위로 개정됨으로써 업무현실을 즉각적으로 반영하지 못하였다든지 하는 단점을 갖고 있었다(국가기록원 홈페이지: 처리과).

　국가기록물의 체계적 관리가 필요하다는 인식이 확산되어 1999년 제정된 (구) 공공기관 기록물 관리법에서 기존의 '공문서 분류 및 보존기간 표'의 미흡한 사항을 개선하기 위한 방안으로 채택된 것이 '기록물분류기준표' 제도이다. 기록물 분류기준표는 '대기능>중기능>소기능> 단위 업무'의 구조로 되어있다. 대기능, 중기능, 소기능은 법령에는 존재하나 적용되지 않는 계층으로, 기관을 중심으로 하위 분류를 구성하였다. 또한 '처리과'라는 조직으로 일단 분류한 후 단위 업무별로 처분 지침(보존기간)을 부여하도록 하고 있기 때문에, 기능분류와 조직분류가 중첩된 구조를 이루었다(국가기록원 홈페이지: 처리과).

　구성 항목은 보존 분류 기준(기능 분류 번호, 보존 기간, 보존 방법, 보존 장소, 비치 기록 여부 등), 검색어 지정 기준 등이며, 이는 중앙 기록물 관리기관 및 특수 기록물 관리기관의 장이 작성 및 고시하도록 하였다. 기록물분류 기준표는 미국의 처분 지침 개념을 사용한 선진적인 제도였으나, '분류 기준표'라는 명칭이 적절하지 않고, 일부 구성 요소가 새로운 기록관리 환경에 맞지 않는다는 비판을 받았다(기록학 용어 사전 2008, 56).

　또한 기록물 분류 기준표는 현용-준현용-비현용 단계 모두에 적용되는 획일적인 분류체계로 사용됨에 따라, 생산기관과 영구기록물관리기관의 분류의 목적이 상이함에도 불구하고, 동일한 기준을 적용함으로써 준영구 이상의 기록에 대해 안정적이고 합리적인 분류체계를 수립하지 못하였다. 기록물분류 기준표는 전자문서 시스템을 사용하고 있는 대다수의 기초자치단체에서 사용하고 있으나, 2013년부터는 기록관리기준표로 전환하도록 되어 있다.

처분지침

우리나라는 기록관리 기준표가 처분 지침의 역할을 하고 있다. 공
개여부 및 접근권한 등은 공공기관별로 달리 정할 수 있으며 단위
과제별 보존기간은 공공기관에서 정하여 시행하되, 관할 영구기록
물관리기관의 장과 협의하여 확정한다(공공기록물 관리에 관한 법
률 시행령 제25조).

(2) 기록물 관리기준표

기록물 관리기준표는 2006년 개정된 '공공기록물 관리에 관한 법
률'에서 제시되었으며, 기존의 기록물분류기준표의 미비점을 보완한
제도로, 업무과정에 기반한 기록관리 체계를 구축하기 위해 정부기
능분류체계(BRM : Business Reference Model)를 기록분류에 도입한
것이다. 기록물 관리기준표는 BRM의 가장 하위레벨인 단위 과제에
따라 작성되며, 단위 과제별로 업무설명, 보존기간, 보존기간 책정사

	조직분류	처리과명	
업무분류체계 (BRM)	기능분류	1레벨(정책분야)	
		2레벨(정책영역)	
		3레벨(대기능)	
		4레벨(중기능)	
		5레벨(소기능)	
		6레벨(단위과제)	
	단위과제 기능유형		공통/고유
기록관리항목		업무설명	
		보존기간	
		보존기간 책정사유	
		비치 여부 및 이관 시기	
		공개여부	(부분)공개/비공개
		접근권한	열람 범위

유, 비치기록물 해당여부, 공개여부 및 접근권한 등의 관리기준을
관리하게 되어있다(공공기록물 관리에 관한 법률 시행령 제25조).
이 기록관리 기준표 제도는 2008년부터는 중앙행정기관에서 운영하
기 시작하였으며, 지방자치단체, 교육청 및 그 밖의 공공기관에서도
도입을 확대해 가고 있다.

(3) 기록물 분류기준표와 기록관리기준표의 비교

기록물 관리기준표에서 가장 많이 바뀐 것 중 하나는 업무과정에
기반을 둔 기록관리 체계로 전환한 것이다. 기록관리기준표는 정부
기능분류체계(BRM)를 기반으로 업무와 기록분류체계를 통합하였
다. 그 과정에서 관리 단위가 '단위 업무'에서 '단위 과제'로 변경되
었으며, 보존 기간의 관리 주체가 국가기록원의 집중식 관리에서 각
급 기관별 개별 관리로 변경되었다.

즉 국가기록원에서 모든 단위 업무에 대해 보존기간을 정하는 방
식에서 벗어나 각 기관의 고유한 기능에 대한 전문성과 자율성을 고
려하여 기관에서 보존기간을 책정하여 사용하도록 하였다. 즉 기록
관리기준표의 작성·고시는 공공기관별로 시행하며, 단위과제별 보
존기간은 중앙기록물관리기관의 장이 정하는 보존기간 준칙에 따라
공공기관에서 작성하되 관할 영구기록물관리기관과의 협의를 거쳐
확정하여야 한다.

또한 대국민 고시 방법과 주체에 있어서, 이전의 기록물분류기준
표는 국가기록원이 관보·공보 혹은 정보통신망 제공의 방법을 통
하여 별도 규정없이 고시하는 반면, 기록관리기준표는 각급기관이
관보·공보 혹은 홈페이지 등 정보통신망 제공의 방법을 통하여 전

년도 신규 시행, 보존기간 변경, 단위 과제의 과제 명칭, 업무설명, 단위과제별 보존기간 등을 고시하도록 규정하였다(국가기록원홈페이지: 처리과).

또한 적용 시스템도 변경되어, 기록생산시스템은 '전자문서시스템'에서 '업무관리시스템'으로, 기록관리시스템은 '자료관리시스템'에서 '기록관리시스템'으로 변경되었다. 보존기간의 종류도 "1, 3, 5, 10, 20, 준영구, 영구"에서 "1, 3, 5, 10, 30년, 준영구, 영구"로 변경되었다.

특히 보존기간, 비치기록물 여부 등은 이전에도 분산적으로 존재했던 요소들이었으나, 새로운 법령이 시행됨에 따라 '기록관리기준'이라는 범주에 포함되어 전자적 기록관리 환경에서 '기록관리기준표'로 관리된다. 또한 2006년 개정된 공공기록물관리에 관한 법률에서는, 공개여부 재분류, 보존기간 재평가 등과 같은 규정을 통해 기록관리 기준의 과거 문제점을 극복하고 전자적 기록관리환경 하에서 과학적이고 일관되며, 역동적인 변화를 반영하여 관리할 수 있도록 하였다.

3) 정부기능분류체계(BRM)

(1) 정부기능분류체계(BRM)의 정의 및 목적

정부기능분류체계(Business Reference Model, 이하 BRM)는 기관의 기능을 서비스 및 업무 처리절차에 따라 체계적으로 구조화한 업무 기능 분류체계이다(BRM은 정부기능연계모델로도 번역된다). 기능 분류체계는 기관의 기능을 분류, 연계하여 단위 과제별 기본정보와 유관정보를 조회할 수 있도록 함으로써 기관 간 정보공유를 통합하여 협업시스템을 구축하기 위해 사용한다. BRM은 행정기관이 상시적으로 수행하는 업무를 정책분야·정책영역·대기능·중기능·소기능 및 단위 과제 등 그 기능의 수준에 따라 분류한 체계이다(국가기록원. 기록관리시스템 데이터연계 기술규격-제3부. NAK/TS 1-3 : 2012(v2.0), 2).

국가기록관리 혁신활동이 2005년부터 추진되면서 혁신 로드맵이 마련되었는데 여기에서 업무 분류와 기록 분류의 통합이 중요한 과제로 설정되었으며, 업무분류체계는 BRM을 기준으로 하였다. 우리나라의 BRM은 정부가 수행하는 업무를 기능별로 분류한 체계(기능별 분류체계)와 각 부처에서 매년 연두업무보고에 사용하는 분류체계(목적별 분류체계)로 구성되는데, 기록 분류와 연계되는 기본 분류체계는 기능별 분류체계이다. 2006년부터는 정부 BRM에 근거한 새로운 기록 분류체계가 중앙행정기관에 적용되기 시작하였다.

BRM의 목적은 행정기관이 수행하는 행정업무를 동일한 기준으로 정의하고, 최하위 수준의 기준인 단위 과제 수행과 관련된 업무 처리절차, 유관정보, 속성정보 등을 정형화하여 업무의 편의성을 증대시키고자 하는 것이다. 즉, 조직 예산·기록관리 등 분야별, 기관별로 운영되던 기존의 분류체계를 통합하여 정부의 업무 기능과 서비스를 중심으로 분류하고, 법령·예산 등의 다양한 정보를 기능과 연계하여 종합적으로 관리함으로써, 공통 업무기반을 제공하자는 것이다. 기록관리 측면에서는, 조직의 기록관리에 업무분류체계를 도입하여 기록관리를 효율적으로 하고 기존 기록물분류기준표 등의 기록관리 운영에서 도출된 문제점을 개선하여 체계적인 기록관리체계를 구축하도록 한다(행정자치부, 2006).

(2) BRM의 구조

BRM은 기록물분류기준표의 대기능보다 상위의 분류와 단위업무 보다 하위의세분류를 포함하는 방대한 규모로, 정부의 직제에 근거를 두고 있는 상시적 업무에 대한 기능별 분류레벨과, 각 부처가 매년 수립하는 업무 목적별 분류 소레벨로 구성되어 있다.

기능별 분류의 6레벨은 ① 정책분야, ②정책영역, ③ 대기능, ④ 중기능), ⑤소기능, ⑥ 단위 과제의 단계로 이루어지며, 업무목적별 분류 4레벨은 ① 비전, ② 정책목표, ③ 이행과제, ④ 관리관제의 단계로 이루어진다. 2006년 발표된 중앙정부 BRM의 기능별 분류는 총 15개 정책분야와 67개 정책 영역, 491개의 대기능으로 구분되었다.

정책분야(1레벨)은 정부 내 활동, 대국민 서비스 등의 정부의 사업 영역을 고려하여 구분하며, 정책영역(2레벨)은 정책분야를 각 부처별로 수행하는 기능과체계가 연결될 수 있도록 각 부처의 사업 영역을 세분류하고, 대기능(3레벨)은 각 부처의 국/실 수준에서 담당하는 기능이다. 중기능(4레벨)은 각 부처의 수준에서 담당하는 기능이며, 소기능(5레벨)은 중기능을 담당자가 수행하는 기능으로 법적인 근거를 통해 정해지고, 단위과제(6레벨)는 업무 간 유사성과 독자성을 고려하여, 담당자가 소기능을 영역별, 절차별로 세분화한 업무영역으로 이루어져 있다(국가기록원 홈페이지).

분류체계의 최하위 레벨인 단위 과제는 정부 기관의 직제 및 직제 시행 규칙에 근거한 업무의 최소단위이며, 업무 계획수립, 집행, 평가 등 일련의 업무과정을 통합적으로 관리하는 기본적 단위이다. 각각의 단위 과제에 대해서는 속성정보, 유관정보, 업무처리절차서, 지식정보 등 다양한 업무정보를 작성하도록 하여, 단위 과제의 업무맥락을 파악하고 누가 무슨 업무를 어떠한 방식으로 제공하는지 등 업무수행과 관련된 상세정보를 관리할 수 있도록 한다.

이러한 정보는 단위 과제 카드를 작성하여 관리하는데, 이는 업무 담당자들의 모든 업무 수행을 전자적으로 기록하여 관리하는 파일철로, 표제부, 실적관리, 접수관리 등으로 구성되어 있다. 표제부에는 과제카드명, 내용 및 취지, 과제이력, 주관부서, 과제 담당자 정보, 내부 관계자 및 열람범위 보존기간 분류체계 연결과제 관련 단위 과제 등의 관리정보가 있다. 단위 과제 카드는 정부업무관리시스템(온나라시스템) 상의 기록관련 관리정보로 존재하고 있다(정보공개센터, 2001).

최근에는 지방자치단체의 업무와 그와 관련된 정보를 체계적으로 관리 활용하기 위해 지방자치단체의 업무를 기능 중심으로 분류한 지방기능분류체계가 지방자치단체에 확산되고, 지방기능분류시스템이 도입되었다. 또 지방교육행정기관 및 각급 학교의 업무와 그와 관련된 정보를 체계적으로 관리 활용하기 위하여, 지방교육행정기관 및 각급 학교의 업무를 기능 중심으로 분류한 체계인 지방교육 기능분류체계도 도입되었으며, 지방교육 기능분류 시스템도 교육청 및 각급 학교에 전면적으로 보급되어 활용되고 있다.

지방기능분류 시스템은 정부기능분류 시스템과 기능별 분류체계의 상위 레벨(정책분야와 정책영역)을 공유하도록 구성되어 있으며, 중앙행정기관과 지방자치단체의 협조부서 간에 관련 단위 과제를 매핑하여 조회할 수 있도록 구성되어 있다. 또한 지방기능분류시스템은 분류체계 정보를 지방자치단체의 업무관리시스템과 기록관리시스템에 업무수행의 기준정보로 제공하는 기능이 있다. 또한 지방교육 기능분류 시스템은 분류체계 정보를 업무관리 시스템과 기록관리시스템 등에 업무수행의 기준정보로 제공하고, 차세대 나이스시스템과 사용자 및 조직정보 등을 공유한다(국가기록원. 기록관리시스템 데이터연계 기술규격 - 제3부. NAK/TS 1-3 : 2012(v2.0), 6-7).

4) 업무분석과 업무 분류체계

(1) 업무 분석

기록 분류체계의 개발은 조직의 업무 분석을 기본으로 해야 한다. 업무 분석이란 적합한 인력 배치 또는 업무 재설계를 목적으로 조직의 업무 과정을 기술적(descriptive)이고 분석적으로 분해하는 것을 말한다. 조직에서 업무 수행을 지원하기 위한 전산시스템이 도입됨에 따라 업무 분석은 전산시스템 설계를 위한 기초 작업으로 사용되었다. 기록관리 분야에서는 일상적인 업무를 수행하는 과정에서 자연스럽게 기록을 생산하고 획득할 수 있도록 기록관리시스템을 설계하는 데에 업무 분석이 사용된다(기록학 용어 사전 2008, 159-160).

KS X ISO 15489에서 제시하는 바에 의하면, 업무 활동을 분석하기 위해서는 다음 사항을 확인하고 분석해야 한다. ① 조직의 목표와 전략, ② 이러한 목표와 전략의 추구를 지원하는 조직 기능, ③ 기능을 구성하는 조직의 업무활동, ④ 구체적인 업무 활동과 처리행위를 수행하기 위해 형성된 업무절차, ⑤ 업무 활동을 형성하는 모든 구성 단계, ⑥ 각각의 구성 단계를 형성하는 모든 처리 행위, ⑦ 각 업무 활동 내에서 반복되는 처리행위 그룹, ⑧ 조직의 현존기록 (KS X ISO 15489-2, 4.2.22).

기록관리시스템을 설계하기 위한 업무분석방법론은 호주의 기록관리표준으로 개발된 DIRKS가 대표적이며, 호주에서는 2003년 DIRKS 방법론의 추상성을 보완하기 위하여 AS 5090 '기록관리를 위한 업무 과정 분석'을 개발하였는데, 이는 ISO TR 26122로 대부분의 내용이 수용되었고, 한국에서도 2008년 이를 KS ISO TR 26122(문헌정보 기록을 위한 업무과정 분석)로 채택하였다.

(2) DIRKS 방법론

DIRKS는 호주에서 개발한 기록관리시스템의 설계와 실행을 위한 구체적인 지침으로, 공식 명칭은 '기록시스템의 설계와 실행: 호주 연방정부를 위한 매뉴얼(Designing and Implementing Recordkeeping System: A Manual for Commonwealth Agencies)'이다. DIRKS 방법론은 1996년 호주 뉴사우스웨일스(NSW)의 보존 기담당부서(Archives Authority)가 시작한 전자기록관리 프로젝트를 통해 개발되기 시작하였고, 이후 호주 국립보존기록관(NAA, of Australia)과 협력하여 2000년 DIRKS 매뉴얼로 발표되었다.

매뉴얼의 Part 1은 이용자 지침으로 DIRKS 방법론에 대한 개요를 설명하고, Part 2는 각각의 단계를 설명하는 것으로, Step A부터 Step H까지 구성되어 있으며, Part 3은 부록으로 인터뷰 템플릿, 위험관리, 용어집 등의 다양한 도구들이 수록되어 있다. 본문에 해당하는 Part 2의 Step A부터 H까지의 각 단계를 설명하면 다음과 같다.

Step A: 예비조사(Preliminary Investigation) 단계로, ① 조직의 역할·구조·업무·규범·사회적 맥락관계 등을 이해하고, ② 기록관리를 위한 조직의 강점 및 약점을 식별하며, ③ 기록관리를 위한 범위를 결정하고 이를 문서화하기 위한 것이다.

Step B: 업무 활동 분석 (Analysis of Business Activity) 단계로, 업무활동 및 업무 프로세스를 조사하여 해당 조직이 무슨 업무를 어떻게 하는지에 대한 개념화된 모형을 개발하기 위한 것이다.

Step C: 기록관리 요건 확인 또는 요구사항 분석(Identification of Recordkeeping) 내의 요건·인하여 구조화하고, 보존 가능한 형태로 문서화하기 위한 것이다.

Step D: 현행 시스템 평가(Assessment of Existing Systems) 단계로, 조사된 기록관리 요건과 현행 시스템을 비교·분석하여 그 격차를 분석하고, 요구사항에 부합하는 시스템의 범위를 문서화하는 것이다.

Step E: 기록관리 시스템을 위한 전략(Strategies for Recordkeeping System) 단계로, 기록관리시스템을 위한 정책전략, 설계전략, 실행전략 등을 설정하여, 이후 시스템 개발프로젝트 수행 방법자체 수행 또는 아웃소싱을 결정하는 것이다.

Step F: 기록관리시스템 설계(Design of a Recordkeeping System) 단계로, 시스템 설계 정책 수립, 역할과 책임 지정, 시스템 논리적 물리적 설계를 수행하는 것이다. 산출물로는 시스템 구조, 시험계획, 설계명세서 등이 있다.

Step G: 기록관리시스템 실행(Implementation of a Recordkeeping System) 단계로, 실행기법과 전략을 혼합하여 구체적인 실행 프로세스를 계획하고 수행하는 것이다. 이 단계에서는 해당 프로세스가 적절히 문서화되도록 해야 하며 기록관리시스템을 유지할 수 있는 준비를 구체화하여야 한다.

Step H: 실행 후 검토(Post-implementation Review) 단계로, 기록관리시
스템을 실행한 후 적절성, 유효성, 효율성을 고려하여 평가계획을 설정
하고, 이를 위한 다양한 데이터를 수집하여 분석하는 것이다. 검토 후
조정이 필요한 경우, 예비조사 단계부터 전 단계를 재검토할 수 있다.

(3) 업무과정 분석 표준 ISO TR 26122(AS 5090)

호주에서 2003년 8월 발표된 AS 5090, '기록관리를 위한 업무과
정 분석(Work Process Analysis for Recordkeeping)'표준은 국제표준
ISO TR 26l22로 채택되었고, 우리나라에서도 2008년'KS X ISO/TR
26122, 기록을 위한 업무과정 분석'으로 국내 표준으로 채택되었다.

원래 AS 5090은 DIRKS 매뉴얼의 A~C단계를 지원하기 위해 개
발되었다. 업무과정 분석은 업무 활동에서 기록의 요건을 결정하고
처리 일정과 기능에 기반한 업무분류표를 개발하는 데 필수적이다.

이 표준은 조직의 규모나 성격에 관계없이 모두 유용하다. 조직의
모든 기능을 파악하고 분석하는 것부터, 하나의 업무단위에서 일어
나는 최소 수준의 활동을 분석하는 것까지 모든 가능한 방법을 제시
한다. 또한 맥락 분석과 기능 분석, 그리고 순차 분석의 세 가지 유
형으로 나누어 분석 방법을 제시하고 있으며, DIRKS 매뉴얼의 B단
계업무 활동 분석에 중점을 두고 지원한다.

맥락분석(Context Analysis)은 업무 분석 시작 단계에서 업무를 수
행하는 조직의 ① 법적 요건, ② 업무규칙 그리고 ③ 공동체의 기대
와 같은 맥락을 고려해야한다는 것이다. 맥락분석을 통하여 얻게
되는 산출물은 조직 내에서의 기능의 위치(담당부서), 기능의 구조
(중앙집중형/분산형), 기능 수행의 책임성을 정립하고 문서화한 내
용이다.

기능분석(Functional Analysis)은 조직의 광범위한 목적과 목표로부터 조직이 수행하는 기능을 하향식으로 분해하는 것으로, ① 조직이 목표를 성취하기 위해 수행하는 기능들의 파악, ② 기능을 분해하여 기능을 구성하는 활동(activities)과 행동(actions) 파악 ③ 활동과 행동을 처리행위가 일어나는 수준까지 분해하는 순으로 진행된다. 기능분석을 통하여 얻게 되는 산출물은 업무기능 프로파일, 업무분류표, 처분 지침, 기능시소러스 등이다.

순차 분석Sequential Analysis}은 한 업무 프로세스에서의 행동이나 처리행위의 순서와 다른 과정과의 연계 또는 의존 관계를 파악하여. 도표화하는 분석방법이다. 업무 프로세스 속의 각 단계를 시간의 흐름에 따라 설명하는 것을 목표로 한다. 의사소통과 결재행위가 이루어지는 과정에서 기록이 생산되는 시점을 자동화하여 파악해야 하고, 조직 내 권한과 처리행위를 연계하며, 업무프로세스에 따라 수행된 처리행위에 대해 어떤 데이터가 생산 수정 유지되는지를 확인하고, 완료된 처리행위를 문서화하는 데 필요한 기록내용 및 메타데이터 요소를 결정해야 한다. 이 표준(ISO TR 26122, 구 AS 5090)은 순차분석을 상세하게 다루고 있으며, 처리행위 레벨에서부터 해당 업무과정에 대하여 작성하는 프로세스 맵을 통해 업무 분석 결과를 가시화할 수 있도록 한다.

맥락분석과 기능분석이 조직 전반을 대상으로 하는 거시적 방식인 데 비하여순차분석은 업무과정의 구체적 단계와 순서를 밝힌 미시적 분석 방식이다. DIRKS와 이 표준의 가장 두드러진 차이는 어떠한 계층의 분석에 초점을 두고 있는가 하는 것이다. DIRKS가 조직의 목적 또는 사명으로부터 기능과 활동, 그리고 처리행위까지 하향식으로 업무를 분해하는 거시적 분석 방법을 다루고 있는데 비하

여, 이 표준은 행위와 처리행위의 순차를 분석하는데 중점을 두고
있다. DIRKS의 Step B가 기능분석에, Step C가 기록관리 요건을 밝
히기 위한 맥락분석에 초점을 두고 있는 데 비해, 이 표준은 순차분
석을 설명하는 데 많은 부분을 할애하고 있다는 특징을 갖는다.

(4) 업무 분류체계(BCS)

업무 분류체계(Business Classification of Scheme, BCS)는 조직의
기능과 활동에 토대를 두고 조직이 행하는 업무를 분석한 결과 생산
된 도구로, ISO 15489가 요구하고 있다. BCS는 그에 포함되는 기록
과 기록철과 함께 종이기록 환경에서는 '파일 플랜(file plan)'으로 지
칭되는 체계를 구성한다. BCS는 조직의 업무 전체를 총괄적으로 제
시하는 것이다(The National Archives 2003,5).

BCS의 주목적은 같은 활동이나 관련 활동들로부터 산출된 기록
들 간의 연계를 제공하고 기록을 상위의 기록 집합 속의 어디에 포
함시켜야 할지 결정하며 이용자가 기록을 검색하고 해석하는 것을
지원하고 보존기간을 설정하고 통제하며 접근권한과 보안 관련하여
설정과 통제를 가능하도록 해주는 것이다(The National Archives
2003, 21).

BCS는 조직의 기능(funaion) - 활동(activity) - 업무처리 (transaction)
간의 관계를 나타내는 계층적 모델로, 여기에는 동일 엔티티 간의
관계는 물론 엔티티 계층 간의 관계도 표현된다. 이는 기능에 기반
을 둔 기록관리시스템의 핵심 장치이자 특정 기관의 기능 및 활동
전체상을 파악할 수 있게 하는 수단이며, 아울러 계층성 및 상호연
계성을 부여하는 지적 통제수단으로서의 역할을 담당하게 된다

(DIRKS Step B, B4.3)

　업무분석 및 BCS의 개발은 곧 조직의 업무 구조와 여기서 생성된 기록구조를 일치시키는 과정이라 할 수 있다. 즉 이러한 과정은 조직이 무엇을 어떻게 하는가에 관한 개념적 모형을 개발하는 것으로, 기록이 조직의 업무 및 업무과정에 관계되는 방식을 제공해 준다 (ISO 15489-2, 3.2.3). 아울러 업무 활동 분석을 통해 도출된 BCS는 '완벽하고 정확한' 기록의 생성 및 획득을 위한 필수요소로, 레코드 키핑요건과 결합되어 기록관리 전체 통제를 위한 기초를 제공해주게 된다(DIRKS Step B, B2).

(5) 업무 분류체계와 기록 분류체계

　BCS는 한 조직이 수행하는 기능과 활동에 대한 순수한 분석 결과를 제시하며, 이는 조직이 무엇을 수행하는가에 대한 개념적인 표현이다. 대부분의 경우에 BCS에서 사용된 용어들과 계층은 곧바로 기록 분류 도구에 필요한 용어들과 계층으로 전환된다(National Archives of Australia, 2003, 19).

　기능, 활동, 업무처리의 3개 계층으로 구성되는 호주 BCS는 상위 계층(기능과 활동 계층)은 기록 분류의 상위계층(제1계층과 제2계층)과 일치하지만, 기록의 제3계층은 업무처리와 반드시 일치하지는 않는다. 때로는 주제(subject)나 특정 사안(topic)을 기준으로 형성된다

　영국의 BCS 설계 지침에서는 기능분류와 주제 분류가 혼합된 하이브리드형 분류체계도 하나의 대안으로 제안하고 있다. 즉, 분류의 상위계층은 BCS 상의 기능에 의거하고, 하위계층은 주제에 기반하

는 방법이다. 이는 호주의 기록 분류체계와 유사한 방식이다. 분류의 제3계층은 BCS에서는 대개 업무처리(transaction) 계층으로 언급되나, 호주 기록 분류 안내서에서는 제3계층을 주제항목으로 언급하고 있다. 사실 대기능 - 중기능 - 소기능으로 이어지는 철저한 기능적 접근은, 케이스파일이나 프로젝트파일을 지원하기 어려우므로, 이용자는 조직의 BCS의 분류항목을 그대로 기록 분류항목으로 사용하지 않고, 변형시킬 수도 있다. 예를 들어 특정 케이스나 프로젝트와 관련된 활동을 하나의 파일로 관리하고자 하는 경우에, 케이스파일은 개인명이나 조직명 등과 같이 주제 중심으로 묶이게 되며, 서로 다른 중기능에 속한 여러 개의 소기능(transaction)을 함께 묶어서 구성할 수도 있다.

영국 TNA(The National Archives)의 BCS 설계 지침에서는 케이스파일 등의 문제에 대해서는 기능 기반의 기록관리원칙을 무조건 준수하는 것보다는, 그 원칙을 어기지 않는 선에서 메타데이터와 BCS의 기능을 매핑하는 등의 접근을 통해 전산시스템을 이용하여 융통성 있게 해결할 수 있다고 본다(The National Archives 2003, 30).

5) 기록 분류체계의 개발 방법

(1) 분류체계 개발을 위한 준수 사항

분류체계는 조직의 기능과 업무 활동의 연결을 보여준다. 분류체계가 알려진 모든 변수를 항상 구체화 하는 것은 아니지만, 적절한 그룹핑을 제시해 줄 수 있다. 예를 들어, 좀 더 구체적으로 이용자들을 이해시키기 위해서 분류체계 지침 안에 [기한을 지정하라] 혹은 [고객을 지정하라]와 같은 지시사항을 표시할 수 있다. 조직이 사용하는 개별 변수를 모두 나열하기 위해서는 색인과 같은 추가 도구가 필요하다(KS X ISO 15489-2, 4.2.2.2).

KS X ISO 15489-2에서 제시하는 바에 의하면, 분류체계의 개발을 위해서는 다음의 사항들을 준수해야 한다. a) 분류체계는 조직 부서의 명칭이 아니라, 업무 기능과 활동으로부터 전문용어를 추출한다. b) 분류체계는 각각의 조직에 고유한 것이며, 상호 연관된 기능 수행을 위해 공동의 정보를 공유하는 조직 부서 간에 일관되고 표준화된 의사전달 방법을 제공한다. C) 분류체계는 계층적이며, 가장 일반적인 것에서 가장 구체적인 개념, 즉 가장 상위 기능에서 구체적인 단위사안, 예컨대 재무-회계감사-외부(Finance - Audit - External) 식으로 전개된다. d) 조직 내에서의 용례를 반영하는 분명한 용어로 분류체계를 구성한다. e) 기록화 되어야 할 업무기능과 활동을 모두 포함하기 위하여, 그룹과 하위 그룹을 충분히 사용하여 분류체계를 구성한다. f) 분류체계는 명확하게 구분할 수 있는 그룹들로 구성된다. g) 기록 생산자의 자문을 받아 고안한다. h) 업무체계는 업무 요구사항의 변화를 반영하고, 가장 최근의 체계를 사용하며, 조직의 기능과 업무 활동의 변화를 반영할 수 있도록 유지한다(KS X ISO 15489-2, 4.2.2.2).

(2) 기능 분류에 의한 기록 분류체계 개발

업무 분류체계(BCS)는 업무관리를 효율적으로 하기 위한 도구이고, 기록 분류체계는 기록의 관리와 활용을 하기 위한 도구로, 그 일차적 목적이 서로 다르다. 호주와 영국의 분류지침에 의하면, 기록 분류의 상위계층은 업무분류체계 상의 기능에 기반하고, 하위계층은 업무처리에 기반한다. 그러나 제3계층에서 주제항목은 몇 개의 과업을 하나로 묶어서 이루어지는 경우가 많으므로, 일반적으로 업무흐름의 각 프로세스와 직접적으로 관련되지 않는다. 대기능 - 중기능 - 소기능으로 이어지는 기능적 접근은 특정 사안(case)이나 프로젝트와 관련된 활동을 하나의 파일로 관리하고자 하는 경우 여러 개의 소기능을 함께 묶어서 구성하기도 하므로, 케이스 파일이나 프로젝트 파일을 지원하기 어렵다.

기능 분류는 기능 출처주의에 의한 기록의 분류를 의미하며, 기능과 활동의 분석은 기록의 분류와 처분 일정 분류의 기초가 된다. 기록이 생산되기 이전 시점부터 기능의 분석을 통해 기록 처분 기준을 결정하므로, 가록 연속성의 개념에도 부합하는 분류 방법이다(기록학 용어 사전 2008, 44).

업무기능은 기관의 고유(핵심)기능과 공통기능에 따라 각각 다른 처분 지침이 마련될 수 있기 때문에 이를 구분하여 분류한다. 우리나라의 경우 구법인 「공공기관의 기록물 관리에 관한 법률」에서도 처리과 공통업무, 기관 공통업무, 기관 고유업무를 각각 구분하여 분류기준표를 작성하는 것으로 제시되었다.

호주의 경우, ①조직의 고유한 업무 활동에 대한 기록 처분 지침 (RDA, Records Disposal Authority), ② 호주 연방 정부의 모든 기관의 공통적인 행정기능에 대한 공통 기능 처분 지침 (Administrative Functions Disposal Authority, AFDA), ③ 각 연방기관이 보편적으로 수행하는 공통기능을 포함한 시소러스((Keyword AAA: A Thesaurus of General Terms)를 개발하여 사용하고 있다. 미국 의 경우 ① 연방

정부의 공통기능인 공통업무 기록관리 일정표(General Records Schedule, GRS)와 ② 기관별 고유업무 기록관리일정표(Records Schedule, RS)가 기록관리에 활용된다.

기록이 업무분류에 기반하여 분류되어야 함에도 불구하고 기록분류는 업무분류와 차별화된다. 이는 우선적으로 업무분류와 기록분류를 하는 기본적인 목적이 다르기 때문인데, 업무류는 업무관리를 효율화하기 위한 도구인데 비해 기록분류는 효율적인 기록관리와 활용을 일차적 목적으로 하는 것이다. 또한 업무가 변경되거나 사라져도 관련 기록은 남겨지고 관리되어야 하기 때문에 현행의 업무분류체계와 동일할 수도 없고 동일해서도 안된다.

기록 분류체계의 개발은 업무분석전문가 및 기록관리자(records manager)의 역할이다. 우선 업무분석전문가가 조직의 전체 기능과 업무를 분석하여 업무분류체계를 개발하는데, 조직의 업무는 계속 변화하며, 이에 따라 업무분류체계도 바꿔주어야 한다. 그러나 기록 분류체계의 경우, 폐지된 기능과 관련하여 생성된 기록도 함께 수용해야 하기 때문에 구 업무분류체계와 신 업무분류체계가 포함된 형태의 분류체계를 유지 관리해야 한다. 아울러 기록 분류체계는 기록의 처분 지침 혹은 보존기간 등과 연계되어 운용되는 것이 일반적이므로 기록분류체계는 기록관리자가 개발하고 운용하는 것이 바람직하다. 기록 분류체계의 개발 및 운용을 위해서 기록관리자는 업무분석전문가와 일선 업무담당자들의 협조를 받을 수 있는 메커니즘을 구축해야 한다.

(3) 기록 분류체계 설계하기

조직 전반에 걸쳐 체계적이고 일관성 있는 분류체계를 제공하는 일은 기록관리자의 중요한 업무의 하나이다. 이상적인 상황이라면 조직의 모든 기록을 포괄할 용도로 설계된 하나의 분류체계가 존재해야 한다. 모든 기록은 분류체계내에서 정해진 위치를 갖게 되고, 그 체계 내에서 다른 기록들과의 관계는 완벽하게 문서화되어 있어야 한다. 복잡한 조직이라면 이런 일은 상당한 시간과 전문기술이 필요한 작업이며, 자원이 갖춰진 정도에 따라 분류체계의 설계 기간은 달라진다. 분류체계를 설계하는 방법 중 한 가지는 다음과 같은 네 단계를 밟는 것이다.

단계 1. 기능의 확인: 조직의 기능을 분석하고 각 기능과 그 주요 하위기능사이의 관계를 파악하여 그에 대한 논리적 모델을 만드는 것이 출발점이다. 만약 기능분석이 되어 있지 않다면 기록관리자가 아를 수행해야 한다. 1단계에서는 상위 레벨의 기능만 분석하면 되고, 각 기능별 범위와 경계를 설정할 필요가 있다. 대부분의 조직에서 발견되는 공통된 기능(예: 자산, 재정관리나 특정업무 영역에만 존재하는 기능을 고려할 때, 기존의 모델을 활용할 수 있으며, 모델의 적용 가능 여부는 기록관리자가 판단한다. 조직의 기능이 특수하거나 일반 모델을 적용할 수 없다면 자체적으로 분석을 실시할 수밖에 없다.

단계 2. 분류작업의 우선순위 결정과 논리적 모델의 확장: 세분화된 분류를 하기 위해, 기능 영역들의 우선순위를 정하고 그 영역에서 모델을 확장시키는 일이다. 우선순위의 기능을 선정할 때는, 활용 가능한 자원과 경영상의 지원 정도, 기존 시스템의 적합성 등 많은 요소들을 고려한다. 작업은 하나의 업무단위에서 수행되는 기능이나 하위기능을 선택하는 데에서 시작한다. 몇 개의 업무단위에 분할되어 있는 기능들은 모델화가 어려우므로 예비단계에서 선택하면 안 된다. 다음으로 기능 또는 하위기능의 구성요소를 확인하고 그들 사이의 관계가 매핑되어야 한다. 이 모델은 시작과 끝이 분명한 활동들로 분해되는 프로세스 수준까지 개발되어야 한다. 이 단계의 목적은 각각의 기능과 하위 기능들을 구성하는 과정을 파악하는 것이다. 중요한 것은 주제어가 아니라 기능과 프로세스에 초점을 맞추어야 한다는 것이다. 예를 들면 '회의(conference)'는 도서관의 분류체계에서 찾을 수 있을 만한 주제어이지만, 기능분류 체계에서는 '회의참가'와 '회의 준비'가 서로 다른 프로세스이므로 각각 따로 분류되어야 한다. 또한 하나의 프로세스에서 '관리(management)'하는 것과 '운용(operation)'하는 것도 구분해야 한다. '관리'기능은 '정책의 수립' 업무의 감독과 관찰'을 포함하는 것으로, 구체적인 '시행(implementation)'과는 다르게 분류되어야 한다. 하나의 기능이 하나의 프로세스를 구성하는 경우도 있지만, 대개는 여러 프로세스들이하나의 기능 내에 존재한다. 이 모델이 시스템 내의 모든 프로세스들을 포괄하게 되었을 때 이 단계는 끝나게 된다.

단계 3. 추가적인 세분화를 위한 필요성의 평가: 모델을 더 확장시킬 것인지를 결정하는 단계로, 하나의 시리즈에서 발생하는 기록의 양이 많을수록 분류를 더욱 세분화하는 것이 일반적이다. 그 세분화 정도는 '조직의 목표달성에 얼마나 기여하는지, 소송 등 앞으로 닥쳐올 위험으로부터 조직을 보호하는 데 있어 얼마나 유용한지'를 고려하여 판단할 수 있다. 또한 반복적이고 일상적인(routine) 프로세스는 정해진 절차에 따라 수행되므로 세분화된 단계까지 매핑하는 것이 가능하나, 임의적인 프로세스(creative process)는 반복적인 과정에 비해 기록의 표준화가 어렵다. 그러나 그들이 고정된 패턴을 따른다면, 몇몇 임의적인 업무과정도 또한 어느 정도는 상세히 나타낼 수 있으나, 세밀한 모델링은 후에 다시 사용될 수 없어 별 가치가 없다.

단계 4. 모델의 검토와 구성요소의 라벨 붙이기 : 설계된 모델은 지속적으로 재평가되어야 하며, 각 단계의 요소들에는 명확하고 분명한 이름이 부여되어야한다. 기능과 그 구성요소는 타동사를 사용하지만, 어순을 도치하거나 동일 의미의 명사로 대체할 수도 있다 즉, '인력자원 관리하기(managing human resources)'는 '인력자원관리(human resources management)'로 대체가 가능하다. 또 기능 수준에서는 동사 또는 동명사는 전부 생략되고 명사로만 표시될 수도 있다. 예를 들어 '인력 자원'은 이 기능수준에서 적합한 라벨이 될 수 있다. 그보다 낮은 수준에서는 동사 또는 동명사가 항상 드러나야 한다. 즉 '직원 채용하기'와 '직원 급료 지불하기'나 '송장에 지불하기'와 '송장 발행하기'는 적절하나 '직원'과 '송장'은 그 자체로서는 적절하게 업무과정을 기술하는 것이 아니므로 적합한 라벨이 아니다.

이렇게 완성된 논리적인 모델은 관련된 조직 기능과 하위기능에 각 시리즈의 기록들을 위치시킬 수 있게 하며, 시리즈 수준과 그 상위 수준에 있어서의 논리적 모델이 곧 분류체계이다. 논리적 모델은 시리즈 수준 하위의 기록에 대한 맥락정보를 이해할 수 있는 틀을 제공하며, 기록의 정리와 종이기록의 파일링, 전자기록의 폴더 관리에도 필요하다. 특히, 종이기록 위주의 시스템에서의 분류와 정리는 긴밀히 연결되어 있다. 분류의 논리적 체계는 기록의 매체나 형식과는 관련이 없지만, 시리즈 수준의 기록을 어떻게 정리할 것인가의 선택은 그 시스템의 성격(종이, 전자, 혼용에 크게 좌우되기 때문이다. 이용자들도 논리적 모델에 따라 기록물이 정리되어 있기를 바라는 경우가 많다.

(4) 기록에 대한 보안 및 접근 분류체계 수립

KS X ISO 15489-2에서는 업무 활동 분류와 유사한 단계를 거쳐, 기록의 접근에 대한 권리나 제한 조건을 부여하되, 보안과 접근 분류체계 수립에 참조하기 위해 다음을 수행해야 한다고 하였다: a) 기록이 문서화하는 처리행위나 업무 활동을 확인하라. b) 기록을 생산한 업무 부서를 확인하라. c) 활동과 업무 영역이 위험 영역인지, 보안상 고려가 필요한지, 그리고 또는 법으로 제한조건이 정해져 있지 않은지 등을 정하기 위해 접근 및 보안 분류를 점검하라. d) 적절한 수준의 접근 혹은 제한범주를 기록에 부여하고, 적절하게 취급하기 위한 통제 수단을 명시하라. e) 기록시스템에서 기록의 접근 혹은 보안 상태를 기록하여 추가로 통제 조치가 필요함을 표시하라.

기록에 대한 접근은 업무상 접근을 제한할 필요가 있거나 법이 제한하도록 지정하는 경우에만 제한한다. 기록 생산이나 관리를 담당하는 부서와 협의하여 접근과 보안 분류를 부여할 수 있다. 미리 지정한 기간 동안에만 접근을 제한하여, 실제 필요 이상으로 긴 기간 동안 추가적으로 모니터링하거나 통제 수단을 적용하지 않도록 한다(KS X ISO 15489-2, 4.3.5).

6) 처분 지침

(1) 처분 지침의 의미와 원칙

공공기관의 기능은 그 기관의 고유한 기능과 일반 행정과 같이 대부분의 기관에 존재하는 공통기능으로 구분할 수 있는데, 공공기관의 공통기능에 대해 통일된 분류표를 작성하면 일관성 있는 분류체계를 유지할 수 있을 것이다. 우리나라는 '처리과 공통업무기능(예: 서무, 보안관리, 기록관리, 민원관리 등), 기관 공통 업무기능(예: 감사, 공보 등), '기관 고유 업무'를 구분하여 관리하고 있다. 이렇게 고유기능과 공통기능을 구분하여 분류표를 작성한 후 이를 통합하여 기관의 기록분류표로 사용하는 나라들이 많다. 특히 이러한 분류표에 '보유기간'과 관련한 정보를 부가하여 기록보유일정표(retention schedule)로 사용하는 경우, 양 기능을 구분하는 것이 효과적이다. 각국의 기록보유일정표는 처분지침(disposition authority), 처분일정표(disposal schedule) 등 다양한 이름을 가지며, 기록을 평가 폐기 이관하는 기준이 된다. 우리나라에서는 기록관리기준표가 이러한 역할을 한다.

호주 연방정부의 모든 기관에 공통적인 행정기능과 관련된 기록은 공통기능 처분 지침(disposition authority)에 따른다. 기능에 기반한 처분 지침은 기록 생산 기관이 영구 보존하기로 정한 기록을 영구 기록물관리기관으로 이관하거나 한시적 보존 대상 기록을 제거하거나 파기할 수 있는 권한을 부여하는 법률적인 허가이다. 영국에서는 처분 스케줄(Disposal Schedule), 캐나다에서는 처분 권한(Disposition Authority), 호주에서는 처분 권한(Disposal Authority) 이라는 말을 사용한다. 이밖에 보유 일정(Retention Schedule)이라는 말을 사용하기도 한다(기록학 용어 사전 2008, 246-247).

이러한 처분 행위는 다음을 포함할 수 있다.

a) 덮어쓰기와 삭제를 포함하여 즉각적으로 수행하는 물리적 파기,
b) 업무 부서 내에서 계속 보유,
c) 조직이 관할하는 적절한 장소나 매체로 이전,

d) 구조조정, 매각, 혹은 민영화를 통해 업무 활동에 책임을 지는 다른 조직으로 이전,

e) 해당 조직을 대신하여 기록을 관리할 외부 업체와 적절한 계약을 맺어 그 업체가 운영하는 저장 공간으로 이전

f) 기록을 생산한 조직이 물리적 저장을 유지하면서, 관리책임은 적절한 권한기구로 이전,

g) 조직 내의 보존기록관으로 이전, h) 외부의 보존기록 기관으로 이전 (KS X ISO 15489-1, 9.9)

처분 지침(Administrative Functions Disposal Authority, AFDA)에 의해, 기관의 고유한 업무 활동과 관련된 기록은 별도의 기록 처분 지침(Records Disposal Authority, RDA)에 의해 보유기간 및 방법이 정해진다. 미국의 국립기록관 National Archives and Records Administration(NARA)도 공통업무 기록일정표(General Records Schedule, GRS)와 기관별 고유업무 기록일정표(Records Schedule, RS)로 나누어 연방기관의 기록을 통제한다.

처분을 위해서는 그 시기와 방법을 결정하는 처분 지침이 미리 수립되어 있어야 하며, 이 지침을 적시에 정확한 방법으로 이행하도록 하는 기록관리시스템의 지원이 있어야 한다. 처분 지침의 목적은 기록의 보유 기간이 종료된 이후, 시스템 내에서, 기록의 생산 이전에 미리 정한 처분 결정에 따라 기록을 이관하거나 파기하는 데 있다. 이는 기록의 특성과 가치를 포괄적으로 고려한 신중한 판단을 요구하는 매우 어려운 결정이므로, 시스템 기능표준에서는 소수의 허가받은 사용자만이 처분 지침을 생성 변경 삭제하거나 기록에 부여하도록 하고 있다(기록학 용어 사전 2008, 247).

기록 처분에 대하여 KS X ISO 15489-1에서 제시하는 원칙으로는

먼저, 체계적이고 일상적으로 기록에 처분 지침을 적용할 수 있어야 하고, 미리 승인을 받은 경우에만 파기해야 하며, 기록이 포함하고 있는 모든 정보와 기밀성을 보존하는 방식으로 파기를 수행해야 한다는 것, 그리고 처분활동과 관련된 모든 정보를 기록하여 이 정보도 기록 자체와 마찬가지로 관리해야 한다는 것이다. 또한 파기하기로 승인 받은 기록은 보안용 사본, 백업용 사본을 포함하여 모든 사본을 파기해야 하며, 현재 진행 중이거나 계류 중인 소송이나 조사와 관련된 기록은 파기할 수 없으므로, 그 기록이 증거로서 관련될 수 있는 소송이나 조사가 진행 중이거나 계류 중이지 않다는 보장이 있어야 한다.

또 KS X ISO 15489는 특정 시기나 특정한 활동의 결과, 예를 들면 서고가 80% 정도 찼기 때문에 공간을 마련하기 위하여 기록을 처분하는 등의 방식으로 처분 지침을 수행하는 것을 금하고 있다. 즉, 정상적인 업무 과정의 일부로서 체계적이고 일상적으로 처분을 수행해야 한다는 것이다. 또한 처분 지침을 즉시결정하기 어려울 경우에는 일정한 시간이 경과한 이후에 재검토할 수 있도록 해야 한다고 하였다(KS X ISO 15489-1, 9.9).

5. 메타데이터

기록관리에 있어 메타데이터는 기록관리시스템을 움직이게 하는 핵심 도구 이다. 메타데이터는 일단 기록을 찾고 기록을 이해할 수 있게 해주는 가장 기본적인 데이터가 되므로, 기록의 내용, 구조, 맥락에 대한 충분한 정보를 포함하게 된다. 또 기록에 대한 접근 및 통제, 보존, 처분, 평가 등 기록관리의 전 과정에 대해 내용, 구조, 맥락에 대한 정보와 이용내력 및 기록관리 과정을 추적할 수 있는 정보를 포함한다.

관리와 이용 행위가 발생한 시점에 그 내역을 메타데이터로 포착하는 등, 적절하고도 충분한 메타데이터의 획득, 생산을 통해서는 ISO 15489가 제시한 기록의 4대 품질 요건인 기록의 진본성, 무결성, 신뢰성, 이용가능성을 보장한다. 이렇게 다양한 측면의 요구를 충족시키는 기록관리 메타데이터는 다양한 요소들을 포함하여야 하며, 기록관리에 있어 핵심적인 역할을 한다.

한편 기술(description)은 전통적으로 보존 기록에 대해 현재 및 미래의 모든 이용자가 원하는 기록을 찾고 그 의미를 이해할 수 있도록 도와주는 접근도구를 생산하는 과정 혹은 그 결과물로, 기술은 기본 기능이 도서관의 목록처럼 원하는 자료를 찾을 수 있도록 해주는 도구이다. 기록은 업무 외의 이용을 염두에 두고 생산하는 경우가 드물어 그 자체만으로 기록을 찾아내기는 불가능하기 때문에, 복잡하고 다양한 형태의 기록에 대해 이용자가 쉽게 확인하고 식별할 수 있도록 내용, 구조, 맥락, 관리 및 이용 내역에 대한 정보를 기술에 담아 상당히 많은 항목들에 대해 길고 서술적으로 상세한 정보를 제공함으로써 원 기록을 이용하는 시간을 최소화한다. 또한 기술을 통해 기록 군이나 컬렉션을 구성하는 기록을 보여줌으로써 무결성을 확인할 수 있도록 한다.

1) 메타데이터의 개념, 역할 및 기능

(1) 메타데이터의 개념 및 종류

메타데이터란, 정보를 지적으로 통제하고 구조적으로 접근할 수 있도록 하기 위해서 정보 유형을 정리한 2차적인 정보이다(기록학 용어 사전 2008, 97). 사물을 표현하는 특성 정보를 유형화한 정보나 데이터의 유형을 정한 데이터라는 의미에서 '데이터에 대한 데이터'라고 정의하기도 한다. 예를 들면, 하나의 드라마 동영상을. 데이터로 보면 이 드라마에 대해서 '제목', '작가', '감독', '출연배우' 등의 데이터가 입력될 수 있으며, 이렇게 하나의 데이터를 설명하는 데이터가 메타데이터이다.

이와 마찬가지로 기록을 설명하는 경우에도, 기록을 검색하기 위해 데이터를 정하고 기술한 기술 메타데이터 또는 자원발견 메타데이터, 기록의 장기적 보존을 지원하는 보존 메타데이터, 개별 기록 단위에서 전체를 구성하는 각각이 부분과 갖는 관계를 보여주면서 기록의 내부 구조 또한 알 수 있도록 하는 구조 메타데이터 등의 다양한 메타데이터가 존재한다(기록학 용어 사전 2008, 98).

메타데이터에는 다양한 종류가 있는데, 특히 인터넷 자원에 대한 메타데이터의 표준으로 개발되어 제시된 더블린 코어(Dublin Core)를 먼저 알아보고, 기록관리 메타데이터에 대해 상세히 알아본다.

(2) 더블린 코어(Dublin Core)

더블린 코어(Dublin Core) 메타데이터 표준은 광범위하게 네트워크로 연결된 자원에 대해 이들 자원의 신속한 검색을 목적으로 하되, 데이터의 호환성을 유지하고 기술하는 단순하면서 효과적인 요소의 집합이다. 1995년 OCLC와 NCSA(National Center For Supercomputer Application)는 더블린에서 개최된 워크숍에서 더블린 코어 메타데이터에 대해 합의하였고, 이는 ANSI/NISO 표준 Z39.85)로 제정되었다. DCMI(Dublin Core Metadata Initiative)는 폭발적으로 증가하는 웹자원의 기술에 적합한 메타데이터를 설계하여, 15개의 단순한 요소로 데이터 형식과 구조를 단순화하고, 특별한 기본지식이 없는 비전문인이라도 메타데이터를 직접 작성할 수 있도록 한 것이다.

더블린코어 메타데이터의 J5개 요소는, 자원에 부여된 제목(title), 작성자(creator), 주제(subject), 기술(description), 발행처(publisher), 기여자(contributor), 날짜(date), 유형(type), 포맷(format), 식별자(identifier), 출처(source), 언어(language), 관계(relation), 내용범위(coverage), 권리(right)이다.

더블린코어는 자원의 본질적인 특성을 기술요소로 하되(고유성), 규정된 필수 부를 강제하지 않으며, 모든 기술요소를 반복 사용할 수 있으며(반복성), 한정어를 사용하여 세부사항을 조정(수정가능성)할 수 있는 방식으로 검색의 효율성을 기하도록 하였고, 규정된 데이터 요소 외에 부차적 특성을 확장하여 포함할 수있도록 하였다. 그러나 더블린코어는 계층구조를 기반으로 하지 않는 단순한 의미를 지닌 요소를 포함함으로써, 계층성 및 맥락 등이 필수적인 기록의 특성과 기록관리 과정에 필요한 각종 정보를 모두 담기에는 역부족이다.

DCMI (Dublin Core Metadata Initiative)

더블린 코어 메타데이터 요소 세트에 대한 내용은 다음 사이트에서 확인할 수 있다. http: //www.dublincore.go.kr/documcnts/usageguide

2) 기록관리 메타데이터

기록관리 메타데이터는 기록의 내용, 구조, 맥락 정보와 일정 기간에 걸친 기록관리 이력을 기술한 데이터라고 할 수 있다(ISO 15489-1). 기록관리 메타데이터는 ① 기록의 맥락 정보를 획득하여 기록의 증거적 가치(evidential value)를 보존할 수 있고, ② 기록의 내용과 구조를 표현하는 요소를 포함하여 기록물을 식별할 수 있도록 하며, ③ 관리 이력에 대한 정보를 통해 기록의 진본성과 무결성을 확인할 수 있도록 한다.

ISO 15489-1은 기록관리 과정에서 메타데이터와 관련하여 갖춰야 할 요건에 대해 ① 기록은 내용뿐만 아니라 업무행위를 문서화하는 데 필요한 메타데이터를 포함하거나 메타데이터와 지속적으로 연계되어 있어야 하고, ② 기록의 구조, 형식, 그리고 그 기록을 구성하는 요소들 사이의 관계가 원래대로 남아있어야 하며, ③ 기록이 생산되고, 접수되고, 활용되는 업무 맥락이 명백히 드러나야 하고, ④하 나의 기록을 구성하기 위해 결합되어야 하는 문서들 간의 링크가 제공되어야 한다고 명시하였다.

ISO 23081-1 에서는 메타데이터가 장기간에 걸쳐 특정영역 내 또는 타 영역 간의 기록의 생산 등록 분류 접근 보존 처분을 가능하게 하는, 구조화된 정보 또는 반구조화된 정보라고 하고, 기록관리 메타데이터는 기록과 기록을 생산 관리 유지 이용하는 사람, 과정과 시스템, 그리고 기록을 관장하는 정책 등을 확인하고 인증하며 맥락을 파악하는 데에 사용될 수 있다고 하였다. 또한 메타데이터는 기록을 업무맥락 속에 고정시키며 기록을 통제하는 관리체계를 구축하면서, 획득 시점에서 기록을 정의한다. 기록이나 기록 집합체는 존재하는 동안에 다른 업무나 이용 맥락에서 새로운 이용이 일어나기 때문에 장기간에 걸쳐 메타데이터가 기록관리 맥락 및 기록이 이용되는 업무과정 관련 정보와 기록이나 기록의 외형상의 구조적 변화와 관련된 정보를 지속적으로 발생시킨다는 것에 주목한다.

메타데이터는 장기간에 걸쳐 진본성, 신뢰성, 이용가능성, 무결성을 보장하며, 정보객체가 물리적이건 아날로그이건 디지털이건 간에 이를 관리하고 이해할 수 있도록 해준다. 그러나 메타데이터 또한 관리될 필요가 있다. 디지털 환경에서는 기록의 결정적 특성을 정의하는 메타데이터를 명백하게 기록화하여 동반한 기록이 승인된 기록이다. 디지털 환경에서 신뢰성 있는 기록은 그 기록의 합리적인 기록관리 메타데이터의 생산과 획득이, 기록을 생산 획득 관리하는 시스템 안에서 실행되도록 보장하는 것이 필수적이다. 바꿔 말하면, 디지털 환경은 메타데이터를 정의하고 생산함과 동시에, 완전하고 동시적인 기록획득을 보장하기 위한 새로운 기회를 제시하고 있다. 이러한 기록은 처리행위의 증거가 되거나 그 자체가 처리행위가 될 수 있다(KS X ISO 23081-1: 2007, 2).

3) ISO 23081

(1) 23081의 개요

ISO 23081은 세 파트로 구성된 기록관리 메타데이터에 관한 국제 표준으로, ISO의 TC 46 산하 SC 11의 주관으로 2006년과 2007

년, 그리고 2011년에 각각 공식적인 표준으로 제정되었다.

제1부는 문헌정보-기록관리과정 기록메타데이터: 원칙(Informationand Documentation-Records Management Processes - Metadata for Records : Principles), 제2부는 개념과 실행 고려사항(Conceptual and Implementation Issues), 제3부는 자가평가방법(Self-assessment method)이다. 우리나라에서도 2007년과 2008년 제1부와 제2부가 KS X ISO 23081-1 과 KS X ISO 23081-2의 국내표준으로 제정되었다.

(2) ISO 23081-1

ISO 23081의 제1부 원칙(Principles)은 ISO 15489 틀 내에서 기록관리 메타데이터를 통제한다는 원칙을 제시하고 있다. 그렇기 때문에 현용 및 준현용 기록을 대상으로 한다. ISO 23081-1은 ISO 15489-1을 지원하기 위해 필요한 메타데이터의 유형을 다음 다섯 가지의 구성요소로 나눌 수 있다고 하였다. ① 기록 자체에 대한 메타데이터, ② 업무규칙이나 정책과 법규에 관한 메타데이터, ③ 행위주체(Agents)에 관한 메타데이터, ④ 업무 활동이나 과정에 관한 메타데이터, ⑤ 기록관리 과정에 관한 메타데이터이다(KS X ISO 23081-1: 2007, 11).

이를 기반으로 5개 주요 메타데이터 유형과 그 관계를 명시하였다. 즉 ① 기록에 관한 메타데이터는 업무를 수행하는 과정에서 생산되며 수행한 업무를 문서화한 것이다. ② 법규에 관한 메타데이터는 행위주체가 내・외부 법규에 의해 규정되는 사회적이고 조직적인 맥락 속에서 업무를 수행하도록 하는 것이다. ③ 행위주체에 관한 메타데이터는 기록 생산, 획득, 기록관리 과정에 포함되거나 이러한 활동에 책임을 지는 개인이나 작업집단 혹은 조직을 의미하며, ④ 업무에 관한 메타데이터는 대, 중, 소기능으로 표현되는 업무 기능을 의미하며, ⑤ 기록관리업무에 관한 메타데이터는 업무의 일종으로 기록의 각 계층에서 행해진 관리 행위와 그 과정을 보여준다.

(3) ISO 23081-2

2007년에 제정된 ISO 230181의 제2부, 개념과 실행 고려사항 (Conceptual and Implementation Issues)은 ISO 23081-1에서 제시한 원칙과 관련하여, 실행 시 고려해야 할 이슈와 기록관리 메타데이터의 개념적 모델을 제시하고, 기록관리 환경에 맞는 넓은 차원의 요소 세트를 제안하고 있다. ISO 23081-2는 조직의 관점에서 메타데이터 스키마 개발 및 구축에 필요한 실질적인 지침을 제공하며, 그 목적은 기록과 기록의 맥락을 표준화된 방식으로 기술하고, 기록의 생애주기전반에서 어떠한 공간이나 소프트웨어 환경에서도 메타데이터를 재시용하고 표준화하기 위한 것이다.

ISO 23081-2는 기록관리 메타데이터의 실행에서 역점을 두고 다루어야 할 고려사항을 제시하며, 문제를 처리할 때 선택할 수 있는 다양한 대안을 제시하고 설명하였다. 좋은 메타데이터 체제는 동적이며 장기간에 걸쳐 필요로 히는 한 부가적 기록관리 메타데이터를 추가할 수 있어야 한다고 하였다(KS X ISO 23081-2: 2008, 4.1.2).

ISO 23081-2 기록관리 메타데이터 요소들을 명시적으로 밝히지 않고, 기록관리 기능을 충족시키는 데 필요한 일반적인 메타데이터 유형만을 제시하고 있다. 따라서 각 국가와 기관들은 실제 기록관리에 사용할 메타데이터 요소들을 직접 제정하여 사용하고 있다.

ISO 23081-1에서는 메타데이터 유형(type)을 기록, 규정, 행위주체, 업무과정, 기록관리과정으로 구분하였으나, ISO 23081-2에서는 유형이 아닌 개체(Identity)로 명명하고, ① 기록 개체, ② 행위주체 개체, ③ 업무 개체, ④ 규정 개체, ⑤ 관계개체의 5개 개체가 유기적인 관계를 맺도록 하는 다중 개체(multiple entity) 모형을 제시하고 있다. 여기서는 '기록관리과정'은 업무에 포함시키며, 각 개체를 연결하는 관계(relationship}를 하나의 개체로 제시한 것이 특징이다.

제시된 5개 개체 중에서는 관계 개체가 가장 핵심 개체이며, 관계 개체를 통해서만 한 개체와 다른 개체가 연계된다. 각 개체들은 3-6개의 서로 다른 계층(layer)으로 이루어지는데, 예를 들어 기록은 기록 건, 처리행위순차, 파일, 시리즈, 보존 기록물, 보존 기록물 집합의 6계층, 행위주체는 사람도구, 작업집단, 기구, 기관의 4계층, 업무는 처리행위, 활동/과정, 기능, 환경기능의 4계층, 규정은 업무규칙, 정책, 법규/규약의 3계층으로 구성된다.

위에 기술된 모든 개체의 계층들이 바로 다 실행으로 이어지리라고는 기대 할 수 없다. 이에 대한 결정은 다양한 개체의 계층에 대한 기술 사이에 영속적인 링크를 보장할 수 있는가의 여부에 달려있게 된다. 그런 영속성을 보장할 수 없으면, 다른 개체에 대한 메타데이터를 기록 자체의 범주로 가져오는 '기록 중심의 실행'으로 나타날 것이다. 그러한 실행은 개체 모델을 '단층화하고(flatten)', 링크되지 못한 다른 개체에 대한 정보를 포함하게 되는 것이다. 예를 들면, 행위주체, 규정, 또는 업무의 계층들을 포함하지 못하고 실행이 이루어진다면, 기록의 계층에 대한 실행에 모든 필요한 정보를 포함할 수 있다(KS X ISO 23081-2 : 2008, 9).

메타데이터구조에 대한 이해를 돕기 위해 메타데이터를 6개의 큰 그룹(식별, 기술, 이용, 사건이력, 사건계획, 관계)으로 나누고 각 그룹의 메타데이터를 설명하는데, 각 하위 조항에 정의된 메타데이터는 기록 개체에는 필수적이고 개념적 모형 내의 모든 개체에 적용이 가능하다. 메타데이터는 정적인 것이 아니라 기록관리 과정이 진행되어 감에 따라 지속적으로 증가하는 동적인 것으로, 이것은 기록관리 메타데이터의 지속적인 증가를 의미한다. 예로 식별, 기술, 이용, 관계 메타데이터 그룹은 현재 상태로, 사건계획 메타데이터 그룹은 개체를 관리하기 위한 향후 계획들을 포함하고, 사건 이력 메타데이터 그룹은 장기간에 걸친 개체의 이력을 포함한다. 사건계획 자체는 장기간에 걸쳐 변화할 수 있고, 이러한 변화는 사건 이력으로 기록되는 것이다.

4) 우리나라 메타데이터 공공 표준

우리나라의 메타데이터에 대한 국가표준은 앞에서 기술되었듯이 KS X ISO23081-1과 23081-2이며, 공공표준으로는 국가기록원에서 기록관리 메타데이터 표준을 2007년에 제정하였고, 2012년 개정하였다(NAK/S 8: 2012(v2.0)). 이 표준은 장기간에 걸쳐 기록물의 진본성, 신뢰성, 이용가능성 및 무결성을 보장하기 위해 공공기관이 생산 또는 접수하는 기록물에 대한 맥락과 내용, 구조 및 기록생애주기 동안의 관리사항을 기술하기 위한 기록관리 메타데이터 표준이다. 2012년 개정판은 2007년 제정된 '기록관리 메타데이터 표준: 현용 준현용 기록물용(NAK/S 8(vl.0) : 2007)'의 문제점을 점검하여 현재의 기록관리 관련법규와 현장의 실무, 기록관리 관련 시스템에서의 차질 없는 이관과 관리에 적합하도록 그 내용이 전면 개정되었다. 이 표준은 현용, 준현용 기록물뿐만 아니라 비현용기록물 메타데이터 요소까지 포함하여 기록생애주기 전체에 걸쳐 적용될 수 있도록 적용범위가 확장되었다. 단, 영구기록물관리기관 소장 기록의 전문적인 기술(記述)에 필요한 사항은 '영구기록물 기술규칙(NAK/S 14: 2011(v2.0))'에서 정하고 있으므로 이 표준에서는 제외하였다.

이 표준의 구성은 다음과 같다. 제1절부터 제3절까지는 표준의 적용범위와 적용근거, 용어정의를 수록하였다. 제4절에서는 기록관리 메타데이터에 대한이해를 돕기 위해 기록관리 메타데이터의 원칙에 대해 기술하였고, 제5절에서는 기록관리 메타데이터 표준의 개요를 기술하였으며, 제6절에서 기록관리 메타데이터 요소를 기술하였다. 또한, 시스템 적용 시 참조할 수 있도록 부속서로(A) 기록계층별 기록관리 메타데이터 요소, (B) 기록관리 메타데이터요소의 획득시점, (C) 기록관리 메타데이터 요소표, (D) 생산자 메타데이터요소 적용예, (E) ISO 23081-2의 일반 메타데이터 그룹에 따른 구분, (F) 폐기기록물을 위한 메타데이터, 轉 기록관리 메타데이터 표준(vl.O)과의 비교표를 수록하였다. 마지막으로 이 표준의 제정취지와 개정내용을 기술한 해설서를 추가하였다(국가기록원. 기록관리 메타데이터 표준 NAK/S' M 2012(v2.0), iii).

이 표준은 모든 유형의 기록물을 대상으로 적용되며, 기록생애주기에 따른 현용, 준현용, 비현용 기록물 관리를 위하여 적용된다. 다만, 웹기록물, 행정정보데이터세트 등 특수유형 기록물의 메타데이터는 이 표준을 준용하되 추가되는 요소는 별도의 특수유형 기록물을 위한 메타데이터 표준에서 정의하도록 한다. 이 표준은 「공공기록물 관리에 관한 법률」에 명시된 공공기관 및 기록물관리기관에서 기록관리 관련 시스템을 구축하고, 기록관리 시스템, 자료관시스템, 영구기록관리시스템 등과 연계하고자 하는 경우 반드시 준수하여야 한다(국가기록원. 기록관리 메타데이터 표준 NAK/S 8: 2012(v2.0), 1).

6. 기록 보존 기술

1) 기술의 개념과 역할

(1) 기술의 개념과 역할

기술(description)이란 기록을 위한 검색도구나 기타 접근 도구를 생산하는 과정 또는 그 결과물을 의미하며(기록학 용어 사전 2008, 63), 보존 기록을 생산한 맥락과 기록의 구조, 그리고 기록을 선별, 관리, 배치, 설명하는 데 도움이 되는 정보를 획득, 분석, 조직, 기록하는 과정으로 정의된다. 또한, 기록의 정리 결과 '생산된 기록물에 관한 생산맥락, 내용과 구조, 열람조건, 관리내력, 관련기록물 등'의 내용을 분석 서술하여 열람을 위해 제공함으로써 소장기록물에 대한 최상의 검색도구를 마련하는 일련의 과정을 말한다(국가기록원, 2006).

또한 기술은 기록물의 한 단위 (unit) 에 대해 기록물을 식별하도록 하고, 또 그 기록을 생산한 맥락과 기록시스템에 대해 설명하도록 하기 위해, 정보를 획득하고 연결하고 분석하고 조직화하는 절차를 통해 정확한 표현을 생산하는 것으로도 정의된다.

기술의 역할은 현재 및 미래의 모든 이용자가 원하는 기록을 찾고, 그 의미를 이해할 수 있도록 도와주는 것이다. 또한 기록 군이나 컬렉션의 구성기록을 보여줌으로써 무결성을 확인할 수 있도록 하며, 기록에 대한 상세한 정보들 제공하여 원기록을 이용하는 시간을 최소화할 수 있다. 기술은 전통적으로 보존 기록을 대상으로 한 행위이며, 기록 전체가 원래 생산 환경으로부터 이관되어 왔을 때, 기록 생산 맥락 정보를 확보하여 기록에 대한 기술을 수행하게 된다. 따라서 현용 및 준현용 단계에서 획득한 메타데이터는 보존 기록을 기술하는 데 있어 중요한 부분을 차지한다(기록학 용어 사전 2008, 63-64).

기록 기술의 목적은 기록물로의 접근을 좀 더 쉽게 하기 위해 기록물의 맥락과 내용정보를 확인하고 설명하는데 있다. 이는 정확하고 적절한 설명을 작성하고 미리 결정된 모델에 따라 기록을 조직함으로써 가능하다. 기술과 관련된 작업은 기록이 생산되거나 생산되기 이전에 시작되며, 기록의 생애 전반에 걸쳐 지속적으로 이루어진다. 이러한 작업은, 신뢰할 수 있고, 진본성을 가지며, 의미 있고, 접근 가능하도록 기술된 기록이 시간을 두고 지속적으로 유지되는데 필요한 지적인 통제의 도입을 가능하게 한다. 만약 기록이 한편으로는 안전하게 보존되고 통제되고 있으며 다른 한편으로는 적절한 시점에 관리 권한을 가진 모든 사람이 기록에 접근할 수 있도록 하고 있다면, 기록물에 관한 특정정보들은 기록관리의 모든 단계에 걸쳐 기록되고 기술에 반영되게 된다(예: 생산, 평가, 접근, 보존, 정리)(ICA 2000, 7).

기록을 기술하기 위해서는 기록 이외의 다양한 정보원이 필요하다. 이를 위해서는 기록관에서 만든 검색도구를 활용하여 기록에 대한 정보를 추출하거나 기록의 생산 및 등록 시점부터 기록에 대한 정보를 획득할 수 있는 시스템을 활용할 수 있다. 또한 기록 기술 시에는 개별 생산자보다는 생산기관이나 부서에 대한 정보가 중요하게 여겨지고, 기록 생산의 맥락을 충분히 제공하기 위해 서술형으로 기술된다. 이는 기록이 기관의 업무 과정에서 발생하면서 생산기관의 조직 또는 기능에 관한 정보가 기록 검색에 더 중요한 단서를 제공하는 경우가 많기 때문이다.

> 기록 기술을 위한 정보원 I
> 기록은 기술을 위해 필요한 정보를 추출할 수 있는 조직적 구조를 갖고 있지 않다. 즉 표제지, 저작권 표시, 제작사항, 배포사항 등의 기술을 위한 일반적인 정보원이 기록 내에 존재하지 않는다. 그러므로 다양한 검색도구 등 여러 정보원으로부터 획득한 정보를 활용해야 한다.

2) 국제 기록 기술 규칙 ISAD(G)

(1) 기술 규칙 개념

기술 규칙(Descriptive Standard)은 기록을 표준 형식으로 기술하기 위해 정한규칙이다. 즉 기술에 포함되는 제목, 날짜 등과 같은 정보를 통일되고 표준화된 하는 방식을 결정하여 제시한 것이다. 기술 규칙은 국제적 국가적 기관 차원 등에서 일관성 있는 기술을 위해 정할 수 있다. 먼저 ICA에서 제시한 국제표준 기술규칙인 ISAD(G)를 살펴본다.

(2) ISAD(G) 개념 및 특징

ISAD(G)의 공식 명칭은 일반 국제 기록 기술 표준(General International Standard Archival Description)으로, 국제 기록 기구 회의(ICA)가 일관성 있고 체계적인 기술 목록의 생산과 교환 및 통합을 원활히 하기 위하여 제정한 표준으로, 매체나 유형에 관계없이 모든 보존 기록에 적용되는 기술의 원칙과 요소를 제안하고 있다. 각 요소에 기재될 내용과 구조는 국가별 기술 규칙을 따르도록 제안하고 있다(기록학 용어 사전 2008, 37).

ISAD(G)는 일반적 규칙(general rules)으로, 기록의 생애주기 중 최종의 전문기록관리 기관으로 이관된 보존 기록을 대상으로 기술할 때 적용되는 기술규칙이다. 또한 기술 단위의 성격이나 범위에 관계없이 모든 기록물의 기술에 광범위하게 적용되도록 만들어졌다.

ISAD(G)는 일관성 있고 적절하며 완결성 있는 기술의 생산, 기록에 대한 정보 검색과 교환의 촉진, 전거데이터와의 원활한 연계, 여러 곳에 산재하는 기술을 하나의 정보시스템으로 통합하는 것을 지원함을 목적으로 제시된다.

ISAD(G)는 다계층 기술의 원칙(multi-level description rule)을 제시하고 있다. 즉 출처와 원질서를 존중하여 기록을 계층별로 기술하고 계층의 기술은 서로 연결될 수 있도록 한다고 하는데, 다음의 4가지 내용을 포함한다.

첫째, 일반적 적인 것에서 특수한 것으로 기술하는 것으로, 상위 계층의 기술을 먼저 한 이후에 하위계층의 기술을 하도록 하는 원칙이다.

둘째, 기술되는 기록계층에 적절한 정보만을 기술하라는 것이다. 예를 들어, 기록물 그룹의 경우에는 기록철에 대한 상세한 내용정보를 제공할 필요가 없다.

셋째, 상위 계층과 현재 기술 중인 계층을 연결해야 한다는 것이다. 기술 계층의 위치를 명확히 표현해야 하며, 각각의 기술은 상위의 기술 계층과 연결시켜 주어야 한다.

넷째, 상위 계층 기술에서 이미 제공한 정보를 하위 계층에서 반복하여 기술하지 않도록 하는 것이다. 이는 계층적으로 관련된 기술 간에 정보가 중복되지 않도록 하기 위한 것이다 (기록학 용어 사전 2008, 71).

ISAD(G) 제1판은 1994년에 제시되었으며, 제2판은 1999년에 발행되었다. 제2판에서는 보존 기록을 위한 26개 요소를 7개 영역에 따라 제시하고 있다

7개 영역 중, 식별 영역은 기술 단위를 식별하고 기록 고유의 특성을 식별하기 위한 필수정보 영역으로, '참조코드, 제목, 일자, 기술 계층, 기술단위의 규모와 유형(부피, 크기, 정량)'의 요소를 포함한다. 배경 영역은 기술단위의 근원과 보관에 관한 정보를 나타내는 영역으로, '생산자명, 행정연혁/개인이력, 기록관리 이력, 수집/이관의 직접적 출처'의 요소를 포함한다.

내용과 구조 영역은 '기술단위의 주제와 정리(배열)에 관한 정보 영역으로, 범위와 내용, 평가·폐기·처분일정 정보, 추가, 정리체계'의 요소를 포함한다.

접근과 이용환경 영역은 기술단위의 이용가능성에 관한 정보(존재와 위치, 이용방법)를 담은 영역으로, '접근환경, 복제 조건, 언어와 문자(script), 물리적 특성과 기술적 요구사항, 검색도구'의 요소를 포함한다.

관련자료 영역은 기술단위와 중요한 관련성을 지닌 기록물에 관한 정보를 담은 영역으로, '원본의 존재와 위치, 사본의 존재와 위치, 관련기술 단위, 출판주기'의 요소를 포함한다. 주기 영역은 다른 영역에 포함시킬 수 없는 정보 및 특수정보 영역으로, '주기'의 요소를 포함한다. 기술통제영역은 어떻게, 언제 그리고 누구에 의해서

기술·작성 되었는지에 대한 정보 영역으로, '아키비스트 주기, 규칙과 협약'의 요소를 포함한다.

ISAD(G)는 부록에서, 전거레코드와 ISAD(G) 출처정보와의 연계에 대해 보여주면서, 배경영역의 생산자 행정연혁과 개인이력의 정보는 전거레코드에 의해 관리되어야 함을 제시하고 또 강조하고 있다.

ISAD(G)의 영역별 요소

<표 11> ISAD(G)의 영역별 요소

영역	요소
식별영역	참조코드 제목 일자 기술계층 기술단위의 규모와 유형
배경영역	생산자명 행정연혁/개인이력 기록물 이력 수집/이관의 직접적 출처
내용과 구조영역	범위와 내용 평가 폐기 처리일정 정보 추가 정리체계
접근과 이용환경 영역	접근환경 복제조건 언어와 문자 물리적 특성과 기술적 요구사항 검색도구
관련자료 영역	원본의 존재와 위치 사본의 존재와 위치 관련 기술단위 출판주기
주기영역	주기
기술통제영역	아키비스트 주기 규칙과 협약 기술일자

· 필수항목은 참조코드, 제목, 일자, 기술계층, 생산자명, 범위와 내용 등 6개 항목.

3) 국가별 기술규칙

ISAD(G)라는 국제 보존 기록 기술 규칙이 있음에도 불구하고, 각 국에서는 국가 차원의 기술 표준을 개발하고 있다. 국제표준은 국제적 범용성을 유지하기위해 가장 일반적이고 문화와 환경에 구애받지 않고 적용될 수 있는 원칙을 제시한다는 특징을 가지기 때문에 자국의 언어 및 기록문화에 맞게 내용을 기술할 수 있는 규칙이 필요하다. 기록의 언어가 외국어라 해도 기술은 자국어로 만들어지는 것이 원칙이므로 해당 국가의 언어문화에 맞게 기술해야 한다. 국가 차원의 이러한 기술 표준들은 정부기관이 아니라 전문단체나 협회가 개발하는 경우가 많다. 국가 차원에서 규정한 기술 규칙에는 캐나다 기술 규칙 RAD, 영국 기술 규칙 MAD, 미국 기술 규칙 DACS 등이 있고, 우리나라에서는 국가기록원 영구기록물 기술규칙(NAK/S I4(v2.0): 2011)을 들 수 있다.

(1) 우리나라 기록물 기술 규칙

국가기록원은 2008년 I2월 영구기록물 기술규칙을 제정하고, 2011년 개정하였다(국가기록원, 영구기록물 기술규칙 NAK/S 14(v2.3); 201l), 2008년도 기술규칙은 이전에 발표되었던 국가기록원 기록물 기술규칙을 부분적으로 개정, 대체한 것으로, 다계층 기술 및 집합적 기술 원칙을 반영하고, 기록계층별로 기술해야 할 요소를 제시하고, 모든 기록 매체와 형식을 포괄할 수 있도록 설계되었다. 2011년에 수정, 보완된 개정판은 영구기록물관리기관의 기록 정비, 기술 업무의 실제 적용될 수 있도록 한 것이다. 부록에서는 기록관리 메타데이터(현용, 준현용, 기록물용)와의 기술요소 매핑표를 제시하고 있으며, 기록 검색도구 연계 구조를 제시하고, 인물, 사건, 단체 등의 전거레코드와 기록 기술의 생산자가 연계되어야 함을 비롯하여 기능시소러스가 기술의 기능과 연계되어야 함에 대해 도해로 제시하고 있다. 또한 기록의 색인에 대해서는 일반 주제 시소러스로 연계되어야 함을 제시하고 있다.

영구기록물 기술규칙은 영구기록물관리 기관에서 관리 보존하는 영구 기록물의 기술(記述)에 필요한 사항을 규정함을 목적으로 하고 있다. 이 표준은 ISAD(G)와 MAD3, RAD를 참고하고 ISAD(G)와 마찬가지로 7개의 영역(식별, 배경, 내용과 구조, 접근과 이용환경, 관련자료, 추가설명, 기술통제)으로 구분되어 있으나, ISAD(G)보다 내용과 구조 영역의 색인어 요소가 더 추가되어 1개 더 많은 27개의 요소로 구성되었다. 이에 포함된 기술항목들은 모두 사용가능하나, 다른 기록물관리기관과의 기술정보 교환을 위해 필수항목을 지정하였다. 필수항목은 참조코드, 제목, 일자, 기술계층, 생산자명, 범위와 내용의 6개 항목이다(국가기록원. 영구기록물 기술규칙. NAK/S 14: 2011(v2.0)).

국가별 기록물 기술규칙은 대부분 ISAD(G)를 반영하였다. 특수기록물들에 대한 처리방법에는 차이가 있어서 MAD와 RAD는 종류별로 다른 요소들을 적용시켜 특수기록물에 대해 기술하였다.

제 6 장

기록물의 보존과 활용

기록은 기록 그 자체로 목적이 될 수는 없다. 다시 말해 기록은 그 무엇을 위한 수단적 행위라고 할 수 있는데, 그 목적에 따라 기록매체나 기록형태 또는 기록유지 및 관리방식이 달라질 수밖에 없다. 특히 기록은 최종적으로 활용됨으로써 그 가치가 실현된다고 할 수 있다. 따라서 기록물을 생산하고 관리·유지하고 공개하는 일련의 과정은 늘 활용의 관점에서 고려되고 판단되어야 한다. 이 기록물이 순수한 사적인 소유물이 아니고 공공의 자원이라는 점을 유념한다면 기록물관리자는 자신의 업무를 처리함에 있어 언제나 공익의 기준에 입각해야 할 것이다.

그러나 실제로 업무를 처리함에 있어서는 공적인 태도와 더불어 현실적인 각종 법률과 규정을 준수하는 것이 일차적이다. 예컨대, 기록정보의 효율적 활용을 위해서는 기록정보를 규정하는 공개제도나 비밀기록물을 규정하는 보호제도, 그리고 개별 법령에서 기록정보의 활용에 영향을 미치는 각종 요인이 종합적으로 고려되어야 한다. 기록물관리자는 이러한 관련 법률이나 규정을 충분히 숙지하여 엄정하고도 정확하게 일을 처리할 수 있어야 한다.

한편 기록기술이 발달하면서 기록정보서비스에도 많은 변화를 가져왔다. 기록정보서비스는 현재의 이용자뿐만 아니라 잠재적 이용자들을 대상으로 디지털화된 기록 원문과 검색도구 제공, 전시, 교육, 콘텐츠 개발, 홍보 등 다양한 활동을 포함하는 영역으로 그 외연이 확대되었다. 이러한 기록정보서비스활동에는 기록정보 이용자의 요구에 따라 이루어지는 소극적 활동과 기록물을 보유하고 있는 기관이 능동적으로 정보를 공표하거나 전시, 편찬, 홍보, 교육하는 적극적인 활동으로 나눌 수 있다.

1. 기록물의 보존

1) 기록물 보존의 개요

기록물의 보존이란 기록물관리기관이 보유하고 있는 기록물을 최상의 상태로 유지시켜 기록정보를 보호하고 이용자의 요구에 적절히 대응하기 위한 수단을 확보하는 것을 말한다. 일반적으로 보존이란 말에는 '정보를 담고 있는 기록물을 관리하기 위한 시설, 인원, 기술 등 관리적 측면과 재정적인 측면'을 포함하는 보존(preservation)이라는 의미와 '기록물을 물리적 훼손, 손상, 파괴 등으로부터 보호하기 위한 방법과 기술'이라는 보존(conservation)의 의미를 담고 있다.

기록물관리기관은 기록물 보존에 필요한 보존전략을 수립하여 기록정보의 보호를 위한 물적, 인적 자원을 확보하고, 기록물의 종류나 형태에 따른 최적의 관리가 이루어질 수 있는 조치를 취해야 한다.

기록물 관리에서 먼저 중요한 것은 보존기간이다. 기록물의 생산 단계에서 부여되는 보존기간은 향후 기록물의 보존방법을 결정하는 주요한 기준이 된다. 우리나라는 기록물의 보존기간은 1년, 3년, 5년, 10년, 30년, 준영구, 영구의 7가지로 분류하고 있다.

모든 기록물은 생산 후 2년이 경과하기 전까지 처리과로부터 기록관으로 모두 이관되어야 한다. 그리고 기록물관리기관은 이관 받은 기록물들을 보존기간에 따라 분류하고 정리하여 관리한다.

기록물관리기관이 기록물 보존시설 및 장비를 따로 운영하는 것은 기록물을 왜 관리하는가에 대한 필요성과 관련된다. 기록물 보존은 기록관리의 최종단계에 위치함으로써 지적자산의 보호가 핵심사항으로 다루어져왔다. 과거에는 생산된 기록물의 물리적 보존에 치중했다. 그래서 기록물 서고시설 및 장비 등 물리적 수단을 확보하는 것과 같은 활동이 기록물 보존의 주된 사항이었다. 또한 보존을 통해서 기록물의 안전성을 확보하면서 동시에 훼손된 기록을 복원하거나 복제하는 것에 집중하였다. 그러나 근래에 들어 기록물의 활용에 관심을 갖게 되면서 기록물의 물리적, 논리적 처리를 위한 절차와 방법을 구성하는데 까지 확장되고 있다.

우리나라는 준현용(準現用) 단계에서부터 기록물 보존이 본격적으로 시작되는 것으로 본다. 따라서 기록관 또는 특수기록관의 보존환경기준부터 기록물의 보존에 필요한 조치와 규정이 마련되어 있다. 그런데 기록물의 보존기간 책정과 이관의 대상을 규정하면서 영구기록물관리기관에서의 보존에 별도의 처리가 필요하게 되었다. 일반적으로 영구기록물관리기관에서의 보존은 영구기록물과 같은 장기 보존 기록물이 대상이 된다.

그러나 보존기간 30년의 한시적인 보존기간을 갖는 기록물이 영구기록물관리기관으로 이관하는 대상으로 분류되면서 단기간 보존이 필요한 기록물과 장기보존이 필요한 기록물의 중간정도에 해당하는 기록물이 영구기록물관리기관에 이관되는 현상이 발생하게 되었다. 한시기록물을 보존하는 절차 및 시설기준과 영구기록물과 같은 장기보존 기록물을 보존하는 절차와 사실기준에는 차이가 있다. 그런데 30년 보존 기록물을 영구기록물관리기관으로 이관함으로써 두 개의 각기 다른 보존절차와 시설기준을 적용해야 하는 어려움이 발생하게 되었다.

이에 중간기록물관리시설을 둠으로써 30년 보존 기록물의 보존가치를 평가하여 장기보존 대상으로 분류하기 전까지 해당 기록물의 보존기간에 해당하는 기간 동안 기록물을 보존할 수 있도록 하였다. 아울러 중간기록물관리시설은 승계기관이 없는 상태로 폐지되는 폐지기관이나 현시기관의 기록물을 함께 관리함으로써 기록물의 보존과 처리가 원활하게 이루어지도록 하였다.

2) 기록물 보존 시설 및 장비 개요

기록물의 유지 보존은 기록물의 상태와 필요한 조치의 성격에 따라 보수(repair), 유지(maintenance), 복원(restoration) 행위로 분류할 수 있다. 애초부터 불완전한 기록물에 대해서는 보수행위가 필요할 것이고, 온전한 기록물은 그것이 손괴되지 않도록 유지해야 할 것이며, 보관 중에 파손된 기록물에 대해서는 복원해야 한다.

기록물관리기관은 기록물 보존에 필요한 보존정책 수립, 보존계획의 구성, 소장기록물의 유지관리, 보존환경 점검, 재난대비계획의 수립, 필요한 기록물을 선별하여 보존매체에 수록하는 등의 조치를 취해야 한다. 특히, 오늘날에는 기록물의 개념이 기록정보로 확장되면서 종전의 보존중심에서 보존과 활용이 균형을 이루는 방향으로 확장되고 있다는 점도 고려되어야 한다.

기록물관리기관에는 기록관 및 특수기록관과 영구기록물관리기관이 있다. 각 기록물관리기관은 법령이 정한 일정한 시설 및 장비와 이를 운영하기 위한 전문인력을 갖추고 기록물관리업무를 수행해야 한다. 또한 각 기록물관리기관은 이렇게 구축된 시설, 장비 및 환경 구축 현황을 중앙기록물관리기관에 통보하여 관리되도록 하여야 한다.

기록물관리기관은 공공기록법 시행령에서 규정한 보존서고, 작업실, 장비, 보존환경유지기준, 전산장비, 마이크로필름 등의 시설, 장비 및 환경기준을 갖추어야 한다. 구체적인 시설, 장비를 보면 다음과 같다,

첫째, 보존서고 및 서가 등 물리적 보존공간을 확보해야 한다. 서고에 들어갈 서가는 고정식과 이동식이 있다. 고정식은 기록물 1만권당 99㎡(종이기록물), 1십만장당 80㎡ (전자기록물)의 면적을 필요로 한다. 이동식 서가는 고정식의 40~60%의 면적을 요구한다.

둘째, 작업실을 확보해야 한다. 기록물을 인수받고, 정리하여, 평가할 수 있는 업무공간과 기록물 이용자를 위한 열람공간이 있어야 한다. 근무인원 1인당 7㎡(장비공간 별도)의 공간이 필요하다. 열람좌석은 기록물관리기관이 보유한 기록물의 특성에 따라 개가식 또는 폐가식으로 구분하여 운영할 수 있다.

셋째, 장비로는 공기정화설비, 온·습도계, 소화설비, 보안장비 등

이다. 서고별로 항온·항습설비와 온·습도계를 설치하여 기록물의 상태를 일정하게 유지해야 한다. 소화설비는 가스식으로 설치해서 화재가 발생했을 시 기록물에 미치는 영향을 최소화해야 한다. 서고는 이중 잠금장치를 설치하여 출입에 통제가 되어야 한다.

넷째, 보존환경 기준이 준수되도록 해야 한다. 기록물관리기관이 준수해야 하는 보존 환경기준은 표와 같다.

다섯째, 기록물의 전자적 관리를 위해 서버, 저장장치, 입력장치, 통신장비, 열람장비 등을 설치해야 한다.

여섯째, 기록관은 마이크로필름으로 촬영한 기록물이 있는 경우 판독복사기를 설치하여 운영하여야 한다. 이는 기관의 상황을 고려하여 선택적으로 도입여부를 결정할 수 있다. 영구기록물관리기관 및 특수기록관은 마이크로필름 촬영기 및 현상기를 설치하도록 하고 있다.

3) 기록물 재난관리

기록물은 특성상 훼손되면 복구가 안 되는 유일본이다. 기록물에 위해를 끼칠 수 있는 요인을 사전에 파악하여 이들 요인으로부터 기록물을 보호할 수 있는 조치를 취하는 것이 필요하다. 기록물 재난 대책이란 기록물관리기관에서 자연, 인위적 재해로부터 기록물을 안전하게 보호하기 위하여 비상사태에 대한 대비, 예방, 대응, 복구 등 일련의 처리절차를 마련하는 것을 말한다. 재난은 자연적 재난, 인위적 재난, 국가기반 재난 등으로 구분할 수 있고, 기록물관리 측면에서 볼 때 재난관리의 목적은 중요기록물의 안전한 후대계승 및 안정적인 대국민 서비스를 가능하도록 하는데 있다.

「재난 및 안전관리 기본법」에서는 재난을 '국민의 생명, 신체 및 재산과 국가에 피해를 주거나 줄 수 있는 것'이라고 정의하고 있다. 공공기록물법에서는 중앙기록물관리기관의 장에게 기록물의 체계적, 전문적 관리 및 활용을 위하여 기록물 보안 및 재난관리대책에 필요한 표준화를 추진하도록 규정하도록 의무를 부과하고 있다. 중앙기록물관리기관이 수립한 재난관리 대책을 근거로 각 기록물관리기관에서는 출입 인원, 보존시설, 전산장비 및 기록물 등으로 구분한 보안대책 및 기록물의 대피 우선순위, 근무자 안전규칙 등을 포함하는 재난대비책을 수립, 시행해야 한다.

재난관리절차는 크게 예방단계, 대비단계, 대응단계, 복구단계로 나눌 수 있다.

첫째, 예방단계에서는 기록물을 보존하고 있는 시설의 구조적 안전 진단, 장비의 유지보수 현황 점검, 기록물 상태, 정수점검 및 소독실시, 시설 문제점 유지보수 및 재난관리에 대한 주기적인 교육, 훈련이 필요하다.

둘째, 대비단계에서는 재난관리를 위해 조직의 목표, 규모, 기록물 특징, 업무 효율성 등을 기반으로 비상조직을 구성하여 이에 따른 근무자 안전수칙을 숙지시키고, 기록물의 대피 우선순위, 중요기록물의 이중화 및 분산보존 등 비상통제, 비상대응, 기록구난 등에 대해 주기적으로 교육을 실시하여야 한다. 기록물의 재난관리는 우선순위를 고려하여 실행계획이 수립되어야 한다.

셋째, 대응단계에서는 비상대응절차에 따라 비상연락체계를 가동하고 이에 따라 포장 및 분류, 피난경로 확보, 안전시대 반출 등 기록물에 대한 구난작업을 수행해야 한다.

넷째, 복구단계에서는 기록물 종류별 특성에 따른 응급조치, 기록
물의 피해 수준에 따른 복구계획 등을 수립, 기록물의 실질
적 복구, 피해상황 종합정리 등 순으로 진행된다.

각급기관에서는 비상관리 업무 절차에 따라 비상조직 및 연락망
의 편성, 운영 여부, 기록물 및 시설의 주기적 점검 여부, 비상사태
시 행동 요령 및 대처 방안 교육실시 여부 등 단계별 기능을 점검하
여야 하며, 국가기록원에서는 각급 기록물관리기관에 대한 재난대비
지침 준수 여부 등을 주기적으로 점검하여야 한다.

2. 기록물의 공개 및 활용

1) 기록물 공개제도

(1) 기록물 공개제도의 이해

기록물 공개는 공공기관이 생산, 보유하고 있는 정보를 국민의 청
구에 의하거나 사전에 국민에게 제공하는 것을 의미한다. 공개는 정
보나 기록을 열람하게 하거나 그 사본 또는 복제물을 교부하는 것,
정보통신망을 통하여 제공하는 것을 모두 포함한다.

기록물 공개는 민주주의 원리를 실현하기 위한 국민의 알권리 보
장과 밀접한 연관이 있다. 아울러 행정의 투명성을 높이고 효율적
국정운영을 보장하는 기능도 갖는다. 또한 기록물 공개를 통해 신분
재산보호, 권익보호 등 국민의 기본 권리를 보장하고, 학술연구, 교

육자료 등 학술, 문화의 기초자료로 활용할 수 있다.

기록물 공개는 공공기록법의 적용을 받지만, 일반적인 공개에 대해서는 『공공기관의 기록물 공개에 관한 법률』(이하 정보공개법이라 함) 및 『공공기관의 개인정보 보호에 관한 법률』(이하 개인정보보호법이라 함) 등 공개관련 법령의 규정을 함께 적용한다. 기록물을 생산한 기관에서 이루어지는 공개는 공개관련 법령이 정한 절차와 방법을 따라 이루어진다.

공공기록법에서는 이들 사항 외에도 기록물관리기관에서의 역할과 운영에 대한 사항을 규정하고 있다. 즉, 기록물의 공개여부 분류와 재분류, 비공개기록물의 제한적 열람, 기록물공개심의회 구성 및 운영 등을 규정하고 있다.

기록물 공개제도를 운영하기 위한 원칙은 공공기관이 업무수행 과정에서 생산한 기록물은 기본적으로 '공개'를 원칙으로 한다는 것이다. 즉 공개를 원칙으로 하면서, 보호해야 할 정보가 포함되어 있는 경우 해당 정보를 보호할 수 있도록 하는 것이다. 따라서 개인정보와 같이 보호되어야할 기록정보를 포함하고 있는 경우에는 해당 비공개 대상 정보를 제외하고 공개 가능한 부분은 모두 공개가 되도록 해야 한다.

공개와 비공개의 정확한 적용을 위해서는 공개관련 법령의 기준과 함께 개별 법령에서 공개에 영향을 주는 요인들을 모두 고려한 기준을 수립하는 것이 필요하다. 수립된 기준은 동일하거나 유사한 유형의 기록물에 일률적으로 적용하여 일관성을 유지해야 한다.

(2) 공개 및 비공개 대상정보의 기준

국민의 국정참여 및 알권리를 보장하고 국정에 대한 국민의 적극적인 협조와 밀실행정의 폐해를 줄이기 위해 필요한 정보에 대해서는 공개의 구체적 범위, 공개의 주기, 시기 및 방법을 미리 정하여 공표하고 이에 따라 정기적으로 공개하여야 한다.

공표 대상 정보는 국민생활에 큰 영향을 미치는 정책에 관한 정보, 국가의 시책으로 시행하는 공사 등 대규모의 예산이 투입되는 사업에 관한 정보, 예산집행의 내용과 사업평가 결과 등 행정감시를 위하여 필요한 정보가 해당된다. 이외에도 국민이 알아야 할 필요가 있는 정보를 국민에게 공개하도록 적극적으로 노력하여야 한다. 그리고 정보공개법 제9조 제6호, 제7호의 단서 규정에 규정된 정보, 다른 법령에 의하여 공개되도록 되어 있는 정보, 기타 적법한 방법에 의하여 이미 공개된 정보 등도 의무적 공개정보에 해당한다.

중요한 것은 생산시점에서 공개여부를 정확하게 판단하는 일이다. 정보공개법의 비공개 조항을 적용할 때, 기관의 업무성격 및 생산 기록물의 내용 등을 종합하여 공개여부에 대한 세부기준을 수립하는 것이 필요하다. 즉, 비공개 대상정보는 우선 정보공개법, 개인정보보호법 및 개별 법령의 기준에 일치하는지를 판단해야 한다. 그리고 기관별로 업무의 성격을 고려한 비공개 범위를 확정해야 한다.

기록물관리기관은 실효성 있는 비공개 대상정보의 세부기준 운영을 위해 소관 기록물 공개, 비공개 현황조사 및 유형분석 등을 통하여 내실있는 기준이 수립될 수 있도록 하고 비공개 대상정보의 세부기준은 각급 기관에 구성되어 있는 정보공개심의회 및 기록물공개심의회의 심의를 통해 확정해야 한다.

2) 기록물 공개재분류

기록물관리기관은 보유하고 있는 비공개기록물을 매 5년마다 공개여부를 재분류하여야 한다. 공개재분류란 기록물을 생산 또는 접수할 당시 비공개로 공개여부가 지정된 비공개기록물을 기록물 정리, 이관 시 혹은 주기적으로 검토하여 계속해서 비공개할 것인지의 여부를 판단하는 것을 말한다.

기록물을 이관할 때 공개재분류를 하는 이유는 기록물관리기관으로 기록물을 이관할 때는 그것이 생산될 때와는 달리 준현용 관리 단계로 전환되기 때문이다. 즉, 생산당시 비공개로 분류했던 사유가 기록정보의 민감성이 소멸되거나 업무방해 또는 이익 침해 사유가 소멸되었을 수 있기 때문이다. 또한 기록정보에 반영된 비공개 사유가 시간이 경과함에 따라 변화할 수 있으므로 기록물관리기관에서는 주기적으로 비공개기록물을 공개로 전환할지 여부를 판단하는 것이 필요하게 된다.

공개재분류를 실시하는 시기는 다음과 같다.

첫째, 기록물 정리기간 중의 재분류다. 처리과에서는 기록물 정리기간 중 전년도에 생산 완료된 기록물의 공개여부를 재분류해야 한다.

둘째, 이관시점에서의 재분류이다. 기록물을 이관할 때 공개여부를 재분류해야 한다. 처리과로부터 기록관으로, 기록관으로부터 영구기록물관리기관으로의 이관 모두에 해당한다.

셋째, 주기적 재분류이다. 기록물관리기관은 보유하고 있는 비공개 기록물에 대하여 비공개로 재분류된 연도로부터 매 5년마다 공개여부를 재분류해야 한다.

넷째, 자동 공개재분류이다. 보존기간 30년 이상 기록물 중 비공개로 책정된 기록물은 생산종료 후 30년이 경과하면 공개하는 것을 원칙으로 하고 있다. 보존기간 30년 이상 기록물을 보유하고 있는 영구기록물관리기관은 보유 비공개 기록물에 대하여 생산종료 후 30년 도래시점에서 공개여부를 재분류해야 한다.

다섯째, 정보공개청구에 의한 재분류이다. 비공개 기록물에 대한 공개청구가 있을 때 공개할지 여부를 판단하는 것을 말한다.

기록물은 기본적으로 공개가 원칙이다. 그러나 일정기간 비공개로 보호할 필요가 있는 기록물도 있다. 이런 기록물들은 기록물의 특성별로 비공개 기준 및 재분류 절차를 정하고 비공개로 보호할 필요가 있는 기간을 정하는 것이 행정운영상 효율적일 수 있다. 또한 이렇게 함으로써 적절하게 보호된 기록물들을 보호의 필요성이 소멸되는 시점에 공개되도록 함으로써 공개의 기본원칙에 충실한 제도운영이 가능하게 된다. 따라서 동일한 유형으로 나타나는 특정 기록을 선별하여 비공개상한제도를 적용하는 것이 필요하다. 국방, 안보, 외교, 개인정보 등 비공개상한제를 적용할 대상을 선별하고 상한기간을 설정하는 연구가 필요하다.

비공개 기록물은 열람이 제한되는 기록물이다. 그러나 권리구제, 공익실현, 학술연구 등의 목적으로 열람의 필요성이 인정되는 경우에는 제한적으로 열람하도록 보장하고 있다. 이는 공개제도의 취지인 국민의 알권리를 보장한다는 취지의 적극적인 반영이라 할 수 있다.

공공기관은 보유하고 있는 기록물의 정보목록을 작성하여 비치해야 한다. 정보통신망을 통한 목록공개도 동시에 이루어지도록 하는 것이 필요하다. 목록을 통해서 기록정보에 접근할 수 있도록 하여야 한다. 다만, 비공개 대상정보가 포함되어 있는지 등에 따라 관련 목록의 일부는 비치하거나 공개하지 않을 수 있도록 하고 있다.

3) 기록정보서비스

(1) 기록정보서비스 개요

기록은 잘 관리하는 것 못지않게 적절한 시점에 필요한 사람들에 의해 이용될 수 있어야 한다. 기록정보서비스에 대해 SAA(Society of American Archivists) 용어사전에서는 '이용자들의 관심에 맞는 자료를 찾을 수 있도록 도와주는 서비스'라고 규정하고 있다. 좁게는 이용자가 찾고자 하는 기록에 접근할 수 있도록 하는 서비스를 의미하며 넓게는 잠재적 이용자에게 기록관과 소장기록을 알리는 활동 전반을 의미한다고 할 수 있다. 기록관은 정보공개와 같이 기록을 찾아오는 사람에 대한 수동적인 서비스와 아울러 기록을 정보자원으로 전환하여 손쉽게 활용할 수 있도록 적극적으로 서비스해야 한다.

2000년 기록관리제도가 시행된 초기 기록정보서비스는 기록관리제도 수립 이전의 누적된 문제들을 해결하고, 관행들을 걷어내기 위해 기록물을 제대로 생산하여, 기록을 남길 수 있도록 하는 방향으로 많은 노력이 기울여졌다. 그러다 보니 기록정보서비스 측면에서는 수집된 기록을 공개하는 기본적인 역할을 수행하는 수준에 머무르고 있다. 그러나 정보공개법을 통한 국민의 알권리 보장과 기록에 대한 대중의 관심이 높아지면서 기록을 보존하는 궁극적인 목적이 기록의 활용에 있다는 인식이 보편화되면서 이를 지원하는 기록정보서비스의 중요성이 강조되고 있다.

보다 능동적이고 적극적인 방법으로 기관을 홍보하고, 기관의 업무내용을 알리기 위해서는 기록정보를 자원화 할 필요가 있다. 이것은 국민의 기본적 권리인 알권리를 충족시키기 위해서도 필요하다. 기록물관리기관은 기록물을 국민들이 손쉽게 이용할 수 있도록 서비스체계를 갖추어야 한다. 기록물관리기관은 미래의 이용자 뿐만 아니라 현재의 이용자를 위한 서비스기관이 되어야 한다.

(2) 기록정보서비스의 과정

기록정보서비스의 과정은 일반적으로 등록, 확인, 오리엔테이션, 초기면담, 연구과정 중의 지속적 상호작용, 마무리 면담으로 구성된다. 등록, 확인 및 오리엔테이션은 기록정보서비스의 관리적 측면에 해당하며 초기면담, 지속적 상호작용 및 마무리 면담은 기록정보서비스의 지적 측면과 연관된다.

등록과 확인은 기록에 대한 보안을 유지하고 기록관 이용 규칙과 법적인 사항에 대한 내용을 이용자에게 알리기 위한 통상적 절차이다. 등록 절차에서 이용자는 이용자 정보, 이용 목적, 기록관을 알게 된 경로 등이 포함된 등록서류를 작성하게 된다. 또한 이용자는 본인임을 증명하는 신분증을 제시하여 확인 절차를 거친다. 오리엔테이션은 기록관리자가 기록관 전반에 대해 소개하는 과정으로, 기록관의 자료 및 자료 생산자, 관리현황에 대한 정보를 제공한다.

초기면담이나 지속적 상호작용 및 마무리 면담 과정에서 질문협상이 이루어지며 이는 질의 형성, 해답제시, 정련의 세 단계로 구성된다. 초기면담에서 질의 형성과 해답제시 및 적합한 검색전략이 제안되며 기록 관리자와 이용자 간의 지속적 상호작용을 통해 질의에 대한 정련이 이루어진다. 마무리 면담은 이용된 기록에 대한 정보와 서비스에 대한 이용자 의견을 수립할 수 있다.

초기면담은 질의 형성으로 시작되는데 이 단계에서 기록관리자는 이용자의 정보 요구를 충실히 파악하는데 주력해야 한다. 이용자의 언어로 표현된 정보 요구를 검색도구에서 표현된 검색어로 변환하기 위해 필요한 정보를 수집하고 이용자의 기록 이용목적을 이해하는 것이 질의 형성에 도움이 된다. 해답제시 단계에서는 질의 형성 단계에서 구체화된 질문에 가장 효과적인 검색전략을 수립하고 기록에 대한 탐색을 실시한다. 이 때 기록 관리자는 기록의 맥락, 기술 규칙 및 검색경로에 대한 지식을 바탕으로 이용자의 질문에 응답하고 문제 해결을 돕는다.

지속적인 상호작용은 앞서 형성된 질의와 검색전략을 정련하는 과정을 의미한다. 이용자들은 기록을 탐색하는 과정에서 문제 해결에 필요한 새로운 정보를 찾아내거나 다른 질문을 도출하기도 한다. 이를 통해 또 다른 질의 형성과 해답제시 과정이 실행될 수 있다. 마무리 면담에서는 소장기록과 검색도구 및 서비스에 대한 평가가 이루어지며, 추가적인 기록 탐색을 위해 이용자들이 재방문할 필요가 있는지를 확인하게 된다.

이용자가 기록관을 직접 방문하는 것 외에 전화, 우편 혹은 이메일로 정보서비스를 요청하는 경우도 많다. 전화를 통한 이용자와의 대화에서는 목소리의 톤이나 끊김에 유의하여 이용자의 질문을 파악해야 한다. 우편이나 이메일을 활용하는 경우 도입부, 응답, 종결부의 세 가지 요소를 갖추어 답변하는 것이 효과적이다. 원격지 이용자들의 질문을 접수할 때는 질문 양식을 활용하여 응답에 필요한 정보를 수집한다.

(3) 기록정보서비스의 유형

기록정보서비스와 관련된 다양한 활동을 크게 세 가지로 유형화할 수 있다. 첫째, 기록물 자체를 이용하도록 지원하는 검색 및 열람 서비스, 둘째, 기록 콘텐츠, 편찬물, 전시물 개발 등을 통한 부가가치 서비스, 셋째, 기록서비스 활용을 촉진하기 위한 활용촉진 서비스 등이다.

　우선, 검색 및 열람 서비스는 이용자가 원하는 기록을 찾을 수 있게 하는 검색도구의 제공, 검색 서비스 및 실제 기록을 열람할 수 있게 하는 서비스를 포함한다. 검색도구는 기록관리 원칙을 적용하여 집합적, 계층적 기술을 기반으로 하는 수직형 검색도구가 일반적이었으나 최근에는 주제 검색 및 기관 간 통합적 검색을 가능하게 하는 다양한 형태의 수평적 검색도구가 등장하고 있다. 이용자들은 다양한 접근법을 활용할 수 있는 검색을 선호하므로 출처별 검색도구와 주제별 색인이 조화를 이루는 검색 시스템을 구현할 필요가 있다. 또한 중앙부처와 헌법기관, 지방자치단체 등 기관 간 통합적 검색이 가능한 시스템을 제공한다면 이용자가 기록 소장처를 알지 못하더라도 검색할 수 있다. 이와 함께 기록 원문 디지털화와 공개관리의 효율화를 통해 온라인 및 오프라인 열람이 활성화될 수 있다.

　둘째, 부가가치 서비스는 기록의 가공, 해석 작업 등을 통해 각종 콘텐츠 및 전시물을 제공하는 서비스이며 기록관의 잠재적 이용자들이 기록을 쉽게 이용할 수 있도록 다가가는 서비스를 의미한다. 기록물을 가지고 새로운 가치를 창출하기 위해서는 기록물을 가공하고 해석하는 작업이 필요하다. 그리고 이러한 가공과 해석의 방향은 언제나 기록물 이용자의 활용에 맞추어져야 한다. 기록물을 이용하게 될 대상에 따라 동일 기록물이라고 하더라도 이용에 대한 요구가 다를 수 있다. 따라서 기록물을 활용한 전시, 교육콘텐츠를 개발하고, 편찬하여 기록정보에 접근할 수 있는 수단을 여러 방향으로 확보하는 것이 필요하다. 이러한 부가가치 서비스에는 크게 전시, 기록 콘텐츠 개발, 이용자 교육, 연구 지원으로 구분할 수 있다.

셋째, 활용촉진 서비스는 기록관에 대한 인지도를 높이고 활용을 촉진하기 위해서 일반 대중의 관심과 요구에 부합하는 다양한 문화행사와 견학 제공 및 전극적인 홍보 활동을 말한다. 다양한 콘텐츠의 개발이 이루어진다고 하더라도 이용하는 사람이 없으면 무용지물이 된다. 여러 번 반복하는 주제지만 기록물의 가치는 이용자들이 이를 이용함으로써 비로소 현실화되기 때문이다. 이를 위해 기록물관리기관은 개별 기관의 차원에서 기록물이 다양한 방면에서 활용되도록 노력을 기울이는 것도 중요하지만, 기관 간의 연계를 통한 대국민 홍보와 서비스 활동을 병행하는 것도 중요하다.

(4) 기록정보서비스의 평가

기록정보서비스의 개선을 위해서는 서비스에 대한 평가가 반드시 이루어져야 한다. 기록관 이용을 평가하기 위한 프레임워크를 개발한 콘웨이(Paul Conway 1986)는 품질(Quality), 무결성(integrity),

가치(value)를 평가의 핵심 요소로 보았다. 품질과 가치는 기록정보 서비스의 효율성 및 편익과 관계되며 무결성은 기록의 보존과 연결된다. 서비스의 품질은 기록관리자가 이용자의 요구를 얼마나 잘 이해하고 그들의 요구에 맞는 서비스를 제공하였는지를 바탕으로 평가될 수 있다. 무결성은 기록관리자가 서비스를 제공할 때 기록의 이용 촉진과 보존이라는 상반된 책임을 얼마나 조화롭게 수행하였는지를 기반으로 평가될 수 있다. 서비스의 가치는 기록의 이용이 개인이나 집단, 혹은 사회에 끼친 영향을 중심으로 평가될 수 있다.

이해영 외(2007)는 문헌연구를 기반으로 기록정보서비스 평가 항목을 접근성, 서비스 지원, 이용자 서비스, 시설 및 장비의 4개 카테고리로 제안하였다. 제안된 평가 항목을 바탕으로 기록관 또는 사료관을 대상으로 평가를 실시한 결과 서비스보다는 기록의 보존에 중점을 두고 있었으며 체계적인 기록정보서비스가 제공되지 않는 경우가 많은 것으로 나타났다. 기록정보서비스를 제공하는 전문가가 없고 기록관의 존재가 대내외적으로 드러나지 않는다는 것도 문제점으로 지적되었다.

기록정보서비스의 평가 항목에 대한 연구들과 더불어 표준화된 평가 방법과 도구에 대한 논의로서 최근 북미에서 진행된 아카이브 매트릭스 프로젝트(Archival Metrics Project)를 들 수 있다. 이 프로젝트는 이용자 기반 평가도구를 개발하고 이를 각 기록관에 보급하여 서비스에 대한 표준화된 평가 도구로 활용하게 하려는 목적으로 수행되었다. 특히 대학기록관의 주된 이용자인 교수, 학생, 학술 이용자들을 대상으로 하는 평가도구들이 개발되었으며 설문지와 함께 분석을 위한 코딩지와 샘플 보고서 양식까지 제공되고 있다.

국내 공공기관 기록정보서비스의 평가 척도에 관한 연구로서 한수연과 정동열(2012)은 국내외의 서비스 품질모형 8개를 분석하여 타당성과 신뢰성을 바탕으로 외형성, 편리성, 책임성, 공감성, 공평성의 다섯 가지 요소에 대한 문항을 도출하였다. 개발된 척도가 실제 기록관 서비스 평가에 활용되고 그 결과를 바탕으로 척도의 타당성과 신뢰성이 지속적으로 검증되어야 함을 제안하였다.

제 7 장

전자기록관리
방법론

1. 전자기록의 개념

1) 전자기록의 정의

전자기록이란 무엇인지에 대해 논의하기 전에 '전자'라는 용어가 가지는 함의를 이해할 필요가 있다. 물리학에서는 전자(電子: electron)와 전기(電氣:electricity)를 구분하여 사용하지만 전산학과 기록관리학에서는 이를 대부분 구분하지 않고 '전자(적)(electronic)'이라는 표현을 사용한다. 전자기록은 논리적 객체이므로 '物'이라는 표현을 사용할 수 없다는 견해도 존재한다. 그러나 전자기록도 물리적 매체를 기반으로 존재하기에 '記錄物'이라는 표현도 가능하다. '기록'과 '기록물' 개념을 특별히 구분하지 않고 '전자기록'이라는 표현을 사용한다. '전자'라는용어는 객체(object)가 전자적인 방식에 의해 만들어지거나 유지되는 형식(form)을 의미한다. 그러나 객체는 개체(entity)와는 다른 개념이다. 개체는 개별적인 사물 즉, individual thing이라는 의미에 가깝고 객체는 주체에 대응되는 존재인 "무언가의 대상"이라는 의미에 가깝다. 다만 전산학과 기록관리 실무분야에서는 양자를 구분하지 않는 경우가 많다. 그래서 이런 용어의 미세한 차이는 각 학문의 주요 연구대상과 연구방식상의 차이에 의한 것이다.

또한 electronic과 비교될 수 있는 개념인 magnetic과 digital과의 비교를 통해 그 개념적 차이를 구분하는 것이 필요하다. '자기(적)'이라고 번역될 수 있는 magnetic는 자기장의 성질(磁性)을, '디지털'이라고 번역할 수 밖에 없는 digital은 아날로그(analog)의 대응되는 개념으로 신호나 자료를 연속적인 실수(實數)가 아닌 특정한 최소 단위를 갖는 수치를 이용하여 처리하는 방법을 말한다. 좀더 구체적인 예를 들면 자성을 이용한 대표적인 매체로 1980, 90년대에 녹음 및 재생에 널리 쓰였던 '카세트테이프'를 들 수 있다.

한편 디지털 매체는 오늘날 대부분 전자 매체를 가리키는 용어로 사용되지만 일부 사례에서는 아날로그에 대응된다는 의미를 강조하여 사용하는 경향도 있다. 대표적인 아날로그 매체와 디지털 매체의 예는 음반 레코드와 CD를 들 수 있다. 거의 대부분의 국내 기록관리학 문헌에서는 electronic과 digital을 '전자'로 번역하여 사용하며 그 의미를 구분하지 않으나, 영미권에서는 일부에서 분명히 구분하기도 한다. Electronic이 물리적 구성방식에 초점을 맞춘 반면 digital은 논리적 구성방식에 초점을 맞춘 용어로 이 경우에도 양자가 대립되는 개념은 아니며 주요 관심대상의 차이를 부각하기 위한 것이다.

각종 법률에서 정의한 '전자문서'의 개념은 다음과 같다.

① 컴퓨터 등 정보처리능력을 가진 장치에 의하여 전자적인 형태로 작성되어 송수신 또는 저장된 정보 (전자정부법, 행정절차법, 사무관리규정)

② 정보처리시스템에 의하여 전자적인 형태로 작성되어 송수신 또는 저장된 정보 (전자거래기본법, 전자서명법)
③ 컴퓨터 등 정보처리능력을 가진 장치에 의하여 전자적인 형태로 작성되어 송수신 또는 저장된 문서형식의 자료로서 표준화된 것 (정보보호법)
④ 전기통신설비와 전자계산조직의 이용기술을 활용하여 정보를 처리 보관하거나 전송하는 전산정보체계를 이용하여 처리 보관 또는 전송되는 문서형식의 자료로서 표준화된 것(화물유통촉진법)

이를 기록관리 측면에서 종합해 보면 전자문서란 '정부의 각 기관에서 업무수행을 위해 컴퓨터시스템을 이용하여 전자포맷으로 생성·유통·관리하는 모든 기록물'이라고 정의할 수 있을 것이다.

다시 전자적 특징과 연관지어 표현하자면 정부의 각 기관에서 업무수행을 위해 컴퓨터시스템을 이용하여 전자포맷으로 생성하고 유통하며, 관리되는 모든 기록물로서 각 기관의 활동에 대한 증거물 역할을 한다.

또한, 컴퓨터 기술과 데이터가 조합되어 만들어진 기록물이며, 문서 간의 관계성을 기술하고 있다. 전자기록물은 보존과 배치규칙에 따른 재생성이 가능한 기록물이다.

2) 전자데이터와 전자기록

데이터(data)란 가공되지 않은(raw) 원시정보로서 전자데이터는 컴퓨터 등의 정보처리장치를 통해 다뤄지는 가장 기본적인 단위의 정보 객체를 뜻한다. 이 경우 데이터는 정보처리장치가 인식하고 가공할 수 있는 형태인 이진수의 기호(binary code)로 표시된다. 현재 컴퓨터 등의 정보처리기기는 전기적 신호가 전달되는지, 되지 않는지 만을 구분할 수 있기에 이진수만을 인식한다. 그렇게 때문에 이런 형태(form)로 구성된 것을 전자데이터, 전자기록이라고 지칭하는 것이다.

여러 종류의 데이터들이 하나의 구성 질서 하에서 가공되면 정보가 된다. 데이터 상태의 정보는 인간이 직접적으로 활용하기 전의 단계라고 할 수 있다. 한편 전자기록(record)의 업무처리행위(transaction)는 개별 조직원 단독으로 진행되지 않고 협의, 보고, 허가 등의 상호활동을 바탕으로 진행된다. 정보 객체는 업무처리에 관계된 증거와 정보로서의 내용, 구조, 맥락 정보를 이진수의 기호로 구성된 소정의 양식(format)으로 생산하고 유지하게 된다. 여기서의 양식은 기록이 저장, 유지, 재현될 수 있는 정해진 틀로서 보통 '파일 확장자'라고 표현하며, 파일명의 마침표 뒤에 붙이는 문자로 구분한다. (ex: '전자기록의 개념.doc'에서 doc는 MS word 프로그램에서 실행될 수 있는 양식이라는 의미이다) 일반적으로 정보의 내용, 구조, 맥락을 전자기록의 구성요소라고 한다. 결국 전자기록이란 전자적 형태로 생산되고 획득되어 유지되는 기록물을 칭하며 정보생산 당시에 전자적 형태로 만들어진 기록뿐 아니라 비전자적 형태로 생산된 후 전자적 형태로 변형된 기록도 포함한다. 종이기록과 비교했을 때 전자기록의 가장 큰 특징은 구성형식의 차이에 있기 때문에 종이기록의 관리에서는 필요하지 않거나 덜 중요한 부분이 전자 기록의 경우는 강조되는 측면이 있다.

· 내용(content) : 기록 객체가 알려주고자 하는 바를 의미.

· 구조(structure) : 내용의 외형 및 배열상태(서식, 폰트, 표 등)와 함께, 시스템내 기록간의 연계관계를 지칭. 기록 내용을 생산한 S/W와 기록간의 연계관계를 관리하는 시스템에 대한 구조적 정보가 포함.

· 맥락(context) : 기록의 내용을 이해하는데 유용한 배경정보.

- 기록 식별에 관한 정보 - 표제, 생산주체명, 생산일자 등에 대한 정보

- 생산주체 및 생산목적에 관한 정보

- 업무기능의 본질 및 구성, 생산기관 및 부서 등에 대한 정보

2. 전자기록관리의 특성

호주의 기록관리 표준이었던 AS 4390을 기반으로 국제표준기구 (ISO: International Organization for Standardization)에서 2001년에 제정한 국제 기록관리표준인 ISO-15489는 기록관리 전반에서 고려해야 할 사항들과 목표 및 원칙을 제시하고 있다. 이 표준은 현재 한국에서도 국가표준(KS 15489)으로 채택되어 이용되고 있다. 이 표준은 보존기록(archives) 관리를 포함하고 있지 않으며 종이기록과 전자기록을 구분하여 설명하고 있지 않다. 그러나 내용의 맥락적인 면을 고려하면 전자기록관리를 기본적인 전제로 삼고 있으며 보존기록 관리에도 적용될 수 있는 사항들이 설명되고 있다.[46]

---

46) 이 ISO-15489의 '7.2 전자기록의 특성(Characteristics of a record)'은 보다 정확히 말해 전자기록의 전자적 특성을 반영한 전자기록관리에 있어 유지되어야 할 특성이다.

1) 전자기록관리의 유의사항

(1) 메타데이터

3장에서 언급된 4대 특성은 어떤 전자데이터가 '전자기록'으로 관리되기 위해 요구되는 일종의 기본요건이기에 생산에서 관리과정에 이르기까지 감안해야 할 사항이다. 만일 어떤 전자데이터가 생산자나 생산시점, 생산목적, 생산매체, 관련 규정 등에 대한 일체의 정보를 가지고 있지 못하다면 '전자기록'으로 획득될 수도 없고, 전자기록으로 획득되더라고 이런 정보가 같이 유지되지 못한다면 올바른 전자기록관리가 이뤄지고 있다고 할 수 없을 것이다. 이런 정보를 가지고 있는 데이터를 메타데이터(Metadata)라고 하는데 이는 '데이터에 대한 데이터'라는 의미로 ISO 15489-1은 이를 '기록의 내용, 구조, 맥락과 기록관리 과정을 설명하는 데이터'라고 하고 있다.[47] 전자기록은 본문 파일과 메타데이터의 묶음이라고 할 수 있다. 전자기록과 그 관리에 있어 메타데이터가 부각되는 이유는 전통적인 종이기록의 경우 메타데이터가 기록 매체 내부에서 눈으로 직접 확인 가능한 형태로 존재했기 때문이기도 하다. 한편으로 메타데이터는 전통적인 기술(description)분야와 관련이 깊다.[48]

(2) 장기적 보존 및 활용

전자기록의 가장 원초적인 단위는 이진수의 기호(binary code)이기에 그 자체로는 인간이 판독하고 이해하기 어렵다. 그렇기에 이런

---

47) ISO 15489-1:2001, 3.12 Metadata
48) 한국국가기록연구원, 『전자기록관리의 이해』, 2004. 2-1과 국제기록관리 메타데이터 표준인 ISO 23081을 참조.

기계어 형식을 인간이 쉽게 이해할 수 있는 형식으로 해석·변형시켜주는 기계장치(컴퓨터)의 도움이 필수적이다. 한편으로 전자기록은 내용정보와 매체가 분리되어 있기에 변환이 용이한 반면 그 때문에 매체불안성 문제가 제기된다. 이 경우 생산 프로그램에 대한 의존성이 높기 때문에 장기적 보존을 위해서는 지속적인 마이그레이션 대책이 강구되어야 하며 이에 관한 메타데이터의 획득과 유지가 중요한 과제이다.

전자기록의 장기보존 문제에 대한 해결책은 크게 3가지이다.

첫째, 그 기록이 생산된 당시의 환경을 그대로 구현해주는 것으로 이 방식에 의하면 8비트 컴퓨터 시절에 생산된 전자기록의 데이터를 재현하기 위해 8비트 컴퓨터와 롬팩이 필요하다.

둘째, 해당 기록을 재현할 수 있는 구식 프로그램의 유사 프로그램인 에뮬레이터(emulater)를 개발하여 신식 운영체제에서 사용하는 에뮬레이션(emulation) 방식이다.

셋째, 해당 기록의 물리적 매체, 또는 논리적 구성방식을 변환하여 재현하는 마이그레이션(migration) 방식이다.

이런 문제를 최대한 줄이기 위해 생산 당시의 포맷이 아닌 장기보존용 포맷으로 변환하여 보존하는 방식이 이용되고는 있으나 이 경우에도 앞에서 언급한 3가지 방식 중 하나를 언젠가 선택해야만 한다. 전자기록관리가 종이 기록 관리에 비해 고비용인 이유 중 하나는 이 장기보존 방식들에 대한 개발 및 유지비용이기도 하다.

전자기록의 관리는 단순히 전자기록의 생산량이 증대되었기에 부각된 문제가 아니라 '전자기록'이라는 새로운 유형(type)의 기록이 등장하면서 제기된 것이다. 이는 어떻게 보면 전통적인 기록물의 기록관리의 개념과 방법론에 대한 새로운 도전이기도 하다. 그렇지만 가장 합리적인 방법으로 정보를 선별하고 기록문서를 효율적으로 관리하는 방식을 연구하고, 개발하고, 적용하기 위해서는 관리대상에 대한 분석이 무엇보다 필수적이며 이는 전자기록물의 관리에 있어서도 반드시 적용되어야 할 내용이다.

3. 전자기록물과 메타데이터

1) 전자기록물의 복본성과 원 개념

종이기록물의 경우는 '유일성'이 기록의 본질을 규명하는 중요한 요소로 도서나 다른 자료와는 구분되는 기록의 고유속성으로 자리 잡아왔다. 이러한 유일본의 특징은 곧 기록의 증거가치와 연동되어 중요기록물을 선별하여 영구보존하게 하는 이유가 된다. 전자기록물 역시 조직의 업무, 목적을 위해 생산되는 점에서는 종이 기록물과 동일하지만, 유일본으로서의 속성보다는 다수의 생산자에 의해, 시간 및 공간에 구애 없이 다수의 복본 생산이 가능한 복본성의 속성이 훨씬 강하다.

전통적 의미에서 원본기록은 특정의 물리적 매체에 담겨진 기록을 의미하여, 원본과 다른 물리적 매체에 새겨진 동일한 기록은 복제본으로 간주된다. 전자기록물은 물리적으로 형태를 가진 매체뿐만 아니라, 기술과 자료(data)가 조합되어 만들어진 결과물로 볼 수 있다. 동일 기록물에 대한 각각의 열람은 그 기록물 자체의 새로운 '원본에 대한 복사본(original copy)'일 뿐이다. 전자기록물에서는 종이 기록물에서 가장 중요한 개념이었던 원본성(originality)을 더 이상 찾을 수 없게 된 것이다.

따라서 전자기록의 원본이란 원본의 형태를 한 복제본을 말한다. 원본 형태의 복제본을 생산하기 위해서는 그 형태에 대한 정보, 전자기록의 저장과 이용 시 나타나는 표현방식의 변환과정을 설명할 수 있는 정보를 보존할 필요가 있다. 이를 통해 진본성을 보장할 수 있으며, 결국 원본성이 아니라 진본성을 보존하는 것이 전자기록 관리의 핵심이 된다. 전자기록은 광매체에 바이너리 코드를 사용하여 기재되는 관계상 육안으로는 판독이 불가능하며 컴퓨터 등의 판독 매체를 통해서만 읽을 수 있다. 따라서 전자기록의 판독을 위해서는 전자기록 자체 뿐만 아니라 이를 생산한 하드웨어, 소프트웨어의 보존이 함께 병행되어야 한다.

종이 기록물은 종이 매체에 기록의 내용-맥락-구조가 어느 정도 반영되어 있기 때문에 물리적 보존만으로도 기록의 내용과 더불어 종합적 맥락파악이 가능하며, 이를 통해 증거성 및 신뢰성, 진본성이 보존된다. 전자기록물은 내용-구조-맥락이 각기 별도로 존재하는 논리적 객체의 특성을 갖는다. 따라서 각기 독립적으로 존재하는 이 세요소를 동시에 보존해야 하는 고도의 어려움이 발생한다.

디지털의 구성요소는 시스템이 하나의 단위로서 처리하는 논리적, 또는 물리적 객체로 정의되는데 기록의 디지털 구성요소의 변화는 기록을 변조 시킬 수 있으므로 보존통제과정이 필요하다. 즉, 기록의 정체성과 무결성에 영향을 주는 위변조에 대처해야 하는 문제를 발생시킨다.

전자기록의 저장과 이용 시에 표현방식이 변화하기 때문에, 전자기록의 원본 자체는 원칙적으로 보존할 수 없고, 단지 그것을 재생산할 수 있는 능력을 보존할 수 있을 뿐 이라고 볼 수 있다.

2) 기록의 4대 속성(ISO 15489)

진본성(authenticity)

기록이 그 취지와 맞는지, 그 기록을 생산하거나 보내기로 되어 있는 사람에 의해 생산되거나 보내졌는지, 명시된 시점에서 생산되거나 보내졌는지를 증명할 수 있는 것을 말한다. 진본성을 보장하기 위하여 기록의 생산, 수령, 전달, 유지 및 처분을 통제하는 정책 및 절차 등이 문서화되어야 한다. 이를 통해 기록의 생산자가 확인될 수 있고 인가를 받았는지 증명할 수 있게 하며 기록이 인가받지 않은 접근에 의해 부가, 삭제, 변경, 이용 및 은폐되는 것을 막아줄 수 있다.

신뢰성(reliability)

기록의 내용이 업무처리, 활동 혹은 사실을 충분히 명확하게 표현하고 있다고 믿을 수 있는지, 그리고 이후의 업무처리나 활동을 수행하는 과정에서 근거로 할 만한 것인지를 의미한다.

무결성(integrity)

기록의 완전함과 변경되지 않았음을 의미한다. 즉, 무결성은 기록이 인가받지 않은 변경으로부터 보호되었을 때 충족될 수 있다. 인가를 받은 어떠한 주석, 추가 혹은 삭제도 명백하게 드러나야 하고 추적할 수 있어야 한다. 이를 위해서는 기록·수정시의 정책과 업무 절차가 필요하다. 기록이 생산된 이후의 변경에 대한 정보를 포함하게 함으로써, 기록물의 무단변경에 대한 추적이 가능하게 해야 한다.

이용가능성(usability)

기록의 위치를 찾을 수 있고, 기록이 검색될 수 있으며, 보일 수 있고, 해석될 수 있음을 의미한다. 기록과 그 기록을 생산한 업무처리, 행위 등이 연결되어 보일 수 있어야 하며, 일련의 활동의 과정에서 생산된 기록들 간의 연계성도 유지되어야 한다.

〈기록관리 관련 국제활동〉

ISO 15489(2001-9-15)

정식명칭은 정보와 도큐멘테이션-기록관리(Information and documentation : Records management)이며 ISO/TC46 산하 기록관리 분과위원회가 주도한 기록관리 표준으로 기록관리 및 기록관 시스템 개발 지침으로 그 적용이 확산되고 있다.

ISO 15489는 호주의 기록관리 표준 'AS 4390-1996:기록관리'에 기반한다. 호주표준국은 2002년 3월 기존 호주표준인 AS 4390을 철회하고, AS ISO 15489로 대체하였다. 영국 역시 2001년 ISO 15489를 기반으로 BS ISO 15489를 국가표준으로 결정하였다.

ISO 23081(2004)

정식명칭은 ISO/TS 23081-1:2004 정보와 도큐멘테이션-기록관리 과정-기록물 메타데이터로서 이 중 제1부 원칙이 발표되었다. ISO/TS 23081은 ISO15489의 틀 내에서 메타데이터를 실행하고 사용하기 위한 지침이다. 제1부는 기록관리 메타데이터를 생산, 관리, 사용하기 위한 기술규격과 그 원칙에 대한 설명, 제2부는 기존의 메타데이터 세트를 구현하고 사용하기 위한 실무지침으로 구성되어 있으며, 제3부는 ISO 15489와 연계된 기존의 메타데이터 세트와 작업들의 평가로 구성될 예정이다.

3) 메타데이터의 정의

ISO 15489, ISO 23081에서는 메타데이터를 '시간과 공간을 초월하여 기록의 생산, 관리와 이용이 가능하도록 하는 구조화된 혹은 반구조화된 정보'로 정의하고 있다.

또한, ISO 15489-1(2016년)에서는 기록 관리의 원칙으로서 기록은 '메타데이터(metadata)49)와 내용(content)'으로 구성된다고 선언함으로써 메타데이터가 기록을 구성하는 중요한 부분임을 명백히 밝히고 있다.

4) 메타데이터의 역할

ISO 15489-1(2016년)에 따르면 기록 메타데이터는 다음을 기술할 수 있어야 한다.

· 업무맥락
· 기록과 기록 시스템간의 의존성과 관련성
· 법적, 사회적 맥락에 대한 관련성
· 기록을 생산, 관리 및 이용하는 행위자에 대한 관련성
· 기록 메타데이터는 그 자체가 기록으로 관리되어야 하며, 훼

---

49) 메타데이터는 기록의 내용, 맥락, 구조 및 장기간에 걸친 관리사항을 말한다.

손·허가받지 않은 삭제·보유·파괴로부터 보호되어야 한다. 메타데이터에 대한 접근은 인가된 접근과 허용 규칙에 따라 통제되어야 한다.

5) 메타데이터의 구성

ISO 15489-1(2016년)에 따르면 기록 메타데이터는 다음을 기록하는 정보로 구성되어야 한다.

- 기록의 내용에 대한 기술
- 기록의 구조(예: 형태, 포맷 및 기록을 구성하는 컴포넌트간의 관계)
- 기록이 생산, 접수, 이용되었던 업무맥락

6) 다른 기록과 다른 메타데이터와의 관계

포맷이나 저장정보와 같이 기록을 검색하고 재현하는데 필요한 식별자나 기타 정보를 지니고 있으며 기록이 존재하는 동안 기록과 관련되었던 업무행위와 사건(행위의 일자와 시간, 행위를 수행한 행위자와 메타데이터에 대한 변경사항을 포함) 등에 대한 내용이 포함되어야 한다.

7) 메타데이터의 유형

ISO 23081에서는 다음과 같은 메타데이터 유형을 제시하고 있다.

- 기록 자체에 대한 메타데이터
- 생산일시, 생산자, 물리적, 기술적 속성에 대한 기본정보

· 기록의 위치, 집합계층, 관련자 및 업무프로세스, 주제·분류에 대한 정보

접근제한 사항에 대한 정보
· 업무규칙이나 정책과 법규에 대한 메타데이터
· 업무활동과 기록 생산관리 및 접근에 적용되는 규정상 요건에 대한 정보
· 행위주체에 관한 메타데이터 생산자 및 조직에 대한 정보
· 기록관리에 관련된 사람 및 조직에 대한 정보와 부여된 권한
· 접근권한을 가진 사람 및 조직
· 업무활동이나 과정에 관한 메타데이터
· 기록이 발생된 업무기능 및 활동에 대한 정보 및 그 연계
· 기록과 기록생산에 관여된 사람 및 조직과의 연계
· 업무 프로세스에 대한 보안 및 접근규칙에 대한 정보
· 기록이 발생된 업무 기능 및 활동과 기록을 분류하도록 하는 정보
· 기록관리 과정에 관한 메타데이터
· 특정한 기록관리 활동 수행을 위한 사람 및 조직 인가에 대한 정보
· 기록과 기록계층, 기록과 기록 생산에 관여한 사람 및 조직의 연계에 대한 정보
· 장기보존을 위한 필요사항에 대한 정보
· 기록 처분에 대한 정보
· 메타데이터에 관한 메타데이터

문서자체의 보존뿐만 아니라 설명정보 등을 포함하고 기록물과 관

련된 정보들을 영구적으로 보존하고 유지하기 위해서 전자기록물의 영구보존 포맷은 내용정보와 설명정보를 모두 포함할 수 있도록 엮어져야한다. 그래야만 기록물의 내용정보의 변질 및 위조를 막을 수 있을 뿐만 아니라, 기록물과 관련된 모든 설명정보를 함께 포함하고 검색이 용이하도록 전체 내용은 캡슐화가 가능하도록 구성된다.

버전정보(객체) : 전자기록물의 종류, 그 객체종류에 대한 설명, 객체생성된 날짜 등이 포함된 문서는 객체의 메타데이터를 생성하고 기록물(기록물 혹은 메타데이터)은 본문(본문 메타데이터 문서보존 포맷)과 첨부 부서 등이 객체내용이 된다.

문서보존 포맷

문서 내용정보를 영구보존하기 위한 포맷으로 포맷의 특징에 따라 장단점이 다르므로 어느 한 가지 방법을 취하기보다는 하나 이상의 방법을 병행하는 것이 바람직하며 아래 표에서 보듯, 가장 만족도가 높은 것으로 PDF/A 방식을 선호한다.

<표 12> 다양한 문서 포맷 비교표

구분	XML	TEXT	이미지	PDF	CSD	PDF/A
공개용표준	상	상	상	하	하	상
편재	상	상	상	중	중	상
안정성	상	하	상	상	상	상
메타데이터지원	상	하	하	상	상	상
상호운영성	상	상	상	상	상	상
진본성	상	상	상	상	상	상
처리능력	상	하	상	상	상	상
표현력	상	하	0	상	상	상
검색기능	상	상	하	상	상	상

* PDF/A

PDF/A는 2005년 9월 14일 ISO에서 국제표준으로 승인된 문서보
존포맷이다. 이는 공개포맷으로서 그 소유권은 ISO에 있으며, 사용
하고자 하는 모든 사람은 Royalty-free로 사용 가능하다. 따라서 그
동안 표준의 부재로 인해 전자문서 활용에 다소 어려움을 겪었던 다
국적 기업들은 이번에 표준화된 프로세스를 이용해 훨씬 더 빠르고
효율적으로 작업할 수 있게 되었다.

8) 매체변환, 보안, 인증기술

전자기록물이 이관되어 오면 보존매체를 생산하며, 이를 보존관
리 하다가 필요할 경우에는 매체변환을 하게 된다. 보존 관리하던
매체를 폐기할 수 있으며 변환한 후 구 버전의 매체를 폐기할 수 있
다. 생산되는 보존매체는 위변조가 불가능하도록 보존매체 생산기관
명의의 인증정보와 매체 메타데이터를 포함하여 수록하고 이후 수
정이 불가능하도록 해야 한다. 보존매체 선택시에는 매체의 수명,
매체의 내구성, 대용량, 저비용, 수용도(폭넓게 사용되는 정도) 등을
고려해야 할 것이다. 보존매체는 사용목적상 다음과 같이 두 가지로
구분되어 관리된다.

① 보존매체
전자기록물의 존재성을 보장하는 수단으로 장기보존을 목적으로
하므로 활용은 최소화하고 별개의 수장고에 격리하여 보존한다.(보
존매체 원본)

② 저장활용매체

기록물을 실제 활용하고 진본성을 검증하기 위해서는 온라인으로 상시 접근가능한 보존매체 사본(복본)이 필요하다. 따라서 영구 보존하는 보존매체 원본과 동일하며, 훼손을 용인할 수 있는 복본들을 만들어 활용하면서 이중보존, 배포 등에도 사용할 수 있는 매체이다.

이 두 가지 보존매체는 기술적으로는 동일하며 다만 사용목적이 다르고 관리가 달라진다. 이러한 방식을 구체화하기 위해 필요한 시스템은 다음과 같다.

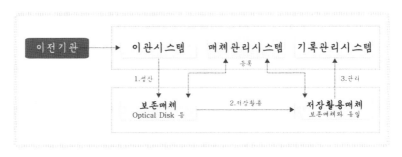

<그림 3> 보존매체 변환 시 필요 시스템

보존매체 변환 시 필요 시스템구조도 : 이관기관 → 이관시스템 →
　　　1. 생산 : 보존매체(Optical Disk등), 1-1. 등록 : 매체관리시
　　　스템 → 2. 저장활용 : 저장활용매체(보존매체와 동일), 2-1.
　　　등록 : 매체관리시스템 → 3. 관리 : 기록관리 시스템 → 4.
　　　변환 : 보존매체(Optical Disk등)

전자서명을 이용하여 불법적인 위변조나 훼손으로부터 기록물을 보호하고, 생산기관 → 기록관 → 영구 기록물관리기관으로 이관되

는 과정에서 이 기록이 진본임을 보장할 수 있는 인증방법의 개발이
필요할 것이다.

　일단 기록물이 한 기관 안에 들어오면 그 곳에서 일어나는 모든
수정 행위는 한번의 기관 인증으로 처리할 수 있다. 예를 들어 자료
관에 이관된 기록물에는 생산자의 기록물 원본과 생산자 명의의 인
증정보(전자서명 포함)가 포함되어 있다. 여기에 전자서명이 되어
있기 때문에 자료관에서는 이 정보를 고칠 수 없다. 자료관의 담당
자가 수집하여 검수, 분류 등의 절차를 거치면서 메타데이타가 추가
되는데 그 때마다 자료관의 전자서명을 벗겨 버리고 작업한 후 다시
자료관 명의의 전자서명을 덧붙인다.

　이러한 방식으로 기록물 유통단계에서 한 기관을 거칠 때마다 그
기관 명의의 단층 전자서명이 붙도록 하는 것이 효율적일 것이다.
이러한 방안은 다음과 같다.

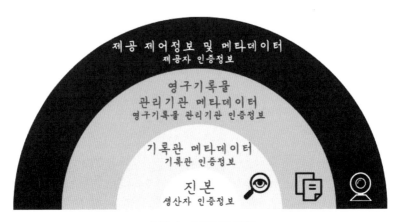

<그림 4> 서명재적용방법

서명 재적용 방법 : 진본(생산자 인증정보) → 기록관 메타데이터(기록
　　관 인증정보) → 영구기록물 관리기관 메타데이터(영구기록
　　물 관리기관 인증정보) → 제공 제어정보 및 메타데이터(제
　　공자 인증정보)

〈관리체계〉

현용(current), 준현용(semi-current), 비현용(non-current) 이라는
전통적인 종이기록물의 라이프 싸이클과는 달리, 전자기록물은 시공
을 넘나드는 속성상 시간의 흐름에 따른 이러한 단계의 구분이 모호
해진다.

우리나라의 경우에도 생산단계(업무관리시스템) → 준현용단계(기
록관리시스템) → 비현용단계(중앙영구기록관리시스템)라는 3단계
의 라이프 싸이클 체계가 구축되어 있으나, 전자기록관리에서는 "생
산 이전단계"라는 가상의 관리단계가 매우 중요하다. 이 단계에서
관리를 위한 전산시스템 구축, 진본성, 무결성을 지닌 기록관리가
시작되고, 조직 업무분석, 분류체계 확립, 가치평가를 통한 처리일정
의 확립 등이 이루어지기 때문이다. 생산이전 단계를 포함한 전자기
록 라이프싸이클 4단계 모형과 주요 관리단계는 다음과 같다.

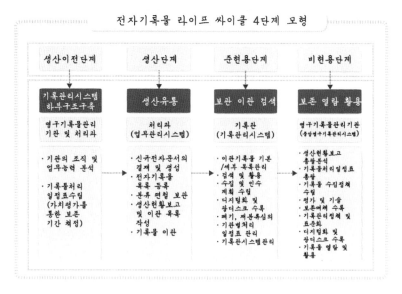

<그림 5> 전자기록물 생애주기 4단계모형

4. 전자기록물의 생산과 획득

전자기록물의 획득은 기록물을 정해진 기간 동안 안전하게 관리하고 사용 가능케 하기 위해 전자기록관리시스템이 기록을 확보하는 행위를 의미한다. 전자기록물은 XML · PDF문서, 워드프로세서 · 텍스트편집기 · 스프레드시트 등으로 작성된 문서, 스캐닝한 문서 또는 데이터베이스 등을 포함한 이메일(첨부파일 포함), 웹페이지 역시 중요한 수집대상으로 정하고 있다. 또한 전자기록물은 내용과 구조, 생산맥락이 각기 분리되어 존재하기 때문에 메타데이터의 획득 없이는 향후 내용을 이해하고 활용하는데 많은 어려움이 따르게 된다.

따라서 전자기록물과 함께 메타데이터의 기능을 정의하여야 하며, 시스템 내에서 자동으로 생성·획득되어 기록물 라이프 싸이클 전 생애에 걸쳐 관리되도록 명시하고 있다.

1) 전자기록물의 등록

등록이란 기록물이 시스템에 획득되었음을 공식적으로 선언한다는 의미를 지닌다. 등록이 완료되지 않고는 기록물에 더 이상의 어떠한 처리과정도 진행되어서는 안된다. 기록물의 신뢰성 유지를 위해 한번 등록된 사항은 임의로 변경할 수 없지만, 반드시 변경이 필요하다면 변경사항에 대한 정보를 남겨야 한다. 이를 위해 핵심 메타데이터 요소를 지정하여 수정 불가능하도록 규정 하며, 수정이 행해진 후에는 누가, 언제, 어떤 사유로 변경했는지에 대한 기록을 남기는 감사추적 기능을 정의하고 있다.

2) 전자기록물의 분류

분류체계를 통해 기록물 처리지침 결정이나 접근권한 확인과 같은 다양한 기록관리 과정을 지원할 수 있도록 명시하고, 표제작성과 기술시 어휘통제도구를 사용할 것을 권고하고 있다.

3) 전자기록물의 저장과 처리

전자기록물은 컴퓨터라는 기술적 장치에 의존성이 높은 만큼 저장 및 보존은 전자기록물 관리상 더욱 핵심적인 기능으로 부상하고 있다. 전자기록물의 유지, 처리, 저장과 관련된 문제들은 기록물이 존재하는 시기 전체에 걸쳐 발생하므로 기록물의 구체적인 물리적·화학적 속성을 고려한 저장환경과 처리과정이 필요하다. 또한 승인 되지 않은 접근, 분실, 폐기, 절도 및 재난으로부터 전자기록물을 보호할 수 있어야 하며 변환이나 이송을 위한 사전정책과 지침 수립이 필요하다. 전자적 형태의 기록물 저장은 손실 방지를 위해 반드시 백업과 복원기능을 구비해야 하며 중요기록은 재난발생에 대비한 추가적인 보호와 복구방법이 강구되어야 한다.

4) 전자기록물의 보존

전자기록은 컴퓨터 기술의 업그레이드 및 노후화 등에 직접적으로 종속되므로, 기술적 변화에 대비하지 못할 경우 진본성을 지닌 전자기록물의 장기적 활용은 불가능하게 된다. 따라서, 전자기록물의 장기간 유지·보존을 위해 컴퓨터 기술이 여러 세대에 걸쳐 지속적으로 복사, 리포맷, 변환, 마이그레이션 될 수 있도록 함으로써 기술의 노후화에 대한 계획을 마련해야 한다.

전자기록의 보존전략은 마이그레이션, 에뮬레이션, 인캡슐레이션 이라는 세 가지 범주로 나누고 이들을 적절히 조합하여 사용하는 방법을 채택하도록 하고 있다.

5) 마이그레이션 (migration)

접근성의 유지를 위해 전자기록물을 구형의 하드웨어, 소프트웨어 구성 혹은 세대로부터 현재의 구성 혹은 세대로 끊임없이 전송하는 것을 말한다. 물리적 매체의 노후화 문제를 해결할 수 있게 된다.

6) 인캡슐레이션(encapsulation)

메타데이터를 디지털 객체와 함께 하나로 묶거나, 디지털 객체 사이에 포함시키는 것을 말한다. 메타데이터는 기록이 지적으로 이해될 수 있게 하고, 미래에 기술적으로 접근될 수 있도록 하는 역할을 하게 되므로, 인캡슐레이션은 전자기록의 장기보존 및 활용을 위한 필수기능이다. 그러나, 그 자체만으로는 전자기록을 보존하는 기능을 가지지는 못하여, 마이그레이션이나 에뮬레이션 등과 같은 기록의 접근가능성의 보증을 위한 전략들과 함께 결합하여 사용될 때에만 효과를 발휘할 수 있다.

7) 에뮬레이션(emulation)

소프트웨어의 원래 성능이 현재의 컴퓨터상에서 재생산될 수 있도록 하는 것으로, 전자기록의 원래 운영환경을 재생산하는 소프트웨어를 사용하게 된다. 직접적 도구가 되는 에뮬레이터 소프트웨어의 생산이 고도로 숙련된 컴퓨터 프로그래머를 필요로 하며, 높은 비용을 요구한다는 단점을 지닌다. 또한, 상업적 소프트웨어의 에뮬레이션은 지적자산과 저작권 문제로 인해 효율성과 안정성을 손상시키는 결과를 초래하게 된다. 따라서 이 세가지 보존전략을 적절히 조합하여 사용하는 방법을 채택하도록 하고 있다.

8) 전자기록물의 접근 및 이용

전자기록물은 보다 편리하고 효율적인 접근기회를 보장하여 기록물의 이용을 촉진시키고 한편으로는 접근을 통제하여 기록물을 보호해야 하는 양 측면을 지니게 된다. 접근통제를 위해 기록물에 보안범주, 접근가능 이용자층 규정, 비밀기록물 분류 이유와 근거, 비밀등급의 조정이나 해제 등에 대한 상세한 메타데이터를 유지하도록 명시하고 있으며, 이용내력(use history) 관리를 통해 복제, 다운로드, 불법 접근시도 등에 대한 메타데이터를 자동 획득하도록 하고 있다. 또한, 보다 효율적이면서도 편리한 접근을 위해 다양한 분류체계 및 검색 엔진을 제공하고 향후 시소러스 등 어휘통제도구 개발, 활용할 수 있어야 한다.

9) 전자기록물의 감사 추적

감사추적은 행위추적과 기록물의 위치추적으로 구분할 수 있다. 개별기록물과 그 집합, 메타데이터에 행해진 모든 변화에 대해 수정행위, 행위의 대상, 행위주체, 행위일시를 반드시 기록해야 하며 등록·분류와 재분류·처리일정 및 접근권한의 할당과 변경·메타데이터의 변경·이관·삭제나 파기에 관한 정보는 필수적으로 기록해야 한다고 명시하고 있다. 감사추적 정보는 시스템에 의해 자동 생산되고 임의로 수정할 수 없도록 하며 향후 공식기록으로 관리하도록 명시하고 있다.

10) 전자기록물의 보존기간 책정 및 처분

보존기간 책정의 결정은 사전 업무분석을 통해, 생산이전단계 처리일정표 작성과정에서 결정된다. 원본기록물은 마이그레이션·복사·변환 후 폐기를 승인하며, 폐기는 전자기록이 물리적으로 재구성될 수 없는 방식으로 처리되어야 한다.

5. 전자기록관리 업무 시스템

시스템이 주기적으로 계속해서 업데이터 되어 변형, 가공이 용이한 역동적인 데이터를 보유하도록 구성하여 현행의 최신데이터만을 보유하도록 지원한다. 안정적으로 전자기록을 관리하기 위해서는 업무시스템이 기록관리 기능을 추가하거나 별도의 안정적인 전자기록관리시스템으로 이관하는 것이 필요하다. 업무시스템 기록관리 구현 방식은 업무시스템 내 이관기능을 이용하여 지정된 기록관리시스템으로 기록 및 관련 메타데이터를 직접 이관하여 관리 한다.

1) 업무시스템 자체에 기록관리 기능을 설계하고 구현하기 위해서는 기록생산 및 관리를 업무처리과정상의 핵심 기능으로 두고 업무시스템에 구축할 기록관리 기능을 컴포넌트 기반 기술로 개발한 경우 타 엄부시스템에서도 재활용이 가능하다. 원하는 데이터의 이력을 남길 수 있는 기능을 제공하고 기록이 업무시스템 내에 저장되므로 장기 보존이 어려운 단점이 있고 개별 업무시스템의 개발 비용이 높아진다. 여러 업무 시스템에 분산된 기록을 각 업무 시스템에서 관리하게 되어 일관성을 유지하기가 힘들다.

2) 업무시스템을 지정된 전자기록관리 시스템과 연계통합
하나의 업무시스템에서 생산된 기록이 타 업무시스템에서 생산된

기록과 집합적으로 관리 될수 있다. 별도로 존재하는 전자기록관리 시스템을 재활용하는 것이 가능하며 두 시스템 간에 맞춤화된 인터 페이스를 개발해야 한다. 지정된 전자기록관리시스템의 가능성과 따라 기록의 관리과정이 연속적일 수 있는지의 여부가 달라지며 재난 복구 유지가 어렵다.

3) 업무시스템 내 이관기능을 이용하여 지정된 기록관리시스템으로 기록 및 관리 메타데이터를 직접 이관하여 관리하는 경우 하나의 업무 시스템에서 생성된 기록이 타 업무시스템에서 생성된 기록과 집합적으로 관리 될 수 있다. 그러나 동일한 기록이 업무시스템과 지정된 전자기록관리시스템에 중목 저장 될 수 있으며 기록을 시스템간에 물리적으로 입수 이관하는 자체가 위험성과 불완전성을 내포하기도 한다.

(1) 전자기록관리시스템 (ERMS: Electronic Records Management System): 전자기록을 관리, 보존, 활용, 처분하는 기능을 지원하는 컴퓨터 애플리케이션으로 기록관리정책기구에서 ERMS의 기본 기능을 시스템 요건으로 정의한 설계 표준개발하고 이를 기반으로 민간 개발업체가 개발한 시스템을 심사, 인증하는 제도를 실행한다.
  - 기록관리 대상 객체를 모두 포괄할 수 있어야 한다.
  - 기록관리스로세스 실행을 지원할 수 있어야 한다.

〈핵심기능〉
  - 기록의 처리과정에 대한 정확하고 완전한 정보를 남겨야 한다.

처리과정을 담은 문서와 처리결과에 대한 현행 메타데이터를 유지하고 감사증적

- 기록이 저장되는 물리적 매체를 보호한다. 전자기록의 보존기간 과 저장매체의 수명을 고려하여 재난관레에 대비한 매체 관리계 획이 수립되어야 한다.
- 기록의 분산저장이 용이해야한다. 우치의 투명성과 기록 저장, 소유, 책임성을 분리시킬 수 있어야 한다.
- 기록의 보유기간 동안 진본성, 신뢰성, 및 사용가능하도록 유지 한다. 시스템 상 변화나 중지 중단시 기록에 접근 가능하나 추 가 되어서는 안된다.
- 기록에 대한 접근 검색 이용이 보장되어야 한다.
- 기록의 처분에 대한 결정과 이행이 가능해야한다.

(2) 전자기록보존시스템(EAMS:Electronic Archives Management System): 보존 기록관리기관에서 수행하는 전자기록의 장기보존 업 무를 지원하는 시스템OAIS(Open Archives Information System Reference Model)참조모형 준수한다. 국가기록원의 CAMS(Central Archives Management System)와 대통령 기록관의 PAMS(Presidential Archives Management System) 등이 이에 속한다.

전자기록생산시스템과 기록관리시스템 간의 유형 선택을 위한 고 려사항은 다음과 같다.

특정 업무기능에 대한 위험수준을 포함한 업무적 필요성이나 별 도형 내지 통합형 중 어떤 유형이 조직의 기록관리 접근 전략으로 타당한 지를 포함하는 기록관리체계를 포함한다.

특정시스템에 대한 기술적 타당성

- 조직이 기록관리시스템을 소유하고 있는가?
- 얼마나 용이하게 두 시스템의 통합이 가능한가?
- 현재 사용 중인 생산시스템의 기능성 수준 및 변화의 필요성
- 현존 시스템의 예상 수명
- 요구되는 기능성을 반영한 시스템 업그레이드의 기술적 가능성

기록관리시스템의 도입 이유는 업무의 효율성 증대와 기관의 자원 절약, 설명책임 확보, 기록에 관한 법규적 요건 준수, 기록의 불법적 유실 파기 방지 및 보안 확보 등의 이유이다.

기록관리 시스템의 목표는 기록관리의 원칙과 속성에 따라 기록관리시스템으로 보존하는 기록물을 신뢰할 수 있고 효율적으로 관리하는 것으로 기록관리 업무는 인수, 저장, 처분, 검색, 활용 등으로 이루어지며 기록관리 시스템은 기록관리 원칙에 따라 이를 지원하기 위한 구조와 형태로 설계 되어야 한다.

전자기록관리체체로의 전환[50]

생산기관의 기록관리시스템 표준 소프트웨어 개발과 확산, 영구기록관리시스템 고도화 사업과 더불어 전자기록의 장기보존체계를 구축하기 위한 사업이 단계적으로 추진되고있다. 이로써 생산기관으로부터 영구기록물 관리기관에 이르기까지 기록의 라이프사이클 전체가 전자기록관리체계로 전환될 것이며, 본격적인 전자 환경에 대비한 기록관리를 실현하게 될 전망이다

---

50) 기록인 2007 winter+창간호의 곽정 국가기록원 기록연구사의 자료참조

기록관리 패러다임의 변화

행정환경이 전자정부, 지식정부, 참여정부로 변화함에 따라 기록관리 패러다임도 종이기록 중심에서 전자기록 중심으로, 보존위주에서 활용위주로, 비공개 관행에서 적극적 공개·열람 등 서비스 지향의 기록관리로 변화하고 있다. 이러한 패러다임의 변화를 반영하기 위하여'04년 말 국가기록관리 혁신 작업을 시작으로'05년에는 9개의 아젠다를 포함하는 '국가기록관리 혁신 로드맵'이 확정되었다. 로드맵에서는 '업무와 기록관리의 결합을 통한 공직사회의 책임성과 투명성의 고양'을 핵심과제로 선정하고, 모든 공적 행위가 효과적으로 기록화될 수 있도록 기록생산 및 기록관리 프로세스의 혁신과 이에 부합하는 시스템으로의 고도화를 목표로 하였다.

국가기록원에서는 이렇게 제기된 기록관리 혁신 방향을 현실화하기 위하여'05년 9월부터 5개월간 '기록 관리시스템 혁신 정보화전략 계획수립사업'을 수행하였다. 사업 결과, 기존 종이기반의 기록관리 프로세스 및 시스템으로부터 업무과정과 연계한 전자기록관리시스템으로 전환하는 개선모델이 도출되었다. 개선모델에서는 기존 전자문서시스템의 최종 결재·접수문서만이 관리되던 관행을 지적하고, 다양한 생산시스템으로부터 생산된 업무수행과정의 기록을 관리대상으로 포괄하였다. 또한 기록물분류기준표 제도운영의 비효율성을 극복하고 범정부기능분류체계(BRM)의 적용에 따른 행정환경 변화에 부합하기 위하여 업무와 기록분류체계를 통합하였다. 아울러 전자문서시스템, 자료관시스템, 국가기록원시스템이 기록관리 국제표준요건에 미흡함을 진단하고, 기록관리 전과정의 개선된 프로세스와 전자기록의 진본성 유지를 위한 기록관리 시스템 기능을 제시하였다.

이러한 개선모델을 실현하기 위하여 국가기록원에서는'06년 생산 기관의 기록관리시스템 표준 소프트웨어를 구축하고, 영구기록관리 시스템 고도화 사업의 추진과 더불어 전자기록의 장기보존체계를 구축하기 위하여 관련 기술을 시스템에 적용하는 등 단계적 사업을 통해 구현해 가고 있다. 이로써 생산기관으로부터 영구기록물관리기 관에 이르기 까지 기록의 라이프사이클 전체를 전자기록관리체계로 전환함으로써 본격적인 전자 환경에 대비한 기록관리를 실현할 수 있게 될 전망이다.

기록관리 대상의 확대

전자정부가 고도화단계에 접어들면서 행정업무의 효율성을 극대 화한다는 목표아래 모든 행정업무가 전자화 되기 시작하였다. 종이 없는 전자적 문서처리의 정착과 정책결정과정의 철저한 기록화를 표 방하며 기존 전자문서시스템 이외에도 다양한 생산시스템이 등장하 였다. 이러한 행정환경의 변화는 종이문서의 전자적관리 위주로 설계 되어진 기록관리체계를 전면적으로 수정하고 전자기록 중심의 관리 체계로 전환할 것을 요구하였다. 이를 위해서는 전자기록에 대한 개 념정립과 전자기록관리에 부합하는 방법론의 적용이 시급하였다.

특히'05년 도입되기 시작한 온-나라시스템(정부업무관리시스템)은 전자기록관리시스템의 구축을 촉진하는 계기가 되었다. 온-나라시스 템은 계획부터 집행·정보공유까지 업무의 전과정을 시스템화한 행 정업무의 기반시스템으로서, 결과위주의 전자문서시스템과는 달리 의사결정과정을 기록으로 남긴다. 현재 온-나라시스템은 전 중앙부 처에 보급된 상태이고 앞으로 지자체 및 공사·공단 등으로까지 확대될 전망이다.

국가기록원은 전자문서시스템에서 생산된 전자기록만을 관리 대상으로 삼았던 한계를 극복하고 온 나라시스템에서 생산된 기록까지 포괄해서 기록관리시스템으로 획득할 수 있도록 개선하였다.

이로써 기록관리 대상에 있어서 전자문서시스템-자료관시스템으로 연결된 관리체계가 온 나라시스템을 포함한 생산시스템 → 기록관리시스템으로 확대되었다.

국가기록원은 기록관리 대상을 확대하기 위하여 전자기록을 관리할 수 있는 기록철의 구조설계와 기록관리 메타데이터의 개념을 도입하였다. 이것은 다종의 생산 시스템으로부터 인수된 전자기록을 기록관리시스템에서 범용적인 철구조로 재편하고 내용·구조·맥락을 담고 있는 메타데이터를 추출하여 함께 관리하는 방식이다. 이러한 방법론은 현재뿐만 아니라 미래의 생산

시스템까지 고려한 기록관리시스템의 핵심적인 내용이라고 볼 수 있다. 나아가 국가기록원은 올해 다양한 영역에서 이러한 방법론을 수용하여 기록관리시스템을 설계할 수 있도록 '기록관리 메타데이터 표준'을 제정할 예정이다. 전자기록관리체제로의 전환은 표면적으로는 시스템 구축과 같은 인프라의 변화로 시작되는 것처럼 보이지만 그 기저에는 위와 같은 인식의 변화와 논리적·이론적 접근이 이루어지고 있으며 이는 보다 근본적인 해결방안을 모색하기 위함이다.

업무와 기록분류체계의 통합

전자기록관리체계의 기본방향은 업무에 기반한 기록관리체계를 구축한다는 것이다. 이 개념은 업무과정이 전자적으로 기록화되고,

사후에 업무분류체계에 따라 신속하게 검색·활용됨으로써 업무와 기록관리가 유기적으로 연계되는 체계를 의미한다.

국가기록원에서는 이러한 체계를 구현하기 위하여 우선적으로 실행되어야 할 사항으로 업무와 기록분류의 통합을 과제로 설정하였다. 전자기록관리에 있어서 업무기능 및 절차에 대한 정보는 기록의 생산배경과 기록간의 상호연관관계를 알려주는 중요한 단서이다. 그래서 국제표준과 선진 전자기록관리시스템에서도 기본적으로 업무기능에 기반한 기록분류체계를 수립하도록 규정하고 있다.

이러한 국제적 트렌드와 더불어 우리나라 행정변화도 이를 가속화시키는 계기가 되었다. 정부는 일하는 방식의 혁신 차원에서 조직·업무·기록·예산·지식관리 등 각종 행정 분야에서 공통기반이 될 범정부 기능분류체계(BRM)을 수립하였고 국가기록원에서는 적극적으로 참여하여 기록분류체계로서의 요건을 BRM에 반영하였다. 이에 따라 BRM 단위과제 속성정보에 보존기간, 책정사유 등 기록관리정보가 생성되었고 온-나라시스템의 단위과제카드로 자동연계되어 단위 과제하에 생산된 모든 전자기록은 동일한 보존기간 동안 유지·관리될 수 있게 되었다

국가기록원은 업무와 기록분류체계를 통합하기 위하여 기존 기록물분류기준표 제도운영에 대한 문제점을 분석하고, BRM 기반의 기록관리기준표를 새롭게 정립하여 관련 프로세스와 시스템 기능을 재설계하였다.

먼저, 기존 처리과별 단위업무별 분류기준을 조직분류의 개념을 배제한 범정부 차원의 기능분류로 확대하고, 최하위를 업무수행의 기본 단위인 단위과제로 재편하였다. 둘째, 분류체계의 효율적 변경관리를 위하여 처리과-자료관-국가기록원까지 거치는 프로세스를 최

대한 단축하고 변경관리 확정권한을 기관으로 하향 조정하였다. 이렇게 함으로써 기록관리기준표의 분류기준은 업무 기반의 BRM을 수용하고 단위과제별 보존기간은 기록관에서 주관하여 작성·운영하며 사후에 필요시 국가기록원에서 재조정하는 방식으로 개선되었다. 업무와 기록분류체계의 통합으로 온-나라시스템과 같은 기록생산시스템과 기록관리시스템이 동일한 분류 체계하에서 운영됨으로써 기록의 생산과 관리가 자연스럽게 이어지는 계기가 되었다. 아울러 최하위 분류 계층인 단위과제별로 전자기록철을 구성하게 됨에 따라 업무맥락정보까지도 효과적으로 관리할 수 있게 되었다.

전자기록 관리시스템 구축

국가기록원은 각급기관의 전자기록관리를 원활히 수행하기 위해서 각급기관에서 사용할 기록관리시스템 표준 S/W를 개발·완료하고, 보존기간 30년 이상의 기록을 장기적으로 관리하기 위한 영구기록 관리시스템을 구축하였다. 이 두 시스템은 국제표준에서 제시한 기능요건을 충족하고 선진 기록관리시스템의 발전된 기술을 도입하여 전자기록의 핵심사항인 기록의 진본성을 유지하고자 했다는 점에서 성과가 크다.

이번에 개발된 기록관리시스템에서 특히 주목할 만한 기능은 다음과 같다.

첫째, 전자기록의 진본성 확보를 위하여 국제표준에서 요구하는 메타데이터 요소를 누적·관리할 수 있는 기능이다. 전자기록은 종이문서와 같이 육안으로 원본임을 판단하기가 불가능하기 때문에 진본성, 신뢰성, 무결성, 이용가능성을 보장할 수 있는 메타데이터를 충분히 확보하고 이를 지속적으로 확인하여 진본성을 유지시켜 주어야 한다. 기록관리시스템에서는 전자문서시스템, 온-나라시스템 등 상이한 생산시스템의 기록이 인수되더라도 생산자, 분류, 내용, 구조정보 등 동일한 메타데이터 요소를 추출하여 통합관리한다.

둘째, 인수된 전자기록에 대하여 메타데이터 오류검사, 바이러스 검사 및 치료, 첨부문서 확인 등을 통하여 품질을 관리하는 기능이다. 품질관리 기능은 시스템 또는 저장매체간 이동이 발생하거나 마이그레이션 등의 작업이 수행되었을 때, 진본성의 확인을 위하여 필수적으로 수행되어야 한다. 기관의 기록관리시스템에서는 인수직후 또는 영구기록물관리시스템으로 이관직전에 검사기능이 있으며, 영구기록관리시스템에서는 인수시 격리검사 등 보다 강화된 품질관리 기능을 구현하고 있다.

셋째, 불법적 접근에 대한 관리와 사용 및 처리내역의 추적기능을 통하여 전자기록의 무결성을 확보하는 기능이다. 국제표준에서는 기록과 사용자 모두에 대하여 접근통제를 적용하고 수행된 행위나 현재 기록의 위치 등에 대하여 추적할 수 있는 기능을 필수적으로 규정하고 있다. 기록관리시스템에서는 열람범위나 공개구분을 통하여 기록물의 기본적인 접근권한을 관리할 뿐만 아니라 조직별·개인별 세부 권한설정까지 가능하며, 사용자별·기록물별 이력을 누적하고, 시스템 운영상황, 로그정보를 통한 오류사항과 문제발생 원인을 추적할 수 있다.

넷째, 전자기록의 장기보존을 위한 보존포맷 변환기능이다. 전자기록은 시스템 의존적이고 소프트웨어의 발전에 영향을 많이 받기 때문에 계속적으로 이용가능하도록 변환작업을 수행하지 않으면 안된다. 이러한 한계를 해결하기 위하여 우선 문서내용은 공개용 표준으로서 세계적으로 널리 사용되고 있는 PDF/A-1 포맷으로 변환하도록 하였다. 이와 더불어 기록관리시스템은 관련 메타데이터까지도 장기적으로 보존하기 위하여 원문, 문서보존포맷변환 파일, 기록의 생애주기 동안 생성된 메타데이터 모두를 함께 패키징하고 전자서명을 첨부하여 장기보존포맷으로 변환하여 저장할 수 있다.

기록관리시스템의 이러한 기능은 단독으로 기능하는 것이 아니라 목적에 따라 여러 유관시스템과 연계되어 운용된다. 전자기록의 이관을 위해서 온-나라시스템, 전자문서시스템, 중앙기록관리시스템과 연계되고, 대국민 또는 공무원에게 기록정보를 제공하기 위해서 통합정보공개시스템과 연계된다. 이러한 전자기록 데이터의 직접적인 이동을 위해서만이 아니라 기록관리시스템에서 수행되는 기능을 지원하기 위해서 필요한 경우도 있다. 전자기록의 분류를 하기 위해 BRM시스템과 연계되어 분류체계를 전달받고, 기록의 무결성을 검사하기 위하여 전자서명장기검증시스템을 호출하여 유효성을 체크한다. 이와 같이 유관시스템과의 연계를 기반으로 기록관리를 수행할 수 있도록 구현한 점은 전자기록관리시스템의 특징 중의 하나라고 볼 수 있다.

전자기록관리시스템은 국제표준과 선진기술을 반영하여 기존의 종이기록 중심의 기록관리 수준을 한 단계 업그레이드함으로써, 생산부터 관리, 보존에 이르는 전자기록의 생애주기 전과정의 전자화를 실현하는 중요한 기반이 될 것이다.

전자기록 장기보존체계 구축

다른 한편으로 국가기록원은 전자기록의 진본성 보장과 장기적 보존 문제를 해결함으로써 전자기록관리체계를 완성하기 위하여 선진기술을 적극적으로 도입하고 있다.'04년 수행된 '전자기록물 영구보존 기반기술 연구용역'은 이러한 노력의 시작이라고 볼 수 있다. 국가기록원은 3년간의 연구와 구축사업을 통하여 보존포맷을 개발하고 장기검증체계를 마련함으로써 전자기록의 영구보존체계를 차근차근 구축해 나가고 있다. 주요 성과를 살펴보면, 먼저 전자기록의 보존포맷 변환 소프트웨어 개발을 들 수 있다.'06년 국가기록원은 '전자기록 영구보존기술 적용을 위한 테스트베드'를 구축하였다. 테스트베드에서는 문서보존포맷 PDF/A-1으로의 변환 소프트웨어와 장기보존포맷 모듈을 개발하고 GPKI(Government Public Key Infrastructure)기반의 전자서명을 보존포맷에 적용하여 무결성을 확보하는 기술을 구현하였다. 문서보존포맷은 문서의 내용과 형태를 장기적으로 보존할 수 있는 파일형식으로서, 문서편집기가 버전업되거나 소멸되더라도 영향을 받지 않고 내용보기가 가능한 포맷을 말한다. 장기보존포맷은 국제표준 ISO14721(OAIS 참조모델)에서 제시하는 보존정보패키지의 이론을 토대로 전자문서원문 및 보존포맷 변환파일과 기록관리과정에서 누적된 메타데이터, 전자서명으로 구성된 포맷을 의미한다. 테스트베드의 결과는 기록관리시스템에 구현되었고 이로써 가치있는 기록의 경우 생산된 지 얼마 되지 않은 시기부터 장기 보존기술을 적용하여 보다 안정적으로 보존할 수 있게 되었다.

둘째로 전자기록의 가독성 및 무결성 확보를 위한 '디지털 기록매체 요구기준 개발'에 관한 연구를 들 수 있다. 이 연구에서는 디지털 데이터 저장기술과 현재 일반적으로 사용되는 매체의 특성과 기술 동향을 살펴봄으로써 전자기록을 장기적으로 저장할 수 있는 영구 보존매체의 선정문제를 해결하고자 하였다. 장기보존용 전자기록 매체의 요구기준에 대하여 이 연구에서는 매체의 수명과 구형화, 용량과 비용, 신뢰성·이식성과 손상민감성, 생존성과 접근성 등을 고려하여 작성되어야 한다고 언급하고 있다. 또한 기록관 단계에서는 저장·활용·이관 매체를 중심으로, 영구기록물관리 단계에서는 보존·백업·활용 매체를 중심으로 권고안을 제시하고 있다.

셋째로 전자기록에 대한 전자서명 장기검증관리체계의 구축을 들 수 있다. 올해 4월 국가기록원에서는 이와 관련한 구축사업을 착수하였고 연내에 구축을 완료할 예정이다. 국가기록원은 전자기록을 장기적으로 보존하고 이에 대한 진본성과 무결성을 확인하기 위하여 전자서명이 포함된 포맷을 개발한 바 있다. 그러나 현재 전자서명의 유효기간은 2년 3개월로, 3년 이상의 전자기록의 무결성 확인은 불가능한 상태이다. 전자서명 장기검증관리시스템은 이러한 검증체계의 한계를 근본적으로 해결하기 위한 시도가 될 것이다.

우리나라의 전자기록에 대한 장기보존기술은 아직 걸음마 단계이다. 그러나 세계의 어느 기록관리 선진국에서도 전자기록의 장기보존에 대한 명쾌한 해답을 가지고 있지 못한 실정이다. 그만큼 전자기록을 장기적으로 보존하는 문제는 많은 기술적 과제를 해결해야 한다. 위와 같은 연구와 테스트베드 구축은 이러한 과제를 풀어나갈 수 있는 기술력을 배양해 가는 과정이 될 것이다.

전자기록관리 QA

Q1. 기록관리 시스템으로 이관이 완료되고, 온나라 시스템에서 보유 중인 사본 기록물은 삭제 가능한가?

- 공공기록물 법 시행령 제35조 제6항에 따르면 기록관 또는 특수 기록관의 장으로부터 인수 완료결과를 통보 받은 처리과의 장은 해당 전자기록물을 물리적으로 복구가 불가능하도록 삭제 또는 파기하여야 함
- 다만, 처리과는 해당 전자기록물을 업무상 참고할 필요가 있는 경우에는 사본임을 확인할 수 있는 조치를 취한 후에 삭제 또는 파기하지 않고 활용할 수 있음
- 따라서 기록관리시스템으로 이관을 완료하고 온나라 시스템에서 보유 중인 사본 기록물의 삭제 여부는 해당기관에서 판단할 사항임

Q2. 중앙행정기관이나 공공기관의 홈페이지의 메인화면 혹은 구동되는 홍보 동영상 등도 공공기록물법의 적용대상이 되는가?

- 공공기록물 관리에 관한 법률 시행령 제2조 (정의) 제 10호에서 '웹기록물이란, 공공기관의 웹사이트에 포함된 모든 형태의 기록정보자료와 웹사이트 운영 및 구축과 관련된 관리 정보를 말한다'고 규정하고 있기 때문에 중앙행정기관이나 공공기관의 홈페이지의 메인화면 혹은 구동되는 홍보 동영상등도 공공기록물법의 적용대상이 된다.
- 웹 기록물의 경우 기관의 조직, 기능 및 기관과 국민간의 의사소통 등에 관한 웹 기록물 및 웹 기록물 관련 시스템 구축·운영과 관련된 중요한 기록물을 보존 관리하도록 규정하고 있다.[51]

---

51) 공공기록물법 기록물의 보존기간별 책정 기준 참고

- 그러므로 중앙행정기관 또는 공공기관의 홈페이지 개편직전의 메인화면이 '공공기록물법 시행령'에 따른 웹 기록물이라고 판단되는 경우, 관리 대상이 되어야 한다.

Q3 행정 정보데이터 세트를 기록관리시스템으로 이관하지 아니하고 공공기록물법 시행령 제43조에 따라 폐기 시 법의 저촉이 되는가?

- 공공기록물법에 따라 행정정보시스템은 기록관리 대상에 해당하며, 국가기록원에서는 행정정보 데이터세트의 이관, 평가, 폐기 등 구체적인 절차 및 관리 방안을 마련 중이다. 개인 정보가 포함된 행정정보데이터세트의 보존기간 만료 시 평가 및 폐기 절차를 수행하기 위해서는 해당시스템에 평가 폐지 기능이 구현되어 있어야 하며 보존기간은 10년 이하로 규정하고 있다. 다만, 이 경우에는 공공기록물법 제43조에 따른 기록물 평가 및 폐기 절차를 준수하여야 한다.

Q4 행정정보시스템의 보존기간 책정 단위기준은?

- 행정정보시스템은 현재 공공기관에서 운영하고 있는 기록물 분류체계 내에서 통합관리 되어야 하며 기관의 기록물 분류 기준표 단위업무별로 보존기간을 책정하되 해당 데이터세트의 단위업무 미존재 시 기록관 및 국가기록원과 협의하여 신설하여야 한다.

Q5 전자문서시스템에서 개인정보가 포함된 붙임파일의 경우 첨부파일의 암호화, 압축파일 가능여부는?

- 전자문서시스템에서 붙임파일에 비밀 번호를 설정할 경우 해당 비밀 번호에 대한 지속적인 관리가 어렵기 때문에 해당 파일에 대한 내용 확인이 불가하므로 전자문서 붙임파일의 암호화를 금지한다. 개인정보 등이 포함되어 있는 붙임파일은 업무관리시스템(또는 전자문서시스템)의 문서 보안 또는 열람 범위지정 기능을 활용하여 열람을 제한하는 방법을 활용한다. 압축파일(zip, 알집 등)은 전자문서 생산 시 시스템에 등록되는 파일 수와 실제 파일 수가 상이하여 전자문서의 진본성 입증이 곤란한 경우가 많다.[52)]

Q6 대법원 전자소송시스템(http://ecfs.scourt.go.kr)에서 출력한 자료의 등록 여부 미등록된 위법행위조사서('08년 생산, 보존기간 5년)의 폐기 수행 시점은?

- 전자소송시스템은 '민사소송 등에서의 전자문서 이용 등에 관한 법률'에 따라 구축 운영되는 행정 정보시스템으로 공공기록물법 시행령에 규정된 전자기록생산시스템에 해당된다. 따라서 전자소송시스템에서 관리하고 있는 기록물을 출력하여 공공기관의 전자문서시스템에 별도로 등록할 필요는 없으나, 소송업무 수행과정에서 보고, 결재 등을 거쳐 생산한 기록물은 등록 관리하여야 하며, 기관에서 업무상 필요한 경우에는 전자문서시스템에 등록 관리가 가능하다. 또한 소송과 관련된 비 전자기록물을 접수한 경우에는 전자문서시스템에 등록 관

---

52) 기록원 관리지침(2016:13~14) 암호설정 또는 압축 파일은 공공기록물법 시행령 제36조 제1항의 규정에 의한 문서보존 포맷 변환 불가하다

리하여야 한다.

- '08년도에 생산된 위법행위조사서는 보존기간이 5년으로'14년도에 기록물 평가 대상이 되지만 현재 미등록된 상태이므로 전자문서 시스템에 등록한 후 기록물 평가.폐기 절차를 수행하여야 하며 보존기간 가신일은 등록된 연도의 다음해 1월1일부터 가산된다.

Q7 한국기록정보원의 0000종합시스템에서 생산된 데이터세트가 공공기록물 법에 따른 준영구 사유에 해당하는가?

- 전자기록물은 정보처리능력을 가진 장치에 의하여 전자적인 형태로 작성하여 송신.수신 또는 저장되는 전자문서, 웹기록물 및 행정정보 데이터세트 등의 기록정보자료를 말한다.(시행령3조)
- 행정정보데이터세트는 각급 행정기관에서 업무상 사용하고 있는 행정정보시스템에서 생산되는 문자, 숫자, 도형, 이미지 및 그 밖의 데이터를 말한다.9시행규칙 제2조) 그러므로 공공기관에서 생산된 행정정보 데이터세트는 공공기록물법에 따른 전자기록물에 해당된다.

- 공공기관의 기록물은 등록 및 분류체계 수립, 보존기간 책정 등 공공기록물법에서 정한 절차에 따라 관리하여야 한다 (법 제18조, 법 제19조 등)
- **등록:** 공공기관이 기록물을 생산 또는 접수한 때에는 그 기관의 전자기록 생산시스템으로 생산 또는 접수 등록번호를 부여하고 기록물에 표기 하는 등 등록 정보를 관리하여야 한다.(영 제20조)
- **분류체계:** 공공기관은 행정자치부 장관이 정하는 정부기능 분류체계의 단위과제 별로 작성하는 기록관리기준표를 운영하여야 한다. 다만,

정부기능분류체계를 적용할수 없는 공공기관은 관할 여구기록물관기기관의 장과 협의하여 별도의 기능분류방식을 사용하는 것이 가능하다. (영 제25조 제2항)

- 보존기간: 기록관기기준표의 단위과제별 보존기간은 관항 영구기록물관기기관의 장과 협의하여야 한다. 다만, 한국기록정보원은 공공기록물법 제25조 제3항에 따라 해당기관의 장이 보존기간을 정하여 시행하도록 규정하고 있다. (영 제25조 제3항)

- 0000종합시스템에서 생산된 행정정보 데이터세트에 대한 보존기간은 공공기록물법상의 분류체계 및 '기록물의 보존기간별 책정기준(시행령 별표1)에 따라 기관 자체적으로 정할 사항이다. 한국0000원은 공공기록물법 시행규칙 제17조에 다른 행정자치부령으로 정한 기관에 해당하지 않아 국가기록원에서 보존기간을 협의하지 않으므로, 기관 자체적으로 보존기관을 판단한다. 또한 공공기록물법에 따라 관리하여야 하는 개인정보가 포함된 기록물은 개인정보 보유기간이 경과한 경우에도 해당기록물의 보존기간까지 관리하고, 공공기록물법에 따라 평가.폐기를 수행하여야 한다.

Q8. 행정정보시스템 전자기록물 폐기 관련

Q8-1 행정정보 데이터세트에 대한 식별번호부여 및 이관, 보존, 폐기 등의 기준단위 설정 방법은 어떠한가?

- 공공기록물법 제20조 제1항에 따라 행정정보시스템에서 생산된 행정정보 중 기록물의 특성상 등록 정보를 부여할 수 없는 경우 해당 기록물의 고유한 식별번호를 부여하여 등록번로로 대체가 가능하다. 다만 식별번호에 개인별 주민등록번호 등 개인정보가 포함된 경우 개인정보보호법을 고려하여 판단할 필요가 있다. 기록물의 이관, 보존, 폐기 등은 기록물철 단위로 처리하여야한다.[53] 단, 일반기록물과 다른 행정정보 데이터세트 특성으로 인해 국가기록원에서는 이관, 평가,

폐기 등의 구체적인 절차 및 관리방안을 마련 중이다.

Q8-2 여러 업무가 혼재된 행정정보를 단일 시스템명(단위과제명)에 하나의 보존기간을 부여하는 것이 가능한가?

- 기관의 기록물 분류기준표에 해당하는 단위업무별로 보존기간을 책정함이 바람직하며, 해당데이터세트의 단위업무 미존재시 기록관과 국가기록원과 협의하여 신설한다.

Q8-3 행정정보 데이터세트의 기록관리시스템(RMS)이관 여부, 이관 방법, 폐기 방법 등은 어떻게 되는가?

- 기록관리 공공표준에서는 행정정보 데이터세트와 같이 장기간 축적되고 관리될 필요가 있는 경우 생산시스템 내에 기록관리 기능을 구현할 수 있도록 규정하고 있다. 따라서 행정정보시스템 내 기록관리 기능이 구현되어 있을 경우 데이터세트를 기록관리시스템으로 이관하지 않고 동일 시스템에서 평가, 폐기 등을 수행 할 수 있다. 단 해당 데이터세트의 처분 권한은 기록관에게 있다.[54] 현재 기록관리공공표준에서는 보존기간 만료에 따라 기록물 자체가 폐기되더라도 보존하여야 하는 메타데이터 요소를 규정하고 있어 행정정보데이터세트 폐기 시 이에 대한 보존이 필요하다.[55] 기록물 평가 및 폐기 시기는 자체 판단이 가능한 사안이며 폐기또는 보류 여부는 기록물 평가심의회 심의결과에 따른다.

---

53) 공공기록물관리법 시행령 제32조
54) 전자기록관리시스템 기록관리기능요건(NAK/S24:2014), 정부산하공공기간 등의 기록관리를 위한 시스템 기능요건 참조
55) 기록관리 메타데이터 표준(NAK/S 8:2012)의 폐기기록물을 위한 메타데이터(부속서F)참조

공공기록물 관리에 관한 법률 (약칭: 공공기록물법)

[시행 2014.11.19.] [법률 제12844호, 2014.11.19., 타법개정]

제1조(목적) 이 법은 공공기관의 투명하고 책임 있는 행정 구현과 공공기록물의 안전한 보존 및 효율적 활용을 위하여 공공기록물 관리에 필요한 사항을 정함을 목적으로 한다.[전문개정 2012.3.21.]

제2조(적용 범위) 이 법은 공공기관이 업무와 관련하여 생산·접수한 기록물과 개인 또는 단체가 생산·취득한 기록정보 자료(공공기관이 소유·관리하는 기록정보 자료를 포함한다) 중 국가적으로 보존할 가치가 있다고 인정되는 기록정보 자료 등 공공기록물에 대하여 적용한다.[전문개정 2012.3.21.]3

제3조(정의) 이 법에서 사용하는 용어의 뜻은 다음과 같다.

1. "공공기관"이란 국가기관, 지방자치단체, 그 밖에 대통령령으로 정하는 기관을 말한다.

2. "기록물"이란 공공기관이 업무와 관련하여 생산하거나 접수한 문서·도서·대장·카드·도면·시청각물·전자문서 등 모든 형태의 기록정보 자료와 행정박물(行政博物)을 말한다.

3. "기록물관리"란 기록물의 생산·분류·정리·이관(移管)·수집·평가·폐기·보존·공개·활용 및 이에 부수되는 모든 업무를 말한다.

4. "기록물관리기관"이란 일정한 시설 및 장비와 이를 운영하기

위한 전문인력을 갖추고 기록물관리 업무를 수행하는 기관을 말하며, 영구기록물관리기관, 기록관 및 특수기록관으로 구분한다.

5. "영구기록물관리기관"이란 기록물의 영구보존에 필요한 시설 및 장비와 이를 운영하기 위한 전문인력을 갖추고 기록물을 영구적으로 관리하는 기관을 말하며, 중앙기록물관리기관, 헌법기관기록물관리기관, 지방기록물관리기관 및 대통령기록관으로 구분한다.[전문개정 2012.3.21.]

제4조(공무원의 의무)

① 모든 공무원은 이 법에서 정하는 바에 따라 기록물을 보호·관리할 의무를 갖는다.

② 공공기관 및 기록물관리기관의 장은 기록물이 국민에게 공개되어 활용될 수 있도록 적극적으로 노력하여야 한다. [전문개정 2012.3.21.]

제5조(기록물관리의 원칙) 공공기관 및 기록물관리기관의 장은 기록물의 생산부터 활용까지의 모든 과정에 걸쳐 진본성(眞本性), 무결성(無缺性), 신뢰성 및 이용가능성이 보장될 수 있도록 관리하여야 한다. [전문개정 2012.3.21.]

제6조(기록물의 전자적 생산·관리) 공공기관 및 기록물관리기관의 장은 기록물이 전자적으로 생산·관리되도록 필요한 조치를 마련하여야 하며, 전자적 형태로 생산되지 아니한 기록물도 전자적으로 관리되도록 노력하여야 한다. [전문개정 2012.3.21.]

제7조(기록물관리의 표준화 원칙) 중앙기록물관리기관의 장은 기록물이 효율적이고 통일적으로 관리·활용될 수 있도록 기록물관리의 표준화를 위한 정책을 수립하여 시행하여야 한다.

[전문개정 2012.3.21.]

제8조(다른 법률과의 관계) 기록물관리에 관하여 다른 법률에 특별한 규정이 있는 경우를 제외하고는 이 법에서 정하는 바에 따른다.

제2장 기록물관리기관

제9조(중앙기록물관리기관)

① 기록물관리를 총괄·조정하고 기록물을 영구보존·관리하기 위하여 행정자치부장관은 그 소속으로 영구기록물관리기관을 설치·운영하여야 한다. <개정 2013.3.23., 2014.11.19.>

② 제1항에 따라 행정자치부장관 소속으로 설치·운영되는 영구 기록물관리기관(이하 "중앙기록물관리기관"이라 한다)은 다음 각 호의 업무를 수행한다. <개정 2013.3.23., 2014.11.19.>

1. 기록물관리에 관한 기본정책의 수립 및 제도의 개선
2. 기록물관리 표준화 정책의 수립 및 기록물관리 표준의 개발· 운영
3. 기록물관리 및 기록물관리 관련 통계의 작성·관리
4. 기록물의 전자적 관리체계 구축 및 표준화
5. 기록물관리의 방법 및 보존기술의 연구·보급
6. 기록물관리 종사자에 대한 교육·훈련
7. 기록물관리에 관한 지도·감독 및 평가
8. 다른 기록물관리기관과의 연계·협조
9. 기록물관리에 관한 교류·협력
10. 그 밖에 이 법에서 정하는 사항

③ 중앙기록물관리기관의 장은 공공기관으로부터 이관받은 기록

물을 효율적으로 관리하기 위하여 필요한 경우에는 중간 관리 시설을 설치·운영할 수 있다. [전문개정 2012.3.21.].

제10조(헌법기관기록물관리기관)

① 국회, 대법원, 헌법재판소 및 중앙선거관리위원회는 소관 기록물의 영구보존 및 관리를 위하여 영구기록물관리기관을 설치·운영할 수 있다. 이 경우 영구기록물관리기관을 설치·운영하지 아니할 때에는 대통령령으로 정하는 바에 따라 중앙기록물관리기관에 소관 기록물의 관리를 위탁하여야 한다.

② 제1항에 따라 국회, 대법원, 헌법재판소 및 중앙선거관리위원회에 설치·운영하는 영구기록물관리기관(이하 "헌법기관기록물관리기관"이라 한다)은 다음 각 호의 업무를 수행한다.

1. 관할 공공기관의 기록물관리에 관한 기본계획의 수립·시행
2. 관할 공공기관의 기록물관리 및 기록물관리 관련 통계의 작성·관리
3. 관할 공공기관의 기록물관리에 관한 지도·감독 및 지원
4. 중앙기록물관리기관과의 협조에 의한 기록물의 상호활용 및 보존의 분담
5. 관할 공공기관의 기록물관리 종사자에 대한 교육·훈련
6. 그 밖에 기록물관리에 관한 사항

③ 헌법기관기록물관리기관의 장은 중앙기록물관리기관의 장이 기록물관리에 대한 표준의 이행과 기록물관리 관련 통계현황 등 기록물의 효율적 관리를 위하여 필요한 사항에 관하여 협조를 요청하면 협조하여야 한다. [전문개정 2012.3.21.].

제11조(지방기록물관리기관)

① 특별시장·광역시장·특별자치시장·도지사 또는 특별자치도

지사는 소관 기록물의 영구보존 및 관리를 위하여 특별시·광역시·특별자치시·도 또는 특별자치도(이하 "시·도"라 한다)의 조례로 정하는 바에 따라 영구기록물관리기관(이하 "시·도기록물관리기관"이라 한다)을 설치·운영하여야 한다.

② 특별시·광역시·특별자치시·도·특별자치도 교육감(이하 "시·도교육감"이라 한다)은 소관 기록물의 영구보존 및 관리를 위하여 시·도의 조례로 정하는 바에 따라 영구기록물관리기관(이하 "시·도교육청기록물관리기관"이라 한다)을 설치·운영할 수 있다. 이 경우 시·도교육감이 시·도교육청기록물관리기관을 설치·운영하지 아니할 때에는 대통령령으로 정하는 바에 따라 소관 기록물을 시·도기록물관리기관에 이관하여야 한다.

③ 시장·군수·구청장(자치구의 구청장을 말한다. 이하 같다)은 소관 기록물의 영구보존 및 관리를 위하여 시·군·자치구의 조례로 정하는 바에 따라 영구기록물관리기관(이하 "시·군·구기록물관리기관"이라 한다)을 설치·운영할 수 있다. 이 경우 시장·군수·구청장이 시·군·구기록물관리기관을 설치·운영하지 아니할 때에는 대통령령으로 정하는 바에 따라 소관 기록물을 시·도 기록물관리기관에 이관하여야 한다.

④ 지방자치단체의 장은 기록물관리를 효율적으로 하기 위하여 필요한 경우에는 대통령령으로 정하는 바에 따라 영구기록물관리기관을 공동으로 설치·운영할 수 있다.

⑤ 시·도기록물관리기관(제2항 후단 및 제3항 후단에 따라 시·도교육감 또는 시장·군수·구청장으로부터 소관 기록물을 이관받은 경우를 포함한다), 시·도교육청기록물관리기관, 시·

군·구기록물관리기관 및 제4항에 따라 공동으로 설치·운영
되는 영구기록물관리기관(이하 "지방기록물관리기관"이라 한
다)은 다음 각 호의 업무를 수행한다.

1. 관할 공공기관의 기록물관리에 관한 기본계획의 수립·시행
2. 관할 공공기관의 기록물관리 및 기록물관리 관련 통계의 작
   성·관리
3. 관할 공공기관의 기록물관리에 관한 지도·감독 및 지원
4. 관할 지방자치단체의 기록물관리에 관한 지도(시·도기록물관
   리기관만 해당한다)
5. 중앙기록물관리기관과의 협조에 의한 기록물의 상호활용 및 보
   존의 분담
6. 관할 공공기관의 기록물관리 종사자에 대한 교육·훈련
7. 관할 공공기관 관련 향토자료 등의 수집
8. 그 밖에 기록물관리에 관한 사항

⑥ 국가는 지방기록물관리기관의 설치·운영에 필요한 경비의 일
   부를 예산의 범위에서 보조할 수 있다.
⑦ 지방기록물관리기관의 장은 중앙기록물관리기관의 장이 기록
   물관리에 대한 표준의 이행, 국가위임사무에 관한 기록물의 원
   본 또는 사본의 이관, 그 밖에 기록물관리 관련 통계현황 등
   기록물의 효율적 관리를 위하여 필요한 사항에 관하여 협조를
   요청하면 협조하여야 한다. [전문개정 2012.3.21.]

제12조 삭제 <2007.4.27.>

제13조(기록관) ① 공공기관의 기록물을 효율적으로 관리하기 위
하여 대통령령으로 정하는 공공기관은 기록관을 설치·운영하여
야 한다. 다만, 제14조에 따른 특수기록관을 설치·운영하는 공공

기관의 경우에는 그 공공기관 내에 기록관을 설치할 수 없다.

② 기록관은 다음 각 호의 업무를 수행한다.

1. 해당 공공기관의 기록물관리에 관한 기본계획의 수립·시행

2. 해당 공공기관의 기록물 수집·관리 및 활용

3. 기록관이 설치되지 아니한 관할 공공기관의 기록물관리

4. 영구기록물관리기관으로의 기록물 이관

5. 해당 공공기관의 기록물에 대한 정보공개 청구의 접수

6. 관할 공공기관의 기록물관리에 대한 지도·감독 및 지원

7. 그 밖에 기록물관리에 관한 사항 [전문개정 2012.3.21.]

제14조(특수기록관)

① 통일·외교·안보·수사·정보 분야의 기록물을 생산하는 공공기관의 장은 소관 기록물을 장기간 관리하려는 경우에는 중앙기록물관리기관의 장과 협의하여 특수기록관을 설치·운영할 수 있다.

② 특수기록관은 제28조제1항에 따른 시설·장비와 이를 운영하기 위한 전문인력을 갖추어야 한다.

③ 특수기록관은 다음 각 호의 업무를 수행한다.

1. 관할 공공기관의 기록물관리에 관한 기본계획의 수립·시행

2. 해당 공공기관의 기록물 수집·관리 및 활용

3. 특수기록관이 설치되지 아니한 관할 공공기관의 기록물관리

4. 중앙기록물관리기관으로의 기록물 이관

5. 해당 공공기관의 기록물에 대한 정보공개 청구의 접수

6. 관할 공공기관의 기록물관리에 대한 지도·감독 및 지원

7. 그 밖에 기록물관리에 관한 사항 [전문개정 2012.3.21.]

제3장 국가기록관리위원회

제15조(국가기록관리위원회)

① 다음 각 호의 사항을 심의하기 위하여 국무총리 소속으로 국가
기록관리위원회(이하 "위원회"라 한다)를 둔다.

1. 기록물관리에 관한 기본정책의 수립
2. 기록물관리 표준의 제정·개정 및 폐지
3. 영구기록물관리기관 간의 협력 및 협조 사항
4. 대통령 기록물의 관리
5. 비공개 기록물의 공개 및 이관시기 연장 승인
6. 국가지정기록물의 지정 및 해제
7. 그 밖에 기록물관리와 관련하여 위원회의 위원장이 심의에 부
치는 사항

② 위원회는 위원장 1명을 포함하여 20명 이내의 위원으로 구성
하고, 위원은 다음 각 호의 사람 중에서 국무총리가 임명하거
나 위촉한다.

1. 국회사무총장, 법원행정처장, 헌법재판소사무처장 및 중앙선거
관리위원회사무총장이 추천하는 소속 공무원
2. 중앙기록물관리기관의 장
3. 기록물관리에 관한 학식과 경험이 풍부한 사람

③ 위원회의 위원장은 국무총리가 위원 중에서 임명하거나 위촉
한다.

④ 제2항제3호에 따른 위원의 임기는 3년으로 하며, 한 차례만 연
임할 수 있다.

⑤ 위원회는 다음 각 호의 사항을 적은 회의록을 작성·보존하여

야 한다. 이 경우 필요하다고 인정되면 속기·녹음 또는 녹화
를 할 수 있다.

1. 일시 및 장소
2. 참석위원의 수 및 성명
3. 그 밖에 참석자 및 배석자의 성명
4. 상정안건 및 결정사항
5. 그 밖의 토의사항

⑥ 위원회의 사무를 지원하기 위하여 위원회에 간사 1명을 두며,
간사는 중앙기록물관리기관의 소속 공무원으로 한다.

⑦ 위원회의 효율적인 운영을 위하여 위원회에 전문위원회나 특
별위원회를 둔다.

⑧ 제1항부터 제7항까지에서 정한 사항 외에 위원회, 전문위원회
및 특별위원회의 구성 및 운영 등에 필요한 사항은 대통령령
으로 정한다. [전문개정 2012.3.21.]

제4장 기록물의 생산

제16조(기록물 생산의 원칙)

① 공공기관은 효율적이고 책임 있는 업무수행을 위하여 업무의
입안단계부터 종결단계까지 업무수행의 모든 과정 및 결과가
기록물로 생산·관리될 수 있도록 업무과정에 기반한 기록물
관리를 위하여 필요한 조치를 마련하여야 한다.

② 제1항에 따른 기록물관리를 위하여 필요한 사항은 국회규칙,
대법원규칙, 헌법재판소규칙, 중앙선거관리위원회규칙 및 대
통령령으로 정한다. [전문개정 2012.3.21.]

제17조(기록물의 생산의무)

① 공공기관은 주요 정책 또는 사업 등을 추진하려면 대통령령으로 정하는 바에 따라 미리 그 조사·연구서 또는 검토서 등을 생산하여야 한다.

② 공공기관은 대통령령으로 정하는 바에 따라 주요 회의의 회의록, 속기록 또는 녹음기록을 작성하여야 한다. 이 경우 속기록 또는 녹음기록은 그 기록물의 원활한 생산 및 보호를 위하여 대통령령으로 정하는 기간 동안 공개하지 아니할 수 있다.

③ 공공기관은 주요 업무수행과 관련된 시청각 기록물 등을 대통령령으로 정하는 바에 따라 생산하여야 한다.

④ 영구기록물관리기관의 장은 주요 기록물 보존을 위하여 관련 기록물을 직접 생산할 필요가 있다고 인정하는 경우에는 관련 공공기관의 장과 협의하여 그 공공기관 또는 행사 등에 소속 공무원을 파견하여 기록하게 할 수 있다.

[전문개정 2012.3.21.]

제18조(기록물의 등록·분류·편철 등) 공공기관은 업무수행 과정에서 기록물을 생산하거나 접수하였을 때에는 대통령령으로 정하는 바에 따라 그 기록물의 등록·분류·편철 등에 필요한 조치를 하여야 한다. 다만, 기록물의 특성상 그 등록·분류·편철 등의 방식을 달리 적용할 필요가 있다고 인정되는 수사·재판 관련 기록물의 경우에는 관계 중앙행정기관의 장이 중앙기록물관리기관의 장과 협의하여 따로 정할 수 있다. [전문개정 2012.3.21.]

제5장 기록물의 관리

제19조(기록물의 관리 등)

① 공공기관은 대통령령으로 정하는 바에 따라 기록물의 보존기간, 공개 여부, 비밀 여부 및 접근권한 등을 분류하여 관리하여야 한다.

② 공공기관은 대통령령으로 정하는 기간 이내에 기록물을 소관 기록관 또는 특수기록관으로 이관하여야 한다. 다만, 소관 기록관 또는 특수기록관이 설치되지 아니한 공공기관의 경우에는 대통령령으로 정하는 바에 따라 공공기관의 장이 지정하는 부서로 기록물을 이관하여야 한다.

③ 기록관이나 특수기록관은 보존기간이 30년 이상으로 분류된 기록물을 대통령령으로 정하는 기간 이내에 소관 영구기록물관리기관으로 이관하여야 한다.

④ 특수기록관은 제3항에도 불구하고 소관 비공개 기록물의 이관시기를 생산연도 종료 후 30년까지 연장할 수 있으며, 30년이 지난 후에도 업무수행에 사용할 필요가 있는 경우에는 대통령령으로 정하는 바에 따라 중앙기록물관리기관의 장에게 이관시기 연장을 요청할 수 있다.

⑤ 국가정보원장은 제4항에도 불구하고 소관 비공개 기록물의 이관시기를 생산연도 종료 후 50년까지 연장할 수 있으며, 공개될 경우 국가안전보장에 중대한 지장을 줄 것이 예상되는 정보 업무 관련 기록물의 이관시기는 대통령령으로 정하는 바에 따라 중앙기록물관리기관의 장과 협의하여 따로 정할 수 있다.

⑥ 공공기관은 기록물의 원활한 수집 및 이관을 위하여 대통령령으로 정하는 바에 따라 매년 기록물의 생산현황을 소관 기록

물관리기관에 통보하여야 한다. 이 경우 중앙행정기관의 소속
기관에 기록관 또는 특수기록관을 설치하였을 때에는 중앙행
정기관의 기록관 또는 특수기록관이 그 생산현황을 취합하여
중앙기록물관리기관에 통보하여야 한다.

⑦ 중앙기록물관리기관의 장은 공공기관 기록물의 관리 상태를
정기적으로 또는 수시로 점검하여야 한다. 다만, 국가정보원의
소관 기록물에 대하여는 국가정보원장과 협의하여 그 방법 및
절차 등을 따로 정할 수 있다. [전문개정 2012.3.21.]

제20조(전자기록물의 관리)

① 중앙기록물관리기관의 장은 컴퓨터 등의 정보처리장치에 의하
여 생산·관리되는 기록정보 자료(이하 "전자기록물"이라 한
다)의 안전하고 체계적인 관리 및 활용 등을 위하여 다음 각
호의 사항을 포함하는 전자기록물 관리체계를 구축·운영하여
야 한다.

1. 전자기록물 관리시스템의 기능·규격·관리항목·보존포맷 및
매체 등 관리 표준화에 관한 사항

2. 기록물관리기관의 전자기록물 데이터 공유 및 통합 검색·활용
에 관한 사항

3. 전자기록물의 진본성 유지를 위한 데이터 관리체계에 관한 사항

4. 행정전자서명 등 인증기록의 보존·활용 등에 관한 사항

5. 기록물관리기관 간 기록물의 전자적 연계·활용 체계 구축에
관한 사항

② 전자기록물과 전자적으로 생산되지 아니한 기록물의 전자적
관리를 위하여 그 밖에 필요한 사항은 대통령령으로 정한다.
[전문개정 2012.3.21.]

제21조(중요 기록물의 이중보존)

① 영구보존으로 분류된 기록물 중 중요한 기록물은 복제본을 제작하여 보존하거나 보존매체에 수록하는 등의 방법으로 이중보존하는 것을 원칙으로 한다.

② 기록물관리기관이 보존하는 기록물 중 보존매체에 수록된 중요 기록물은 안전한 분산 보존을 위하여 대통령령으로 정하는 바에 따라 그 기록물의 보존매체 사본을 중앙기록물관리기관에 송부하여야 한다.

③ 중앙기록물관리기관의 장은 국가적으로 보존할 가치가 있는 기록물에 대하여는 기록물관리기관에 그 기록물을 보존매체에 수록하고 보존매체 사본을 송부하여 줄 것을 요청할 수 있다.

[전문개정 2012.3.21.]

제21조(중요 기록물의 이중보존)

① 영구보존으로 분류된 기록물 중 중요한 기록물은 복제본을 제작하여 보존하거나 보존매체에 수록하는 등의 방법으로 이중보존하는 것을 원칙으로 한다.

② 기록물관리기관이 보존하는 기록물 중 보존매체에 수록된 중요 기록물은 안전한 분산 보존을 위하여 대통령령으로 정하는 바에 따라 그 기록물의 보존매체 사본을 중앙기록물관리기관에 송부하여야 한다.

③ 중앙기록물관리기관의 장은 국가적으로 보존할 가치가 있는 기록물에 대하여는 기록물관리기관에 그 기록물을 보존매체에 수록하고 보존매체 사본을 송부하여 줄 것을 요청할 수 있다.

[전문개정 2012.3.21.]

제22조(간행물의 관리)

① 공공기관은 간행물을 발간하려면 대통령령으로 정하는 바에 따라 소관 영구기록물관리기관으로부터 발간등록번호를 부여받아야 한다.

② 공공기관은 발간하는 간행물에 제1항에 따른 발간등록번호를 표기하여야 하며, 간행물을 발간하였을 때에는 지체 없이 그 간행물 3부를 각각 관할 기록관 또는 특수기록관과 소관 영구기록물관리기관 및 중앙기록물관리기관에 송부하여 보존·활용되도록 하여야 한다. [전문개정 2012.3.21.]

제23조(시청각 기록물의 관리) 공공기관은 업무수행과 관련하여 생산한 사진, 필름, 테이프, 비디오, 음반, 디스크 등 영상 또는 음성 형태의 기록물을 대통령령으로 정하는 바에 따라 관리하고 소관 영구기록물관리기관으로 이관하여야 한다. [전문개정 2012.3.21.]

제24조(행정박물의 관리) 공공기관은 업무수행과 관련하여 생산·활용한 형상기록물로서 행정적·역사적·문화적·예술적 가치가 높은 기록물을 대통령령으로 정하는 바에 따라 관리하고 소관 영구기록물관리기관으로 이관하여야 한다. [전문개정 2012.3.21.]

제25조(폐지기관의 기록물관리)

① 공공기관이 폐지된 경우 그 사무를 승계하는 기관이 없을 때에는 폐지되는 공공기관의 장은 지체 없이 그 기관의 기록물을 소관 영구기록물관리기관으로 이관하여야 한다. 다만, 국가 또는 지방자치단체의 기관이 제3조제1호에 따른 대통령령으로 정하는 기관 또는 민간기관으로 전환되는 경우의 기록물관리에 관하여는 대통령령으로 정하는 바에 따른다.

② 공공기관이 폐지된 경우에 그 사무를 승계하는 기관이 있을 때

에는 폐지되는 기관의 장과 그 사무를 승계하는 기관의 장은 대통령령으로 정하는 바에 따라 기록물 인수인계가 원활하게 이루어질 수 있도록 조치하여야 한다.

③ 영구기록물관리기관의 장은 폐지되는 기관의 소관 기록물의 체계적인 이관 및 관리 등을 위하여 필요한 경우에는 소속 공무원을 파견할 수 있다.[전문개정 2012.3.21.]

제26조(기록물의 회수)

① 공공기관의 장 및 영구기록물관리기관의 장은 기록물이 유출되어 민간인이 이를 소유하거나 관리하는 경우에는 그 기록물을 회수하거나 위탁보존 또는 복제본 수집 등 필요한 조치를 하여야 한다. 이 경우 기록물을 회수하였을 때에는 선의로 취득한 제3자에게 대통령령으로 정하는 기준에 따라 필요한 보상을 할 수 있다.

② 공공기관(국가기관과 지방자치단체만 해당한다)의 장 및 영구기록물관리기관의 장은 제1항에 따른 기록물의 회수를 위하여 필요하다고 인정하면 관계 공무원으로 하여금 민간인이 소유하거나 관리하는 기록물의 목록 및 내용의 확인, 그 밖에 필요한 조사를 하게 할 수 있다.

③ 제2항에 따라 조사를 하는 공무원은 그 권한을 표시하는 증표를 관계인에게 보여주어야 한다. [전문개정 2012.3.21.]

제27조(기록물의 폐기)

① 공공기관이 기록물을 폐기하려는 경우에는 대통령령으로 정하는 바에 따라 제41조제1항에 따른 기록물관리 전문요원의 심사와 제27조의2에 따른 기록물평가심의회의 심의를 거쳐야 한다.

② 영구기록물관리기관이 보존 중인 기록물의 보존가치를 재분류

하여 폐기하려는 경우에는 대통령령으로 정하는 기준과 절차를 준수하여야 한다.

③ 제1항의 기록물 폐기의 시행은 민간 등에 위탁할 수 있다. 이 경우 기록물의 폐기가 종료될 때까지 관계 공무원이 참석하여 감독하는 등 기록물이 유출되지 아니하도록 필요한 조치를 하여야 한다. [전문개정 2012.3.21.]

제27조의2(기록물평가심의회)

① 공공기관의 장 및 영구기록물관리기관의 장은 보존 중인 기록물의 평가 및 폐기를 위하여 민간전문가를 포함한 기록물평가심의회를 구성·운영하여야 한다.

② 기록물평가심의회의 구성·운영 등에 필요한 사항은 국회규칙, 대법원규칙, 헌법재판소규칙, 중앙선거관리위원회규칙 및 대통령령으로 정한다. [본조신설 2012.3.21.]

제28조(기록물관리기관의 시설·장비)

① 중앙기록물관리기관의 장은 기록물의 체계적 관리, 안전한 보존 및 효율적 활용을 위하여 대통령령으로 정하는 바에 따라 기록물관리기관별 시설·장비 기준을 정하여야 한다.

② 기록물관리기관의 장은 제1항에 따른 시설·장비 기준을 준수하여야 하며, 이를 준수하지 아니하는 기록물관리기관에 대하여는 중앙기록물관리기관의 장이 그 시정을 요구할 수 있다. [전문개정 2012.3.21.]

제29조(기록매체 및 용품 등)

① 기록물관리기관이 기록물을 마이크로필름 또는 전자매체에 수록하여 관리할 때에는 중앙기록물관리기관과 상호 유통 및 활용이 가능하도록 중앙기록물관리기관에서 정하는 기준에 따라

관리하여야 한다.

② 중앙기록물관리기관의 장은 기록물관리에 사용되는 기록매체·재료 등에 관하여 보존에 적합한 규격을 정하여야 하며, 그 규격의 제정·관리 및 인증 등에 필요한 사항은 대통령령으로 정한다. [전문개정 2012.3.21.]

제30조(기록물 보안 및 재난 대책)

① 기록물관리기관의 장은 소관 기록물의 안전한 관리를 위하여 대통령령으로 정하는 바에 따라 기록물에 대한 보안 및 재난 대책을 수립·시행하여야 한다.

② 영구기록물관리기관의 장은 전자기록물의 안전한 관리를 위하여 재난대비 복구체계를 구축·운영하여야 한다. [전문개정 2012.3.21.]

제30조의2(보존·복원 기술의 연구·개발) 중앙기록물관리기관의 장은 기록물의 과학적이고 체계적인 보존 및 복원 기술의 개발과 개발된 기술의 확산을 위하여 노력하여야 한다.

[전문개정 2012.3.21.]

제6장 삭제 <2007.4.27.>

제31조 삭제 <2007.4.27.>

제7장 비밀 기록물의 관리

제32조(비밀 기록물 관리의 원칙) 기록물관리기관의 장은 대통령령으로 정하는 바에 따라 비밀 기록물 관리에 필요한 별도의 전용 서고 등 비밀 기록물 관리체계를 갖추고 전담 관리요원을 지정하

여야 하며, 비밀 기록물 취급과정에서 비밀이 누설되지 아니하도록 보안대책을 수립·시행하여야 한다. [전문개정 2012.3.21.]

제33조(비밀 기록물의 관리)

① 공공기관은 비밀 기록물을 생산할 때에는 그 기록물의 원본에 비밀 보호기간 및 보존기간을 함께 정하여 보존기간이 끝날 때까지 관리되도록 하여야 한다. 이 경우 보존기간은 비밀 보호기간 이상의 기간으로 책정하여야 한다.

② 비밀 기록물의 원본은 대통령령으로 정하는 바에 따라 소관 기록물관리기관으로 이관하여 보존하여야 한다.

[전문개정 2012.3.21.]

제34조(비밀 기록물 생산현황 등 통보) 공공기관의 장은 해당 기관이 생산한 비밀 기록물 원본에 대하여 대통령령으로 정하는 바에 따라 매년 그 생산·해제 및 재분류 현황을 소관 영구기록물관리기관의 장에게 통보하여야 한다. 이 경우 통보서식 등은 행정자치부령으로 정하되, 미리 국가정보원장과 협의하여야 한다. <개정 2013.3.23., 2014.11.19.> [전문개정 2012.3.21.]

제8장 기록물의 공개·열람 및 활용 <개정 2010.2.4.>

제35조(기록물의 공개 여부 분류)

① 공공기관은 소관 기록물관리기관으로 기록물을 이관하려는 경우에는 그 기록물의 공개 여부를 재분류하여 이관하여야 한다. 다만, 공공기관의 기록관 또는 특수기록관이 영구기록물관리기관으로 기록물을 이관하는 경우로서 제2항에 따라 기록물을 이관하기 전 최근 5년의 기간 중 해당 기록물의 공개 여부를

재분류한 경우에는 공개 여부 재분류 절차를 생략하고 기록물을 이관할 수 있다.

② 기록물관리기관은 비공개로 재분류된 기록물에 대하여는 재분류된 연도부터 5년마다 공개 여부를 재분류하여야 한다.

③ 비공개 기록물은 생산연도 종료 후 30년이 지나면 모두 공개하는 것을 원칙으로 한다. 다만, 제19조제4항 및 제5항에 따라 이관시기가 30년 이상으로 연장되는 기록물의 경우에는 그러하지 아니하다.

④ 영구기록물관리기관의 장은 기록물 생산기관으로부터 기록물 비공개 기간의 연장 요청을 받으면 제3항 본문에도 불구하고 제38조에 따른 기록물공개심의회 및 위원회의 심의를 각각 거쳐 해당 기록물을 공개하지 아니할 수 있다. 이 경우 비공개로 재분류된 기록물에 대하여는 비공개 유형별 현황을 관보와 인터넷 홈페이지 등에 공고하여야 하고, 재분류된 연도부터 5년마다 공개 여부를 재분류하여야 한다.

⑤ 기록물관리기관의 장은 통일·외교·안보·수사·정보 분야의 기록물을 공개하려면 미리 그 기록물을 생산한 기관의 장의 의견을 들어야 한다. [전문개정 2012.3.21.]

제36조(영구기록물관리기관 보존기록물의 비공개 상한기간 지정)
중앙기록물관리기관의 장은 영구기록물관리기관으로 이관된 기록물에 대하여는 대통령령으로 정하는 바에 따라 기록물의 성격별로 비공개 상한기간을 따로 정할 수 있다. [전문개정 2012.3.21.]

제37조(비공개 기록물의 열람)
① 영구기록물관리기관의 장은 해당 기관이 관리하고 있는 비공개 기록물에 대하여 다음 각 호의 어느 하나에 해당하는 열람

청구를 받으면 대통령령으로 정하는 바에 따라 이를 제한적으로 열람하게 할 수 있다.

1. 개인에 관한 정보로서 본인(상속인을 포함한다) 또는 본인의 위임을 받은 대리인이 열람을 청구한 경우
2. 개인이나 단체가 권리구제 등을 위하여 열람을 청구한 경우로서 해당 기록물이 아니면 관련 정보의 확인이 불가능하다고 인정되는 경우
3. 공공기관에서 직무수행상 필요에 따라 열람을 청구한 경우로서 해당 기록물이 아니면 관련 정보의 확인이 불가능하다고 인정되는 경우
4. 개인이나 단체가 학술연구 등 비영리 목적으로 열람을 청구한 경우로서 해당 기록물이 아니면 관련 정보의 확인이 불가능하다고 인정되는 경우

② 제1항에 따라 비공개 기록물을 열람한 자는 그 기록물에 관한 정보를 열람신청서에 적은 목적 외의 용도로 사용할 수 없다.

[전문개정 2012.3.21.]

제38조(기록물공개심의회)

① 영구기록물관리기관은 다음 각 호의 사항을 심의하기 위하여 기록물공개심의회를 설치·운영하여야 한다.

1. 제35조제4항에 따른 비공개 기간 연장 요청에 관한 사항
2. 그 밖에 기록물 공개 여부와 관련하여 영구기록물관리기관의 장이 심의를 요청한 사항

② 기록물공개심의회는 위원장 1명을 포함하여 7명의 위원으로 구성하고, 위원장과 위원의 임기는 2년으로 하며, 연임할 수 있다.

③ 기록물공개심의회의 위원은 소속 공무원 및 기록물의 공개와 관련된 지식과 경험이 풍부한 사람 중에서 영구기록물관리기관의 장이 임명하거나 위촉하며, 그 구성과 운영에 관한 사항은 대통령령으로 정한다.

④ 기록물공개심의회의 회의록 작성·보존에 관하여는 제15조제5항을 준용한다. [전문개정 2012.3.21.]

제38조의2(영구기록물관리기관 보존기록물의 활용) 영구기록물관리기관의 장은 그 기관이 보존하고 있는 기록물의 공개 및 열람 편의를 제공하기 위하여 기록물을 정리(整理)·기술(記述)·편찬하고, 콘텐츠를 구축하는 등의 사업을 추진하여야 한다.

[본조신설 2010.2.4.]

제9장 기록물관리의 표준화 및 전문화

제39조(기록물관리의 표준화) 중앙기록물관리기관의 장은 기록물의 체계적·전문적 관리 및 효율적 활용을 위하여 다음의 사항에 대한 표준을 제정·시행하여야 한다. 다만, 기록물관리 표준과 관련된 사항이 「산업표준화법」에 따른 한국산업표준으로 제정되어 있는 경우에는 그러하지 아니하다.

1. 전자기록물의 관리체계 및 관리항목
2. 기록물관리 절차별 표준기능
3. 기록물 종류별 관리 기준 및 절차
4. 기록물관리기관의 유형별 표준모델
5. 기록물 보안 및 재난관리 대책
6. 그 밖에 기록물의 효율적 관리를 위하여 필요한 사항
   [전문개정 2012.3.21.]

제40조(기록물관리 표준의 제정절차 등)

① 중앙기록물관리기관의 장은 제39조에 따른 기록물관리 표준을 제정·개정 또는 폐지하려면 대통령령으로 정하는 바에 따라 그 내용을 관보 등에 고시하여 이해관계인의 의견을 들어야 한다.

② 중앙기록물관리기관의 장은 기록물관리 표준의 확대·보급을 위하여 지도·교육 등 필요한 조치를 하여야 한다. [전문개정 2012.3.21.]

제41조(기록물관리 전문요원)

① 체계적·전문적인 기록물관리를 위하여 기록물관리기관에는 기록물관리 전문요원을 배치하여야 한다.

② 기록물관리 전문요원의 자격 및 배치인원 등에 관하여 필요한 사항은 국회규칙, 대법원규칙, 헌법재판소규칙, 중앙선거관리위원회규칙 및 대통령령으로 정한다.

③ 중앙기록물관리기관의 장은 기록물관리 전문요원을 포함한 전문인력의 수요 파악 및 양성 등에 관한 계획을 수립하여야 한다. [전문개정 2012.3.21.]

제42조(기록물관리 교육·훈련) 중앙기록물관리기관의 장은 대통령령으로 정하는 바에 따라 기록물관리 종사자의 능력 향상을 위한 교육·훈련 대책을 마련하여야 한다. [전문개정 2012.3.21.]

제10장 민간기록물 등의 수집·관리

제43조(국가지정기록물의 지정 및 해제)

① 중앙기록물관리기관의 장은 개인이나 단체가 생산·취득한 기

록정보 자료 등(이하 "민간기록물"이라 한다)으로서 국가적으로 영구히 보존할 가치가 있다고 인정되는 민간기록물을 위원회의 심의를 거쳐 국가지정기록물로 지정하여 관리할 수 있다.

② 민간기록물을 소유하거나 관리하는 자는 중앙기록물관리기관의 장에게 그 민간기록물을 국가지정기록물로 지정하여 줄 것을 신청할 수 있다.

③ 중앙기록물관리기관의 장은 제1항에 따른 국가지정기록물의 지정을 위하여 필요하다고 인정하면 소속 공무원으로 하여금 관련 민간기록물의 목록 및 내용의 확인, 그 밖에 필요한 조사를 하게 할 수 있다.

④ 제3항에 따른 조사의 경우에는 제26조제3항을 준용한다.

⑤ 중앙기록물관리기관의 장은 제1항에 따라 민간기록물을 국가지정기록물로 지정한 경우에는 이를 소유하거나 관리하는 자에게 지정사실을 통보하여야 한다.

⑥ 중앙기록물관리기관의 장은 제1항에 따라 지정된 기록물이 국가지정기록물로서의 보존가치를 잃었다고 판단하는 경우나 국가지정기록물의 소유자 또는 관리자의 신청이 있는 경우에는 위원회의 심의를 거쳐 이를 해제할 수 있다.

[전문개정 2012.3.21.]

제44조(국가지정기록물의 변동사항 관리) 제43조제1항에 따라 지정된 국가지정기록물의 소유자 또는 관리자는 그 국가지정기록물에 관하여 다음 각 호의 어느 하나에 해당하는 변동사항이 발생한 경우에는 대통령령으로 정하는 바에 따라 그 사실을 중앙기록물관리기관의 장에게 신고하여야 한다.

1. 국가지정기록물의 처분·증여 또는 양도 등으로 소유자가 변경

된 경우

2. 소유자가 관리자를 선임하거나 해임한 경우

3. 소유자나 관리자의 성명·주소(단체의 경우에는 그 명칭 및 주된 사무소의 소재지를 말한다) 및 보관 장소가 변경된 경우

4. 국가지정기록물이 멸실·도난 또는 훼손된 경우

[전문개정 2012.3.21.]

제45조(국가지정기록물의 보존·관리)

① 중앙기록물관리기관의 장은 국가지정기록물 보호를 위하여 필요한 경우에는 국가지정기록물의 소유자 또는 관리자에게 필요한 보존시설을 설치하도록 요청할 수 있다. 이 경우 보존시설 설치 등에 드는 비용은 예산의 범위에서 지원할 수 있다.

② 중앙기록물관리기관의 장은 국가지정기록물의 소유자 또는 관리자가 제1항에 따른 보존시설을 설치할 수 없는 부득이한 사유가 있는 경우에는 그 소유자 또는 관리자로부터 관리를 위탁받아 보존할 수 있다.

③ 중앙기록물관리기관의 장은 국가지정기록물을 복제하거나 사본을 제작할 필요가 있는 경우에는 그 국가지정기록물의 소유자 또는 관리자에게 이에 관한 협조를 요청할 수 있으며, 그 소유자 또는 관리자는 특별한 사유가 없으면 협조하여야 한다.

④ 제1항부터 제3항까지에서 규정한 사항 외에 국가지정기록물의 보존·관리에 필요한 사항은 대통령령으로 정한다. [전문개정 2012.3.21.]

제46조(주요 기록정보 자료 등의 수집)

① 중앙기록물관리기관의 장은 국가적으로 보존가치가 높은 국내외 소재 주요 기록정보 자료와 민간기록물을 수집할 수 있다.

② 중앙기록물관리기관의 장은 국가적으로 보존가치가 높은 국내외 소재 주요 기록정보 자료와 민간기록물의 소유자 또는 관리자에게 그 기록정보 자료 또는 민간기록물의 목록이나 그 사본의 제출을 요청할 수 있다. 이 경우 그 기록정보 자료 또는 민간기록물의 소유자 또는 관리자는 특별한 사유가 없으면 협조하여야 한다.

③ 중앙기록물관리기관의 장은 「영화 및 비디오물의 진흥에 관한 법률」 제29조제1항에 따라 상영등급을 분류받은 영화 중에서 국가적으로 영구히 보존할 가치가 있다고 판단하여 문화체육관광부장관과 협의하여 지정하는 영화에 대하여는 그 영화의 소유자 또는 관리자에게 원판필름 또는 그 복사본 1벌과 대본 1부를 송부하여 줄 것을 요청할 수 있다.

④ 중앙기록물관리기관의 장은 방송(재송신은 제외한다)된 프로그램 중에서 국가적으로 영구히 보존할 가치가 있다고 판단되는 방송프로그램에 대하여는 미래창조과학부장관 또는 방송통신위원회와 협의하여 수집대상 방송프로그램으로 지정할 수 있다. 이 경우 중앙기록물관리기관의 장은 「방송법」 제2조제3호가목에 따른 지상파방송사업자에게 해당 방송프로그램의 원본 또는 사본 1부를 송부하여 줄 것을 요청할 수 있다. <개정 2013.3.23.>

⑤ 제1항부터 제4항까지의 규정에 따른 기록정보 자료 및 민간기록물 등의 수집·보존 등에 필요한 사항은 대통령령으로 정한다. [전문개정 2012.3.21.]

제11장 보칙

제47조(비밀 누설의 금지) 비밀 기록물 관리 업무를 담당하였거나 비밀 기록물에 접근·열람하였던 자는 그 과정에서 알게 된 비밀을 누설하여서는 아니 된다. [전문개정 2012.3.21.]

제48조(보존매체에 수록된 기록물의 원본 추정) 기록물관리기관이 대통령령으로 정한 기준과 절차에 따라 보존매체에 수록한 기록물은 원본과 같은 것으로 추정한다. [전문개정 2012.3.21.]

제49조(위임규정) 이 법 시행에 필요한 사항은 국회규칙, 대법원규칙, 헌법재판소규칙, 중앙선거관리위원회규칙 및 대통령령으로 정한다. [전문개정 2012.3.21.]

제12장 벌칙

제50조(벌칙) 다음 각 호의 어느 하나에 해당하는 자(기록물을 취득할 당시에 공무원이나 공공기관의 임직원이 아닌 사람은 제외한다)는 7년 이하의 징역 또는 3천만원 이하의 벌금에 처한다.

1. 기록물을 무단으로 파기한 자
2. 기록물을 무단으로 국외로 반출한 자 [전문개정 2012.3.21.]

제51조(벌칙) 다음 각 호의 어느 하나에 해당하는 자(제1호부터 제3호까지의 경우에는 기록물을 취득할 당시에 공무원이나 공공기관의 임직원이 아닌 사람은 제외한다)는 3년 이하의 징역 또는 2천만원 이하의 벌금에 처한다.

1. 기록물을 무단으로 은닉하거나 유출한 자
2. 기록물을 중과실로 멸실시킨 자
3. 기록물을 고의 또는 중과실로 그 일부 내용이 파악되지 못하도

록 손상시킨 자

4. 제37조제2항을 위반하여 비공개 기록물에 관한 정보를 목적 외의 용도로 사용한 자 [전문개정 2012.3.21.]

제52조(벌칙) 다음 각 호의 어느 하나에 해당하는 자는 2년 이하의 징역 또는 1천만원 이하의 벌금에 처한다.

1. 정당한 사유 없이 제26조제2항에 따른 조사를 거부·방해 또는 기피한 자

2. 제47조를 위반하여 업무처리 중 알게 된 비밀을 누설한 자 [전문개정 2012.3.21.]

제53조(과태료)

① 다음 각 호의 어느 하나에 해당하는 자에게는 100만원 이하의 과태료를 부과한다.

1. 제43조제3항에 따른 조사를 거부·방해 또는 기피한 자

2. 제44조에 따른 신고를 하지 아니한 자

② 제1항에 따른 과태료는 중앙기록물관리기관의 장이 부과·징수한다. [전문개정 2012.3.21.]

부 칙 <법률 제8025호, 2006.10.4.>

제1조 (시행일) 이 법은 공포 후 6개월이 경과한 날부터 시행한다. 다만, 제35조제3항의 개정규정은 2009년 7월 1일부터 시행한다.

제2조 (헌법기관기록물관리기관 등에 관한 경과조치) 이 법 시행 당시 종전의 규정에 의하여 국회·대법원·헌법재판소 및 중앙선거관리위원회에 설치된 특수기록물관리기관은 제10조의 규정에

따른 헌법기관기록물관리기관으로 보며, 국가정보원 및 군 기관에 설치된 특수기록물관리기관은 제14조의 규정에 따른 특수기록관으로 본다.

제3조 (시·도기록물관리기관에 관한 경과조치)

① 시·도지사는 제11조제1항의 규정에 따라 시·도기록물관리기관을 설치함에 있어서 2007년 12월 31일까지 행정자치부장관 및 기획예산처장관 등 관계기관의 장과 협의하여 시·도기록물관리기관의 설치 및 운영 등에 관한 계획을 수립하여야 한다.

② 이 법 시행 후 제1항의 규정에 따라 시·도기록물관리기관이 설치될 때까지 시·도기록물관리기관의 사무는 중앙기록물관리기관이 수행한다.

제4조 (기록관 및 특수기록관에 관한 경과조치) 이 법 시행당시 종전의 규정에 따라 설치된 자료관 또는 특수자료관은 각각 제13조 및 제14조의 규정에 따른 기록관 또는 특수기록관으로 보되, 이 법 시행당시 종전의 규정에 따라 공공기관에 자료관 및 특수자료관이 모두 설치된 경우에는 기록관 또는 특수기록관 중 당해 공공기관의 장이 정하는 하나의 기록물관리기관만 설치된 것으로 본다.

제5조 (비공개 기록물의 재분류에 관한 경과조치) 이 법 시행일 이전에 기록물관리기관이 보유하고 있는 기록물 중 비공개로 분류된 기록물에 대하여는 2009년 6월 30일까지 공개 여부를 재분류하여야 한다.

부 칙 <법률 제8395호, 2007.4.27.>
(대통령기록물 관리에 관한 법률)

제1조 (시행일) 이 법은 공포 후 3개월이 경과한 날부터 시행한다.

제2조 및 제3조 생략

제4조 (다른 법률의 개정) 공공기록물 관리에 관한 법률 일부를 다음과 같이 개정한다.

제12조 및 제6장(제31조)을 각각 삭제한다.

부 칙 <법률 제8852호, 2008.2.29.> (정부조직법)

제1조(시행일) 이 법은 공포한 날부터 시행한다. 다만, …<생략>…, 부칙 제6조에 따라 개정되는 법률 중 이 법의 시행 전에 공포되었으나 시행일이 도래하지 아니한 법률을 개정한 부분은 각각 해당 법률의 시행일부터 시행한다.

제2조부터 제5조까지 생략

제6조(다른 법률의 개정) ①부터 <189>까지 생략

<190> 공공기록물 관리에 관한 법률 일부를 다음과 같이 개정한다.

제9조 제1항·제2항 각 호 외의 부분 중 "행정자치부장관"을 각각 "행정안전부장관"으로 한다.

제34조 후단 중 "행정자치부령"을 "행정안전부령"으로 한다.

제46조 제3항 중 "문화관광부장관"을 "문화체육관광부장관"으로 한다.

<191>부터 <760>까지 생략

제7조 생략

부 칙 <법률 제10010호, 2010.2.4.>

이 법은 공포한 날부터 시행한다. 다만, 제25조제2항, 제30조제2
항, 제30조의2, 제35조제4항 및 제38조의2의 개정규정은 공포 후 3
개월이 경과한 날부터 시행한다.

부 칙 <법률 제11391호, 2012.3.21.>

제1조(시행일) 이 법은 공포한 날부터 시행한다. 다만, 제11조의
개정규정은 2012년 7월 1일
부터 시행한다.
제2조(국가기록관리위원회 위원의 임기에 관한 적용례) 제15조제
4항의 개정규정은 이 법 시행 당시 제15조제2항제3호에 따라 위
촉된 공무원인 위원에게도 적용한다.

부 칙 <법률 제11690호, 2013.3.23.> (정부조직법)

제1조(시행일)
① 이 법은 공포한 날부터 시행한다.
② 생략

제2조부터 **제5조**까지 생략

제6조(다른 법률의 개정) ①부터 <151>까지 생략

<152> 공공기록물 관리에 관한 법률 일부를 다음과 같이 개정한다.

제9조 제1항 및 같은 조 제2항 각 호 외의 부분 중 "행정안전부장관"을 각각 "안전행정부장관"으로 한다.

제34조 후단 중 "행정안전부령"을 "안전행정부령"으로 한다.

제46조 제4항 전단 중 "방송통신위원회와"를 "미래창조과학부장관 또는 방송통신위원회와"로 한다.

<153>부터 <710>까지 생략

제7조 생략

부 칙 <법률 제12844호, 2014.11.19.> (정부조직법)

제1조(시행일) 이 법은 공포한 날부터 시행한다. 다만, 부칙 제6조에 따라 개정되는 법률 중 이 법 시행 전에 공포되었으나 시행일이 도래하지 아니한 법률을 개정한 부분은 각각 해당 법률의 시행일부터 시행한다.

제2조부터 **제5조**까지 생략

제6조(다른 법률의 개정) ①부터 <57>까지 생략

<58> 공공기록물 관리에 관한 법률 일부를 다음과 같이 개정한다.

제9조 제1항 및 같은 조 제2항 각 호 외의 부분 중 "안전행정부장관"을 각각 "행정자치부장관"으로 한다.

제34조 후단 중 "안전행정부령"을 "행정자치부령"으로 한다.

<59>부터 <258>까지 생략

제7조 생략

대통령기록물 관리에 관한 법률

[시행 2010.8.5.] [법률 제10009호, 2010.2.4., 일부개정]

제1장 총칙

제1조(목적) 이 법은 대통령기록물의 보호·보존 및 활용 등 대통령기록물의 효율적 관리와 대통령기록관의 설치·운영에 관하여 필요한 사항을 정함으로써 국정운영의 투명성과 책임성을 높이는 것을 목적으로 한다.

제2조(정의) 이 법에서 사용하는 용어의 정의는 다음과 같다. <개정 2010.2.4.>

1. "대통령기록물"이란 대통령(「대한민국 헌법」 제71조에 따른 대통령권한대행과 「대한민국 헌법」 제67조 및 「공직선거법」 제187조에 따른 대통령당선인을 포함한다. 이하 같다)의 직무수행과 관련하여 다음 각 목의 기관이 생산·접수하여 보유하고 있는 기록물 및 물품을 말한다.

가. 대통령

나. 대통령의 보좌기관·자문기관 및 경호업무를 수행하는 기관

다. 「대통령직인수에 관한 법률」 제6조에 따른 대통령직인수위원회(이하 "대통령직인수기관"이라 한다)

1의2. 제1호의 기록물 및 물품이란 다음 각 목에 해당하는 것을 말한다.

가. 「공공기록물 관리에 관한 법률」 제3조제2호에 따른 기록물(이하 "기록물"이라 한다)

나. 국가적 보존가치가 있는 대통령상징물(대통령을 상징하는 문양이 새겨진 물품 및 행정박물 등을 말한다. 이하 같다)

다. 대통령선물(「공직자윤리법」 제15조에 따른 선물을 말한다. 이하 같다)

2. "대통령기록관"이란 대통령기록물의 영구보존에 필요한 시설 및 장비와 이를 운영하기 위한 전문인력을 갖추고 대통령기록물을 영구적으로 관리하는 기관을 말한다.

3. "개인기록물"이란 대통령의 사적인 일기·일지 또는 개인의 정치활동과 관련된 기록물 등으로서 대통령의 직무와 관련되지 아니하거나 그 수행에 직접적인 영향을 미치지 아니하는 대통령의 사적인 기록물을 말한다.

제3조(소유권) 대통령기록물의 소유권은 국가에 있으며, 국가는 대통령기록물을 이 법으로 정하는 바에 따라 관리하여야 한다.

제4조(다른 법률과의 관계) 대통령기록물의 관리에 관하여는 다른 법률에 우선하여 이 법을 적용하되, 이 법에 규정되지 아니한 사항에 관하여는 「공공기록물 관리에 관한 법률」(이하 "공공기록물 관리법"이라 한다)을 적용한다.

제2장 대통령기록관리전문위원회 <개정 2010.2.4.>

제5조(대통령기록관리전문위원회)

① 대통령기록물의 관리에 관한 사항을 심의하기 위하여 공공기록물관리법 제15조제1항에 따른 국가기록관리위원회(이하 "국

가기록관리위원회"라 한다)에 대통령기록관리전문위원회를 둔다. <개정 2010.2.4.>

② 제1항에 따른 대통령기록관리전문위원회(이하 "전문위원회"라 한다)는 다음 각 호의 사항을 심의한다. <개정 2010.2.4.>

1. 대통령기록물의 관리 및 전직 대통령의 열람에 관한 기본정책
2. 대통령기록물의 폐기 및 이관시기 연장의 승인
3. 제17조제1항에 따른 대통령지정기록물의 보호조치 해제
4. 비밀기록물 및 비공개 대통령기록물의 재분류
5. 개별대통령기록관의 설치에 관한 사항
6. 대통령기록관의 운영에 관한 주요 사항
7. 그 밖에 대통령기록물의 관리와 관련한 사항

③ 전문위원회는 위원장 1인을 포함한 9인 이내의 위원으로 구성하며, 위원은 다음 각 호에 해당하는 자 중에서 국가기록관리위원회 위원장이 임명 또는 위촉한다. 다만, 위원의 2분의 1 이상은 제3호에 규정된 자 중에서 위촉하여야 한다. <개정 2010.2.4.>

1. 국가기록관리위원회의 위원
2. 대통령기록관의 장
3. 대통령기록물의 관리에 관한 학식과 경험이 풍부한 자

④ 전문위원회의 위원장은 제3항에 따른 위원 중에서 국가기록관리위원회 위원장이 지명한다. <개정 2010.2.4.>

⑤ 공무원이 아닌 위원의 임기는 3년으로 한다.

⑥ 전문위원회의 사무를 지원하기 위하여 전문위원회에 간사 1인을 두되, 간사는 대통령기록관의 소속 공무원 중에서 전문위원회의 위원장이 지명하는 자가 된다. <개정 2010.2.4.>

⑦ 제2항제2호부터 제4호까지, 제6호 및 제7호의 사항에 대하여 전문위원회의 심의를 거친 사항은 공공기록물관리법 제15조에 따른 국가기록관리위원회의 심의를 거친 것으로 본다. <개정 2010.2.4.>

⑧ 전문위원회의 구성 및 운영 등에 관하여 필요한 사항은 대통령령으로 정한다. <개정 2010.2.4.> [제목개정 2010.2.4.]

제6조(위원의 정치적 중립성 유지 등) 전문위원회의 위원은 그 권한에 속하는 업무를 수행함에 있어서 정치적 중립성과 업무의 독립성 및 객관성을 유지하여야 한다. <개정 2010.2.4.>

제3장 대통령기록물의 관리

제7조(생산·관리원칙)

① 대통령과 제2조제1호나목 및 다목의 기관의 장은 대통령의 직무수행과 관련한 모든 과정 및 결과가 기록물로 생산·관리되도록 하여야 한다.

② 공공기록물관리법 제9조에 따른 중앙기록물관리기관(이하 "중앙기록물관리기관"이라 한다)의 장은 대통령기록물을 철저하게 수집·관리하고, 충분히 공개·활용될 수 있도록 하여야 한다.

제8조(전자적 생산·관리) 제2조제1호나목 및 다목의 기관(이하 "대통령기록물생산기관"이라 한다), 대통령기록물생산기관의 기록관 및 대통령기록관의 장은 대통령기록물이 전자적으로 생산·관리되도록 하여야 하며, 전자적 형태로 생산되지 아니한 기록물에 대하여도 전자적으로 관리되도록 하여야 한다.

제9조(대통령기록물생산기관의 기록관)

① 대통령기록물생산기관의 장은 대통령기록물의 체계적 관리를 위하여 대통령령으로 정하는 바에 따라 기록관을 설치·운영하여야 한다. 다만, 기록관 설치가 곤란한 대통령기록물생산기관에 대하여는 대통령보좌기관이 설치한 기록관이 제2항제1호부터 제3호까지, 제5호 및 제6호의 업무를 수행한다.

② 대통령기록물생산기관의 기록관의 장은 다음 각 호의 업무를 수행한다.

1. 당해 기관의 대통령기록물 관리에 관한 기본계획의 수립·시행
2. 당해 기관의 대통령기록물 수집·관리·활용 및 폐기
3. 중앙기록물관리기관으로의 대통령기록물의 이관
4. 당해 기관의 대통령기록물에 대한 정보공개의 접수
5. 관할 대통령기록물생산기관의 대통령기록물 관리에 대한 지도·감독 및 지원
6. 그 밖에 대통령기록물의 관리에 관한 사항

제10조(생산현황의 통보)

① 대통령기록물생산기관의 장은 대통령기록물의 원활한 수집 및 이관을 위하여 매년 대통령기록물의 생산현황을 소관 기록관의 장에게 통보하고, 소관 기록관의 장은 중앙기록물관리기관의 장에게 통보하여야 한다. 다만, 임기가 종료되는 해와 그 전년도의 생산현황은 임기가 종료되기 전까지 통보하여야 한다.

② 대통령기록물 생산현황의 통보방법 및 시기 등의 절차에 관하여 필요한 사항은 대통령령으로 정한다.

제11조(이관)

① 대통령기록물생산기관의 장은 대통령령으로 정하는 기간 이내

에 대통령기록물을 소관 기록관으로 이관하여야 하며, 기록관
은 대통령의 임기가 종료되기 전까지 이관대상 대통령기록물
을 중앙기록물관리기관으로 이관하여야 한다. 다만, 대통령직
인수기관의 기록물은 「대통령직인수에 관한 법률」 제6조에 따
른 존속기한이 경과되기 전까지 중앙기록물관리기관으로 이관
하여야 한다.

② 제1항에도 불구하고 대통령 경호업무를 수행하는 기관의 장이
대통령 경호 관련 기록물을 업무수행에 활용할 목적으로 이관
시기를 연장하려는 때에는 대통령령으로 정하는 바에 따라 중
앙기록물관리기관의 장에게 이관시기의 연장을 요청할 수 있
다. 이 경우 중앙기록물관리기관의 장은 대통령 경호기관의 장
과 협의하여 이관시기를 따로 정할 수 있다.

③ 중앙기록물관리기관의 장은 제1항 및 제2항에 따라 대통령기
록물을 이관 받은 때에는 대통령기록관에서 이를 관리하게 하
여야 한다.

④ 대통령기록물생산기관의 기록관의 장은 대통령 임기종료 6개
월 전부터 이관대상 대통령기록물의 확인·목록작성 및 정리
등 이관에 필요한 조치를 강구하여야 한다. 이 경우 중앙기록
물관리기관의 장은 기록물정리인력 등 대통령기록물의 이관에
관하여 필요한 사항을 지원할 수 있다.

제12조(회수) 중앙기록물관리기관의 장은 대통령기록물이 공공기
관 밖으로 유출되거나 제11조제1항 및 제2항에 따라 이관되지 아
니한 경우에는 이를 회수하거나 이관받기 위하여 필요한 조치를
강구하여야 한다.

제13조(폐기)

① 대통령기록물생산기관의 장은 보존기간이 경과된 대통령기록물을 폐기하려는 때에는 전문위원회의 심의를 거쳐 폐기하여야 한다. <개정 2010.2.4.>

② 대통령기록물생산기관의 장은 제1항에 따라 대통령기록물을 폐기하려는 경우에는 폐기대상 목록을 폐기하려는 날부터 60일 전까지 대통령기록관의 장에게 보내야 하며, 대통령기록관의 장은 목록을 받은 날부터 50일 이내에 전문위원회의 심의를 거쳐 그 결과를 대통령기록물생산기관의 장에게 통보하여야 한다. 이 경우 대통령기록물 생산기관의 장은 폐기가 결정된 대통령기록물의 목록을 지체 없이 관보 또는 정보통신망에 고시하여야 한다. <개정 2010.2.4.>

③ 대통령기록관의 장은 제11조제1항 및 제2항에 따라 이관된 대통령기록물 중 보존기간이 경과된 대통령기록물을 폐기하려는 경우에는 전문위원회의 심의를 거쳐야 한다. 이 경우 대통령기록관의 장은 전문위원회의 심의를 거쳐 폐기가 결정된 대통령기록물의 목록을 지체 없이 관보 또는 정보통신망에 고시하여야 한다. <개정 2010.2.4.>

④ 대통령기록물의 폐기 절차 등에 관하여 필요한 사항은 대통령령으로 정한다.

제14조(무단파기·반출 등의 금지) 누구든지 무단으로 대통령기록물을 파기·손상·은닉·멸실 또는 유출하거나 국외로 반출하여서는 아니 된다.

제15조(보안 및 재난대책) 대통령기록물생산기관의 장 및 대통령기록관의 장은 소관 대통령기록물의 보호 및 안전한 관리를 위하

여 대통령령으로 정하는 바에 따라 대통령기록물에 대한 보안 및
재난대책을 수립·시행하여야 한다.

제4장 대통령기록물의 공개·열람

제16조(공개)

① 대통령기록물은 공개함을 원칙으로 한다. 다만, 「공공기관의
정보공개에 관한 법률」 제9조제1항에 해당하는 정보를 포함하
고 있는 경우에는 이를 공개하지 아니할 수 있다.

② 대통령기록물생산기관의 장은 소관 기록관으로 대통령기록물
을 이관하려는 때에는 당해 대통령기록물의 공개 여부를 분류
하여 이관하여야 한다.

③ 대통령기록관의 장은 비공개로 분류된 대통령기록물에 대하여
는 이관된 날부터 5년이 경과한 후 1년 내에 공개 여부를 재분
류하고, 그 첫 번째 재분류 시행 후 매 2년마다 전문위원회의
심의를 거쳐 공개 여부를 재분류하여야 한다. <개정 2010.2.4.>

④ 비공개 대통령기록물은 생산연도 종료 후 30년이 경과하면 공
개함을 원칙으로 한다.

⑤ 제4항에도 불구하고 대통령기록관의 장은 공개될 경우 국가안
전보장에 중대한 지장을 초래할 것이 예상되는 대통령기록물
에 대하여는 전문위원회의 심의를 거쳐 당해 대통령기록물을
공개하지 아니할 수 있다. 이 경우 제2조제1호나목의 기관의
장의 의견을 들을 수 있다. <개정 2010.2.4.>

제17조(대통령지정기록물의 보호)

① 대통령은 다음 각 호의 어느 하나에 해당하는 대통령기록물(이

하 "대통령지정기록물"이라 한다)에 대하여 열람·사본제작 등을 허용하지 아니하거나 자료제출의 요구에 응하지 아니할 수 있는 기간(이하 "보호기간"이라 한다)을 따로 정할 수 있다.

1. 법령에 따른 군사·외교·통일에 관한 비밀기록물로서 공개될 경우 국가안전보장에 중대한 위험을 초래할 수 있는 기록물

2. 대내외 경제정책이나 무역거래 및 재정에 관한 기록물로서 공개될 경우 국민경제의 안정을 저해할 수 있는 기록물

3. 정무직공무원 등의 인사에 관한 기록물

4. 개인의 사생활에 관한 기록물로서 공개될 경우 개인 및 관계인의 생명·신체·재산 및 명예에 침해가 발생할 우려가 있는 기록물

5. 대통령과 대통령의 보좌기관 및 자문기관 사이, 대통령의 보좌기관과 자문기관 사이, 대통령의 보좌기관 사이 또는 대통령의 자문기관 사이에 생산된 의사소통기록물로서 공개가 부적절한 기록물

6. 대통령의 정치적 견해나 입장을 표현한 기록물로서 공개될 경우 정치적 혼란을 불러일으킬 우려가 있는 기록물

② 보호기간의 지정은 각 기록물별로 하되, 중앙기록물관리기관으로 이관하기 전에 하여야 하며, 지정 절차 등에 관하여 필요한 사항은 대통령령으로 정한다.

③ 보호기간은 15년의 범위 이내에서 정할 수 있다. 다만, 개인의 사생활과 관련된 기록물의 보호기간은 30년의 범위 이내로 할 수 있다.

④ 보호기간 중에는 다음 각 호의 어느 하나에 해당하는 경우에 한하여 최소한의 범위 내에서 열람, 사본제작 및 자료제출을

허용하며, 다른 법률에 따른 자료제출의 요구 대상에 포함되지 아니한다.

1. 국회재적의원 3분의 2 이상의 찬성의결이 이루어진 경우
2. 관할 고등법원장이 해당 대통령지정기록물이 중요한 증거에 해당한다고 판단하여 발부한 영장이 제시된 경우. 다만, 관할 고등법원장은 열람, 사본제작 및 자료제출이 국가안전보장에 중대한 위험을 초래하거나 외교관계 및 국민경제의 안정을 심대하게 저해할 우려가 있다고 판단하는 경우 등에는 영장을 발부하여서는 아니 된다.
3. 대통령기록관 직원이 기록관리 업무수행상 필요에 따라 대통령기록관의 장의 사전 승인을 받은 경우
⑤ 대통령기록관의 장은 전직 대통령 또는 전직 대통령이 지정한 대리인이 제18조에 따라 열람한 내용 중 비밀이 아닌 내용을 출판물 또는 언론매체 등을 통하여 공표함으로 인하여 사실상 보호의 필요성이 없어졌다고 인정되는 대통령지정기록물에 대하여는 전문위원회의 심의를 거쳐 보호조치를 해제할 수 있다. <개정 2010.2.4.>
⑥ 제4항에 따른 열람, 사본제작 및 자료제출의 방법과 절차 등에 관하여 필요한 사항은 대통령령으로 정한다.

제18조(전직 대통령에 의한 열람)

① 대통령기록관의 장은 제17조제4항에도 불구하고 전직 대통령이 재임 시 생산한 대통령기록물에 대하여 열람하려는 경우에는 열람에 필요한 편의를 제공하는 등 이에 적극 협조하여야 하며, 편의 제공에 관한 협의 진행상황 및 편의 제공의 내용 등을 문서로 기록하여 별도로 관리하여야 한다. <개정 2010.2.4.>

② 제1항에 따른 열람을 위하여 전직 대통령은 「전직대통령 예우에 관한 법률」 제6조제1항에 따른 비서관 중 1명을 포함하여 필요한 범위에서 대리인을 지정할 수 있다. <신설 2010.2.4.>

③ 대통령기록관의 장은 제1항에 따라 대통령지정기록물 및 비밀기록물을 제외한 기록물에 대하여 「정보통신망 이용촉진 및 정보보호 등에 관한 법률」 제2조제1항제1호에 따른 정보통신망을 이용한 열람(이하 "온라인 열람"이라 한다)을 위한 편의를 제공할 수 있다. <신설 2010.2.4.>

④ 제1항부터 제3항까지의 규정에 따른 전직 대통령과 대리인의 열람 방법·절차 및 온라인 열람에 대한 보안대책 등에 관하여 필요한 사항은 대통령령으로 정한다. <신설 2010.2.4.>

제19조(대통령지정기록물의 누설 등의 금지) 대통령기록물 관리 업무를 담당하거나 담당하였던 자 또는 대통령기록물에 접근·열람하였던 자는 그 과정에서 알게 된 비밀 및 보호기간 중인 대통령지정기록물에 포함되어 있는 내용을 누설하여서는 아니 된다. 다만, 전직 대통령 또는 전직 대통령이 지정한 대리인이 제18조에 따라 열람한 대통령지정기록물에 포함되어 있는 내용 중 비밀이 아닌 사실에 대하여는 그러하지 아니하다.

제20조(비밀기록물의 재분류)

① 대통령기록관의 장은 보존 중인 비밀기록물에 대하여 비밀을 해제하거나 보호기간 등을 연장하려는 경우에는 대통령령으로 정하는 바에 따라 전문위원회의 심의를 거쳐 재분류를 실시하여야 한다. 이 경우 관계 기관의 의견을 들을 수 있다. <개정 2010.2.4.>

② 제1항의 경우에 그 대통령지정기록물이 비밀기록물인 경우에

는 그 보호기간이 종료된 후에 재분류를 실시하여야 한다.

제5장 대통령기록관의 설치·운영

제21조(대통령기록관의 설치) 대통령기록물의 효율적 보존·열람 및 활용을 위하여 중앙기록물관리기관의 장은 그 소속에 대통령기록관을 설치하여야 한다.

제22조(대통령기록관의 기능) 대통령기록관은 다음 각 호의 업무를 수행한다.

1. 대통령기록물의 관리에 관한 기본계획의 수립·시행
2. 대통령기록물의 수집·분류·평가·기술(記述)·보존·폐기 및 관련 통계의 작성·관리
3. 비밀기록물 및 비공개 대통령기록물의 재분류
4. 대통령지정기록물의 보호조치 해제
5. 대통령기록물의 공개열람·전시·교육 및 홍보
6. 대통령기록물 관련 연구 활동의 지원
7. 제26조에 따른 개인기록물의 수집·관리
8. 그 밖에 대통령기록물의 관리에 관하여 필요한 사항

제23조(대통령기록관의 장)

① 대통령기록관의 장은 대통령기록물의 관리 및 대통령기록관의 운영과 관련한 제반 사무를 통할하고, 소속 직원을 지휘·감독한다.

② 대통령기록관의 장의 임기는 5년으로 한다.

제24조(대통령기록관의 운영)

① 대통령기록관의 장은 대통령기록관의 운영에 관한 주요 사항

을 결정하려는 경우에는 전문위원회의 심의를 거쳐야 하며, 전문위원회의 심의 결과를 존중하여야 한다. <개정 2010.2.4.>

② 대통령기록관의 장은 대통령기록물에 대한 효율적 활용 및 홍보를 위하여 필요한 때에는 대통령기록관에 전시관·도서관 및 연구지원센터 등을 둘 수 있다.

③ 그 밖에 대통령기록관의 운영에 관한 사항은 대통령령으로 정한다.

제25조(개별대통령기록관의 설치 등)

① 중앙기록물관리기관의 장은 특정 대통령의 기록물을 관리하기 위하여 필요한 경우에는 개별대통령기록관을 설치할 수 있다.

② 개인 또는 단체가 대통령령으로 정하는 기준에 따라 특정 대통령의 기록물을 관리하기 위한 시설을 건립하여 「국유재산법」 제13조에 따라 국가에 기부채납하는 경우에는 전문위원회의 심의를 거쳐 이를 제1항에 따라 설치한 개별대통령기록관으로 본다. <개정 2009.1.30., 2010.2.4.>

③ 중앙기록물관리기관의 장은 개인 또는 단체가 국가에 기부채납할 목적으로 특정 대통령의 기록물을 관리하기 위한 시설을 건립하고자 하는 경우에는 전문위원회의 심의를 거쳐 필요한 경비의 일부를 예산의 범위 안에서 지원할 수 있다. <개정 2010.2.4.>

④ 제1항 및 제2항에 따른 개별대통령기록관의 장은 당해 대통령기록물에 대하여 제22조제2호부터 제8호까지의 규정에 따른 업무를 수행한다.

⑤ 제2항에 따라 개별대통령기록관을 설치하는 경우에 해당 전직 대통령은 그 개별대통령기록관의 장의 임명을 추천할 수 있다.

제6장 보칙

제26조(개인기록물의 수집·관리)

① 대통령기록관의 장은 역대 대통령(제25조에 따른 개별대통령기록관의 경우에는 당해 전직 대통령을 말한다)이 재임 전·후 및 재임 당시에 생산한 개인기록물에 대하여도 국가적으로 보존할 가치가 있다고 인정되는 경우에는 당해 대통령 및 해당 기록물 소유자의 동의를 받아 이를 수집·관리할 수 있다.

② 대통령기록관의 장은 제1항의 개인기록물을 수집하는 때에는 대통령 및 이해관계인과 해당 기록물의 소유권·공개 및 자료제출 여부 등 관리조건에 관한 구체적 사항을 협의하여 정하여야 한다.

③ 대통령기록관의 장은 제1항의 개인기록물을 수집하기 위하여 필요한 경우에는 보상을 할 수 있으며, 보상 금액 및 절차 등에 관하여 필요한 사항은 대통령령으로 정한다.

제27조 삭제 <2010.2.4.>

제28조(연구활동 등 지원) 중앙기록물관리기관의 장은 전문위원회의 심의를 거쳐 대통령기록물의 연구를 수행하는 교육연구기관 등에 대하여 연구비용의 일부를 예산의 범위 안에서 지원할 수 있다. <개정 2010.2.4.>

제29조(벌칙 적용에서의 공무원 의제) 전문위원회의 위원 중 공무원이 아닌 위원은 「형법」 제129조부터 제132조까지의 규정에 따른 벌칙의 적용에서는 공무원으로 본다. <개정 2010.2.4.>

제7장 벌칙

제30조(벌칙)

① 다음 각 호의 어느 하나에 해당하는 자는 10년 이하의 징역 또는 3천만원 이하의 벌금에 처한다.

1. 제14조를 위반하여 대통령기록물을 무단으로 파기한 자

2. 제14조를 위반하여 대통령기록물을 무단으로 국외로 반출한 자

② 다음 각 호의 어느 하나에 해당하는 자는 7년 이하의 징역 또는 2천만원 이하의 벌금에 처한다.

1. 제14조를 위반하여 대통령기록물을 무단으로 은닉 또는 유출한 자

2. 제14조를 위반하여 대통령기록물을 무단으로 손상 또는 멸실시킨 자

③ 제19조에 따른 비밀누설의 금지 등을 위반한 자는 3년 이하의 징역이나 금고 또는 7년 이하의 자격정지에 처한다.

④ 중대한 과실로 대통령기록물을 멸실하거나 일부 내용이 파악되지 못하도록 손상시킨 자는 1천만원 이하의 벌금에 처한다.

부 칙 <법률 제8395호, 2007.4.27.>

제1조 (시행일) 이 법은 공포 후 3개월이 경과한 날부터 시행한다.

제2조 (대통령기록관의 설치·운영에 관한 특례) 중앙기록물관리기관의 장은 제21조에 따라 대통령기록관의 설치 등에 관한 계획을 행정자치부장관 및 기획예산처장관 등 관계 기관과 협의하여

이 법 시행 후 3개월 내에 수립하여야 하며, 대통령기록관의 설치·운영에 필요한 조치를 강구하여야 한다.

제3조 (이 법 시행 전의 대통령기록물의 관리에 관한 특례)

① 대통령기록관의 장은 이 법 시행 전의 전직 대통령, 그 보좌기관·자문기관 및 경호기관이 직무수행과 관련하여 생산한 기록물을 수집하여 관리할 수 있도록 필요한 조치를 하여야 한다.

② 대통령기록관의 장은 제1항에 따른 기록물을 수집하는 경우에는 해당 기록물의 유지·보존에 들어간 비용을 대통령령이 정하는 바에 따라 지급할 수 있다.

제4조 (다른 법률의 개정) 공공기록물 관리에 관한 법률 일부를 다음과 같이 개정한다.

제12조 및 **제6장**(제31조)을 각각 삭제한다.

부 칙 <법률 제9401호, 2009.1.30.> (국유재산법)

제1조(시행일) 이 법은 공포 후 6개월이 경과한 날부터 시행한다. <단서 생략>

제2조부터 **제9조**까지 생략

제10조(다른 법률의 개정) ①부터 ㉑까지 생략

㉒ 대통령기록물 관리에 관한 법률 일부를 다음과 같이 개정한다.

제25조 제2항 중 "「국유재산법」 제9조"를 "「국유재산법」 제13조"로 한다.

㉓부터 <86>까지 생략

제11조 생략

부 칙 <법률 제10009호, 2010.2.4.>

① (시행일) 이 법은 공포한 날부터 시행한다. 다만, 제18조의 개
    정규정은 공포 후 6개월이 경과한 날부터 시행한다.
② (대통령기록관리위원회 명칭 변경에 따른 위원 구성에 관한 경
    과조치) 이 법 시행 당시 종전의 규정에 따라 임명 또는 위촉
    된 대통령기록관리위원회의 위원은 이 법에 따라 임명 또는
    위촉된 대통령기록관리전문위원회의 위원으로 본다.

신명호

부경대학교 사학과에서 한국의 역사와 문화 강의를 맡아 하고 있다.
조선시대 왕실문화에 관심이 많아 중국과 일본의 왕실문화 등으로 관심을 확대하고
있다. 그 중 특히 조선의 유교에 근거한 왕실문화, 청나라의 유목문화에 근거한 왕실
문화, 일본의 신도에 근거한 왕실문화 사이 공통성과 차이점 등을 해명하고자 주력하
고 있다. 저서로는 〈고종과 메이지의 시대〉, 〈황후 삼국지〉, 〈조선왕실 스캔들〉 등
이 있다.

오창호

부경대학교 신문방송학과에서 매체철학과 대중문화에 대해 강의하고 있다.
매체가 개인과 사회에 미치는 영향에 대해 관심을 갖고 꾸준히 연구하고 있으며 최근
에는 명상과 소통 그리고 힐링의 문제에 관심을 갖고 여러 가지 시도를 하고 있다.
저서로는 〈소통의 교양학〉, 〈포스트모던 문화이론〉 등이 있으며 주요 논문으로는
〈살아있는 커뮤니케이션과 죽은 커뮤니케이션〉, 〈불교의 소통관〉 등이 있다.

이근우

부경대학교 사학과에서 일본 역사와 고대사를 강의하고 있으며 대마도연구센터 소장
을 겸하고 있다. 해양 수산 관련 사료에 근거한 해양 문화의 해석에 관심을 두고 있
으며 오래된 지도에 나타난 국가별 해양성의 문제를 규명하는 일에 집중하고 있다.
저서로는 『전근대한일관계사』, 『고대왕국의 풍경』, 『훈민정음은 한글인가』, 『대한민
국은 유교공화국이다』, 『조선지도 속의 대마도』 등이 있으며 번역서로 『한국수산지』
1·3, 『일본서기』상·중·하, 『속일본기』1·2·3·4, 『조선사료 속의 대마도』 등이
있다.

채영희

부경대학교 국어국문학과에서 의미론과 중세근대국어 강의를 하고 있다.
융합교육에 관심이 많아 여러 분야와의 협업을 통해 보다 나은 교육 방법론을 실험하고 있다.
그 중 특히 구술 자료의 기록 방법과 보존에 관심을 가지고 해양수산기록관리 전공 활성화를 위해 노력하고 있다.
저서로는 〈자동차, 인문학을 품다〉, 〈인문학자, 노년을 성찰하다〉, 〈6.25 피란민의 생활사〉 등이 있다.

기록학 개론

초판인쇄 2019년 2월 25일
초판발행 2019년 2월 25일

지은이 신명호·오창호·이근우·채영희
펴낸이 채종준
펴낸곳 한국학술정보㈜
주소 경기도 파주시 회동길 230(문발동)
전화 031) 908-3181(대표)
팩스 031) 908-3189
홈페이지 http://ebook.kstudy.com
전자우편 출판사업부 publish@kstudy.com
등록 제일산-115호(2000. 6. 19)

ISBN 978-89-268-8803-2 93080